清除衝突所累積的惡情緒，讓你的婚姻更牢固

不放手的婚姻

DON'T DIVORCE

Diane Medved
黛安‧梅德韋 著

鹿憶之 譯

獻給我過世的父母，
史丹利和熱納維耶芙‧愛德華（Stanley and Genevieve Edwards），
他們59年的婚姻為仁慈與浪漫的典範，
也獻給我自己的浪漫靈魂伴侶，
麥可，教導我包容寬厚，我敬愛他。

為何你需要閱讀這本書

結婚與離婚的戰爭

如果你已婚，你就是在戰爭。不是與你的配偶戰爭，而是與離婚的威嚇而戰。

或許你無法分辨結婚與離婚那種會互相拉扯的本質，因此認為兩者皆為在婚姻關係裡有共同存在的可能性，但實際上這卻是兩種截然不同的想法。

結婚與離婚在我們文化中的每個角落都在進行著角力，一邊是愛心、鮮花和永遠的承諾，另一邊則是隨意的性愛、約會 App、離婚律師和經歷離婚痛苦的朋友們。這看不見的作用正在破壞著你的誓言及你的孩子的未來。

本書提出策略，幫助你面對與抵抗這些婚姻的威脅，並成為人生勝利組。

如果你正瀕臨投降，需要彈藥補給來擊退這些顛覆的敵軍，你必須克服的是這些堅稱離婚能夠解決問題並帶來自由解放的宣傳口號。過去，婚姻曾是緊隨在青春期之後進入成年階段的主要入口，但現在年輕人首先追求的是學位的取得與職業的探索。美國在女性主義者與嬰兒潮造成影響的 1960 年之前，女性第一次結婚的年齡中位數是 20 歲，男性則為 22 歲之後[1]。自此以後，隨著 20 多歲的人愈來愈有延遲結婚的傾向，女性結婚的年齡中位數變成 27 歲，男性則為 29 歲。過去婚姻是責

任感的開啟，但現在是幾回同居關係與升職的結果，而由於時間催促，人們只好快點開始組織自己的家庭。

在日常生活中，特別有三個趨勢影響著你對婚姻的看法。首先，整體來說結婚夫妻變得愈來愈少，幾乎每個人的親朋好友圈子，都有許多單身、同居、已婚、離婚的人[2]。再者，傳統上主要支持婚姻的宗教，對我們的重要性日益降低[3]。還有是第三波反婚姻的趨勢，直接透過臉書和其他社群網站，分享社群的消息、提供交友和娛樂，取代了從前我們所依賴的配偶。

我所要寫的書

在20年前我寫了《反對離婚》（ *The Case Against Divorce* ）一書，書中開宗明義表示：「這不是我原本設定要寫的書。」

在我當時所做的心理諮商中，專門幫助未婚夫妻決定是否要結婚，也發展出一套程序協助已婚夫妻評估是否要生孩子。婚姻和生子的責任是個人選擇，也因為離婚顯然很容易，我便設定了當婚姻關係很困難的時候，離婚只是另一項合理的選擇。

所以在寫完婚姻和決定生養後代那本書以後，我便把注意力轉移到離婚，因為這是除了婚姻之外第二個重要選擇，可用更完整、組織性的方式，做得更周到。畢竟陷於困境的夫妻，若能以精心設計的工具來評估利弊得失，更可受益不是嗎？

當出版商同意出書後，我隨即跑去找離婚者談話，想了解他們的經歷。我開始詢問他們是否後悔離婚，然後得到幾乎一致的回答，受訪的離婚者表示自己變得更堅強，結果也變得更好。接著我問了第二個問題、第三、第四和第五個問題：「導致離婚的原因是什麼？」「你和前夫／前妻的關係現在如何？」「離婚對你每個孩子有什麼影響？」「你後來的約會經驗如何？」「你的經濟狀況有什麼變化？」「現在往回看，你覺得當初是否有機會能讓婚姻不至於破裂嗎？」書中部分內容摘錄如下：

他們常常潸然淚下，描述自己忍受了痛苦和折磨，想起與離婚丈夫或妻子過去的美好日子，或是背棄了忠誠的伴侶之後感到多麼罪惡感。他們說起每天日子的忙亂，從過去的日子連根拔起，搬家到新公寓，財產分割，重新平衡父母的責任，與目前迫切的工作要求。他們談到與孩子的關係變化，孩子從無辜的天使變得體貼知心、變成仲裁者，或是代罪羔羊。

他們哀痛地說，一部分的自己永遠沒辦法回來了，他們曾經將自己投入前一段婚姻或家庭的部分，如今已被摧毀[4]。

這些答案給我留下了深刻印象，我發現自己被迫要重新評估計劃。我不應該幫助人們決定是否該保住婚姻或者離婚，而是有必要發出警告。在大多數情況下，離婚都是一場大災難，帶給孩子、家庭、夫妻之間永久的傷痕，這是一種比疾病本身更糟的治療方式。

我的書出版後受到許多關注，大部分都是敵意，因為這本書對於傳統觀念所認為的自我實現優於過時的婚姻承諾，算是一種打臉。不過我所呈現的事實，只是居於憤怒核心的人很少考慮的事，但卻足以令他們免於災難。我試圖告知他們如何傷害了所愛的人，以及會對自己個性和未來所產生的影響；還有離婚產業會如何地將他們逐步推向離婚判決，而最後的孤獨又如何增添了他們的傷痛。

我原本以為我是在幫忙，但突然之間卻變成了「自由」的公敵，人們控訴我把終於重獲自由的一代拖回婚姻的奴隸制度中。離婚從一場悲劇變成大獎，而我很快了解到，離婚是一門眾多產業所投資的生意。

但即便媒體對令人震驚的事件和新鮮話題的新聞趨之若鶩，大多數人依然保有穩固的家庭價值。連嬉皮和離群索居的人，也希望自己的孩子擁有強力支持的關係。無論你的信條為何，關於這種個人選擇，幾乎人人都認為婚姻與堅守承諾都是最理想的。

突然之間，來自四面八方的讀者打電話來，淹沒了我，他們都希望

能夠得到幫助。大多都是因為配偶威脅要離婚，他們希望關係能夠復活而不願放棄，因此希望能得到我的建議。其中很多人覺得是自己阻擋不讓伴侶去追求幸福快樂，而感到無力或自責。他們都曾與諮商專家進行諮商，專家聽了想要離婚一方的抱怨，通常的回應是，「那麼，你應該要離開。」然後才轉過來面對心中急切的另一方，同情地說：「一個婚姻需要兩個人，但你的配偶不想留下來。」

諮商專家的婚姻處理模式是：當婚姻關係裡有一個人不開心，或是有一個與別人在一起的機會，另一個被伴侶拋棄，只會得到「戰敗戰場清理」療法，以及朋友的安慰，什麼幫助也沒有。

我想到了一位女性賈姬。她以為她與凱文有個安全幸福的婚姻。她在幼稚園兼職，女兒和兒子的學費因而可減免，又有照看；她還在大學修課，想要得到教師認證。賈姬是那種假日會帶自製漂亮杯子蛋糕參加聚會的媽媽，也是會用小孩照片和自己畫的故事角色來裝飾教室的老師，更是會安排自己的行程，讓凱文下班時家裡有迎接他的妻子。

直到某天下午，凱文告訴她，他有其他男女關係，然後便開始打包行李。賈姬突然覺得天昏地暗，她的世界崩壞了，完全不知該如何是好。他總是在發電子郵件、發訊息，最後終於與一位客戶勾搭在一塊。她從頭到尾都蒙在鼓裡，只是信任自己的丈夫，沉浸在以孩子為中心的世界裡，甜蜜而無辜。

「有什麼我還可以做的嗎？」當他告訴她時，她懇求道。「還是，你就要要離開我們的家庭，準備要走了？」這正是丈夫的計劃。我將它稱為「砍了就跑」，一種常見的殘酷戰術。因為砍了就跑，可逃避討論、眼淚和談判，非常有效的菜刀。他走了。沒做錯什麼、愛著丈夫、提供丈夫一個健康快樂家庭的妻子，就這樣突然變成單親家庭。凱文繼續支付帳單，也把房子留給賈姬，但每當他回到家門口，賈姬看到他與孩子一起總是心痛難捨，尤其是還看到他的新愛人等在車子裡。這種離婚除了滿足凱文的自私尋求興奮以外，別無其他意義。

所有朋友對這場分居所發生的事，都紛紛予以評判。「凱文因為女朋友甩了妳？天哪，賈姬，太可怕了，真是個蠢貨！妳有任何需要嗎？也許我們下週可讓孩子們聚一聚。」是的，這就是朋友們所能做的，畢竟在美國這個無過失文化中，像凱文那樣滿足自己的欲望是合法的。想要什麼就做什麼，畢竟這是你的生命。外人不會想介入賈姬和凱文的「個人生活」，也許賈姬沒有給凱文所需要的。

　　她做了很多，但他從不抱怨或要求能有其他的表現；他們很少意見不合，即使有也很快便解決。主要是因為賈姬心甘情願，不想丈夫不開心。凱文並沒有想要找別人，但是當機會出現的時候，他只是回應了進一步的可能。而且，他雖然愛孩子，但孩子的需求似乎並沒有像在眼前晃來晃去的結婚戒指一樣緊迫。孩子會好好的，畢竟，賈姬是個好媽媽。

　　這個「偉大的媽媽」被摧毀了。原來她一直生活在幻想世界中，什麼都不知道。她被拋棄是因為凱文的自戀，他渴望新鮮的性愛和女性的崇拜，也因為知道他大可離開去追求刺激，沒有人會責怪他。每個人都是「成年人」。和律師開會，在協議書上簽字，就這樣。只要他同意賈姬要求的監護權和經濟支持，他可繼續過自己的生活，週末看孩子。他可繼續「擁有一切」。

　　自從我寫《反對離婚》以來，婚姻目的就已經改變了；婚姻不再是「慣例」，表示它不再具有堅實性和核心性。經過20年，由於大眾對婚姻和離婚的漠不關心，我觀察、處理和同情無辜的受害者，結果得到新的結論：這是我必須寫的一本書。

　　在書頁中，你將會遇見真實的人，真實的經歷。他們可能已經放下了沉重的記憶，甚至否認有那些記憶存在；他們可能已展開了美好的生活。用檸檬做檸檬汁，需要甜味劑調和苦味，心理健康的人自然能夠做到。你必須要看穿人們的外表，才能發現他們並非認真捍衛婚姻「唯有死亡才能分開」的誓言，否則，你的道德感只能留給自己用，專門來生

產破碎的心、破碎的婚姻和破碎的靈魂。

不要離婚！

　　每個人都有獲得喜悅的能力。遭受背叛所背棄的人們，覺得自己再也無法抱著一顆信任的心，讓自己的靈魂去接近對方。他們陷入深深的憂鬱之中，一顆心支離破碎，看不見光和希望，但卻依然保有這份能力。如果你還在婚姻裡，認清你所做的承諾，以及對你自己、伴侶、孩子和其他許多與你相關的族群團體，這些承諾的意義。

　　為了挽救婚姻，你的婚姻，你需要知道你所抵抗的是什麼，以及如何反擊把你或所愛之人推向離婚的力量。你需要進行的是防禦工事。

　　你是婚姻的一半，但在我們不批判的文化中，你似乎不如想要離開的伴侶那麼重要。沒錯，速成離婚可節省法律費用，讓全家人不必看見羞辱伴侶的場面，但同時也削弱了維繫婚姻的是非力量。堅持自己的誓言是正確的，除非受到虐待或某種上癮問題，造成個人安全處於危險之中，凡是威脅到婚姻的事，你都可用盡一切方法來修正問題。

　　結婚的意圖是與伴侶共度餘生，形成一個長久、支持和互益的連結。但變化破壞了你的承諾，現在你需要加強並重申你的承諾。

　　不要離婚！修補婚姻對你和伴侶都有好處。克服問題，將教會你如何預防婚姻或其他方面出現問題。面對而非逃避你的問題，將提供有關你自己的一些洞見，包括你的需求和想要改善的部分。加強溝通，包容對方，可立即改善你的日常生活。

　　相對的，離婚傷害你的自尊，目前和未來的健康，以及生活水準。對於你的前任配偶和孩子也一樣。無論如何你都會消耗精神能量，除了拆解你的婚姻與形成的家庭，還要重建與療癒破裂的生活。在這兩種選擇中，離婚更可能帶來孤獨和不確定性，但同時改善婚姻卻可提供一個與你最投入生活的人，一個共享的未來。

　　最重要的是，你的孩子將由於「雙親優勢」而一生受益，他們會從

你們解決衝突的榜樣中學習，意識到人與人之間的裂痕是可克服的。但如果你離婚，孩子會受苦。分居將會造成孩子永久的心理影響，甚而使他們日後的浪漫關係受到損害。父母共同監護，迫使幼兒產生雙重身分的認同。如果你的孩子已經長大，離婚會讓他們的愉快回憶蒙上陰影，並改變與父母雙方的關係。

你的婚姻比你所想的更重要，除了你的核心家庭，影響更深遠。離婚使得岳父母和公婆都失去了一個身心都已經接受的人，由於你的家庭一分為二，祖父母的角色也跟著改變；不再有後勤支援，親友選邊站，關係變得尷尬。有時祖父母還必須暫代父母的角色。

修復你的婚姻，連結的是一生的家庭和友誼。由於「血濃於水」（也比誓言更長久），離婚時雙方親友都傾向於團結起來，不理會甚至還詆毀前配偶。連朋友、同事都會被拖進戰場，人們的評論、情緒和八卦，都成為你生活一部分的空氣。儘管你可不在乎，但即使只是你離婚的消息，也會影響到每個相關的人。

你的成功或失敗，會在團體中迴盪。如果你克服了婚姻中的風暴，你的承諾便激勵了親友，等於是在向他們保證，他們的關係也是可長久的。但如果你離婚，親友婚姻的周圍環境也會變得不太友善，因為大家都沒料到你們會分手，導致一場看起來穩固的婚姻「隨隨便便就能改變」。熟人舊識對於人際關係的信心發生動搖，他們告訴自己，「你永遠不知道緊閉的門後，究竟發生著什麼事。」

你所處的環境由於成員破碎，變得不可預測。你所參加的組織團體，由於原本是一個家庭，現在變成兩個家庭和兩種方式，也跟著複雜了起來。離婚所造成的經濟問題，可能會減少「你的家庭可奉獻給你的宗教和公民組織」。

換句話說，你應該竭盡所能，為自己、配偶、所建立的合夥關係、孩子，以及你的婚姻所影響的每一個人或團體組織，翻新你的婚姻。

我寧願相信婚姻的美好而充實，溫暖而獨立。但美好而充實的是一

般想法，溫暖而獨立卻可能是假。你的婚姻對很多人來說都很重要，而且對神也很重要。

你無法抹除離婚紀錄

我和我丈夫麥克結婚已有三十多年，一起撫養三個健康快樂的小孩，我們有密切的關係，生活充滿光彩。但我之所以能夠對此主題發表一些值得信賴的言論，其實是因為我年輕時確實曾經離過婚。當時資產很少，也沒有小孩，能夠完全切斷關係。後來我沒有與前夫聯繫，他目前搬到另一個州，已經再婚，也有小孩。但我能確定地跟你說，離婚後無論你多麼努力，都不能恢復原狀，在你的履歷上永遠都是一個不能刪除的傷痛。

當一些老照片或歌曲讓我想起前夫時，我總是會充滿悲傷、失敗和尷尬的感覺。離婚並沒有影響我看待自己的方式，但我卻因造成前夫和家人的痛苦而深感內疚，並想起那時候的憤怒、安慰甚至恥辱。我不以離婚「倖存者」為榮，即使時間過去這麼久，離婚也不會變成只是我生活中曾發生過的一個事件或紀錄。是的，最終我的確受益於離婚，但我不希望我的孩子會想要模仿我這個母親的人生道路，我甚至希望我不必向你承認這個失敗。

我的離婚相對很容易，沒有太多意見不同，前夫很合作。有些人可能會用流行名詞「起步婚姻」（starter marriage，譯註：年輕人帶有試驗性質並不指望相伴終身的新手婚姻）來解釋這種劇情。但若有孩子，離婚議題會澈底改變，你無法完全切斷孩子與前任家庭的聯繫，除非你是被遺棄的，問題會更棘手。我沒有任何這些情況。我離婚時正值美國離婚率最高的時期，沒有人在乎羞恥，婦女地位和權勢都高高在上。離婚不再是誰的錯，所以當有人選擇離婚，你若有所「審判」，會變成政治不正確。

我並不是要怪罪離婚的文化，因為每個婚姻和離婚，都是兩個人

以及處理問題的決定。每個配偶首先都必須接受某部分危機的責任。賈姬，完美的妻子，她的丈夫卻砍她一刀便跑，變成一個沒想過會如此自私自利、犧牲了妻子的混蛋。但她承認自己理所當然認為婚姻很健康，並沒有經常關懷丈夫深層的需求，而只是依照自己的喜好去設想丈夫的興趣和願望。

每個伴侶都應為婚姻破裂承擔部分的責任，但人人也都可帶頭恢復。你的婚姻即使目前看起來搖搖欲墜，但仍有機會挽救，不必日後一想到離婚就悲從中來。趕快照照鏡子，因為你，還有你對配偶的反應，都是問題的一部分。

一個願意改變的妻子，迅速而澈底改變了反應模式，可影響一個退縮或拒絕的丈夫。也許他很頑固、脾氣暴躁又容易生氣，但如果你把這些同樣加在他身上，他也不會變得比較不討人厭。即使違反你的意願，你仍必須嘗試一些不同的東西。也許是一個有見識的朋友或治療師，可幫助你以出人意料的方式去回應，因此促使配偶想要了解你，了解問題。但嘗試不能只有一次，單方面策略想要有效，需要一致性的堅定，練習再練習。使婚姻重生的第一步，必須操之在你。

每場離婚都不同

我的問題在於，我不認識你。如果我認識你，可傾聽你的故事，並就你的部分談論要如何治癒你的婚姻，為了日後婚姻幸福你必須忍受短時期的「痛苦」，以及在你的環境中那些推動你或伴侶想要離婚的力量。

正因為這個問題，我必須為想要離婚的人而寫，以涵蓋廣泛的各種情況。為了包括最多的人與最有說服力的論點，我必須做一些假設，但不見得適合每個人。為了不讓你在閱讀時經常因為對方和他的或她的等代名詞而卡住，我會用一種適合某場景最常見的性別代名詞。不過在幾乎所有的場景中，用相反性別的代名詞也同樣適用。此外，正如大家所想，我已將所描述的個人和案例等名字或辨識細節統統改編，以保

護隱私。

　　無論你的故事詳情如何，我都認為至少是有一個人在婚姻中提出了離婚議題。如果是你，你讀這本書可能是因為你不確定，不知道離婚是否真的是好主意。我希望我能說服你，離婚不是好主意，因為雖然你的婚姻可能很無聊，不再有性生活，或只是充滿怨氣和煩惱，但這些問題都是可修復的。或者你讀這本書是因為伴侶的要求。我知道很難，但讀的時候請放敞開心胸。閱讀時注意自己身體何時緊張起來，何時會想扔掉這本書，何時想要吼我，這些都是你可能在潛意識中承認我是對的時候。尊重你自己的反應。不管此時此刻你想要離婚的意願有多強烈，請考慮你都可能會犯錯，特別是如果你的伴侶依然承諾，想要使兩個人都對婚姻滿意。

　　如果你的配偶是提出離婚議題的人，而你正在尋找以某種方式說服對方重新關注婚姻和你在一起，你會在本書中找到一些很好的理由。你將需要一些支持你的力量，因為在我們文化中假設「哎呀，如果他不再愛我，那我們的婚姻就名存實亡。」你確實有婚姻，但雙方在整個人生與對方相處的時間中，都必須保持「相愛」，這卻是錯誤的，你不必接受。情緒的問題在於時時變化，有時變化僅在一瞬間。如果他曾經愛過你，現在說他已經不再與你「相愛」，你們兩個人便需要進行深層談話。

　　如果你的配偶想要離婚，你可能會考慮問對方下列問題。我或我們該做什麼來使婚姻更令你滿意？你的事業前途是你自己想要的嗎？你不再覺得我有吸引力嗎？你受到別人吸引嗎？我要改進哪些習慣或行為，你才知道我很珍惜你？你覺得不滿有多久？你的情緒來源和觸發情緒的原因是什麼？

　　我將在本書中多次提醒，離婚的情緒遠勝於邏輯。只有極少數離婚案例是有意義的，有必須分開的堅實論證，以冷靜的「成人」態度，不帶判斷色彩的理性結果。因此如果你不想離婚，必須要訴諸於情感層面。你需要弄清楚伴侶對你們關係的感覺，他想要去哪裡，以及他的感

覺是什麼。婚姻的光譜是從極度悲慘連結到狂喜階段。想像你是將婚姻從目前搖搖欲墜的狀態，一次調整一格，往光譜另一端的喜悅快樂前進。把目標放低，使改變逐漸增加，讓伴侶接受小的改進，可啟動一個趨勢，持續增加有助的情緒、表情姿勢和交流。不要把離婚視為人生難以越過的大「關卡」，讓心情放輕鬆，有助於保持婚姻狀態。為避免離婚成為經常提出的問題，要使方向保持動作，逐漸移動光譜，增加雙方相處時間和互相扶持的百分比。

目錄

修補關係：為什麼你應該保持婚姻

第
一
部

小心婚姻中的危險

第 1 章

暫緩離婚的態勢

　　你身陷一場糟糕的婚姻之中，太糟糕了，你想離婚。或你的配偶、兒子、女兒或最好的朋友想要你離婚，但你卻不想。或許你快要離婚，或你和配偶彼此歧異太大。或許你們之間的火花，從前的性慾等其他欲望不再。你很痛苦，生活變成碎片，或許分開是一種解脫。

　　你拿起這本書是因為，不管狀況如何糟糕，你或配偶，甚至你所關心的人，至少還有一絲想要拯救這種情況的想法。而本書就是為了關係已經混亂的人而寫的。

　　第一個任務是，暫緩離婚的態勢。一旦「離婚」兩字脫口而出，在口頭上承認，等於說出一個日後必須實現的諾言。

　　但你可阻止離婚！如果你的配偶想要離婚，你卻遲疑，你現在可以立即採取行動踩剎車。如果你是想要離婚的那個人，你虧欠自己和伴侶；如果你有小孩，虧欠更大。你必須頭腦清楚，檢驗自己在做什麼。請你至少盡最後一次努力來挽救婚姻。你可能已經在婚姻中投注數年的時間、經驗和情感，因此相對而言，請暫停一下，公平評估，並不會耗費你什麼。但敞開心胸，思考你婚姻的價值，卻可能會改變你的生命，至少肯定會改善你的生活。

　　做一些聰明、理智而正確的事，且暫時去面對你的婚姻，不要急著離開，這樣可使你和配偶一起重新考慮一種對雙方都有益的支持關係。你已經結婚了，你的婚姻正在破裂中，這需要主動積極的改變。即使你

在情感上已經疏遠，但你人還在，而你的情緒更會影響到孩子、家人和朋友。

另一方面，如果你已下定決心非離婚不可，只是在離開前要做最後的打包整理，閱讀這本書亦可得到一些忠告；甚至只是簡單地與配偶交流溝通一下，也請你忠於面對，不要讓配偶的情緒如同坐雲霄飛車一樣忽上忽下，你這樣做並不會達到什麼目的。不要太殘忍，同時請承認，切斷任何調解機會，只會讓孩子的未來受限，並引發不良的後續效應，進而傷害許多人。

首先，不要發洩情緒

如果你願意澈底想清楚離婚這件事，那麼你必須改變心態。離婚是由情緒而非邏輯所驅動，所以你需要立即澈底改變你對關係的感覺。

如果你正經歷身體或精神虐待，必須立即採取行動，終結危險處境並獲得安全。但你可能正遭受的痛苦並不那麼致命，只是非常激烈，例如背叛感、憤怒、沮喪、衝突、厭惡、傷害、拒絕或仇恨。這些都是很強的驅動力，可促使你改變，挽救婚姻。

離婚的決定大多都是由情緒所生，情緒具有偉大的力量，卻經常造成自我毀滅。如果你想拯救婚姻，或即使你不想，只是想要為自己爭取權利，你也必須注意並接受你的情緒，然後裝在心裡的一個盒子，放到旁邊，這樣可更客觀評估你的過去及目前所發生的事，以及對你自己、配偶、孩子和你所愛的其他人會有什麼影響。如果你讓情緒凌駕於其他現實之上，最後會造成一生難以抹滅的錯誤。

把你的情緒放到盒子裡收好，不再內心糾結；改變目標，專注於需要幫助的人，然後離開房子。否則情緒會持續累積，最後壓垮一切。

美國心理學家卡蘿・塔芙瑞斯（Carol Tavris）統整心理學研究的結果，發表情緒會累積的報告。如果你們爭執不下，情緒往往會放大；如果你重新回想內心的憤怒，不但情緒會放大，痛苦也會放大。比較好的

辦法是盡量不去累積憤怒，不妨讓自己多想想其他的事，如果持續反擊，只會引發憤怒。[1]

《聖經》詩篇第三十四篇說：「要離惡行善。」將你們關係中的憤怒和怨恨清除吧。為了做到，必須要先掌控想法，停止在腦中重複播放那些插曲和對話。

第二種，「要離惡行善」，不要談論你的配偶或問題。[2]即使面對充滿同情的聽眾，也不要惡言傷害伴侶。自制的力量可避免問題獲得力量，不再能夠從思想領域轉變成聲音，進入物質世界。思考是一種非屬有形的現實，也可說是精神性的現實，但說話卻有重大的影響力。言語使人類在地球上獨一無二，它使我們不僅可傳達事實，也可表達無形的事物。我們說的話可使人崇高或帶入地獄。批評或責備，除了聽者，也會影響到你。所以，當你陷入悔恨和抱怨，請立刻轉移注意力，改變談話方向。將你的發言留給令人振奮和具有生產力的主題。

第三種「要離惡行善」的方法是避免寫成文字。不要用你的痛苦和憤怒來製造永遠會留下紀錄的信件、電子郵件、推特和影片。日後寫出你的情緒可能具有治療效果，但在痛苦的時候把感覺變得具體化，以後可能反而會造成傷害。在你評估離婚這個想法的時候，把注意力轉移到自己的優點、未來可能以及你所愛之人的價值，才會得到益處。

「要離惡行善」，你必須放下離婚的想法，試試看給婚姻一個公平的評估。抱持真心，而不只是在離開之前簡單檢查搬家清單。暫時放下你的感受，並不表示所有痛苦和問題都會消失，止血必須使用止血帶。

如果你下定決心要離婚（不是家暴案例），表示你已經放下了婚姻中的情緒，決定加以密封，所以內疚和惆悵不會阻礙你離去。用聖經的話來說，就是「硬起心腸」。或許表面看起來很文明，但卻殘忍地為伴侶的痛苦和傷害建起一道屏藩。面對「砍了就跑的離婚」，配偶切斷了過去結合家庭情感連結。如果說的是你，你可能邊讀邊抗議。我認識你，因為我的職業生涯有很多時候都是在幫助那些被別人拋棄情感

的人。或許你也並不贊成自己的行為，但你會因為想要走而放下那些想法，新世界裡面沒有你的配偶和家庭的存在。

這本書不是在關注於如何改善你的婚姻。我並非想要關注在教導衝突解決課程或如何溝通。可以說這是一本提倡反對離婚的書。如果你趕著要走上人擠人的離婚道路，我要告訴你請先用力踩剎車，讓你和配偶先試著解決問題。至於找出你的問題和治療可能需要心理師的協助，需要時間。到圖書館裡去找，書架上有提供諮商方案來治療婚姻傷害的書。但現在你必須決定將撕裂的能量，移轉去加強你與配偶淡忘的關係。要離惡行善。

為何要維繫婚姻？

為何要維繫婚姻？因為你已經與伴侶有所連結。你可經歷近乎死亡的痛苦，重新變成一個更好的人，或可堅守婚姻的誓言，還是一樣變成更好的人，不管有或沒有受到你所選擇的人支持你。你最初可能需要一些自己的空間，使事態緩和下來，讓憤怒和傷害消失。但你所需的僅是這個空間，一個可以呼吸、休戰，甚至暫時分居的地方。進行離婚，會傷害你和所有關心你婚姻的人。

你應該維繫婚姻，不只是為了孩子，還有整個家庭。重要的是，你應該維繫婚姻，因為從長遠來看，儘管是粗糙的修修補補，但產生新的決心和能力，對你是很有益的。

你應該也必須離婚：家暴或嚴重情緒虐待

有些婚姻不能也不應該繼續維持。有些灰色地帶和情況可能令人感到難以忍受，但客觀來說並不會造成人身傷害或不能承受的精神傷害。一些關係會因為諷刺、批評、懲罰和憤怒而漸漸變差，變得非常痛苦，甚至出現暴力和辱罵。美國疾病管制和預防中心在2010年「親密伴侶與性暴力全國調查」發現有三分之一婦女曾在生命某階段遭受強姦、家

庭暴力、跟蹤。[3]

　　這些都不是我在本書中所討論的關係。如果你無論是在身體或情感上受到虐待，遭受冷酷無情的憤怒或懲罰，不管你在這份關係上是否看到希望，都要聯絡家庭暴力熱線或類似地區單位，討論最好的脫身策略。如果你在離開反而可能會引發暴力反應這種情況下，請謹慎保命為上。

　　特別是身體上的虐待，無論你有多想要維持婚姻，都必須保護自己和孩子。如果你覺得受到虐待或沒力氣反抗，至少也要暫避風頭。或許你沒有錯，這份關係終有一天能夠修復，但必須以你和孩子的安全為優先；而且在和解之前，你必須確保不會再度變得容易受到虐待。無論任何合約、承諾，婚姻或依附感，都不能夠取代安全和理智。

　　許多婦女因為害怕或內疚而維持著虐待關係。由於施暴者逐日的控制，她們開始相信那些侮辱性的字句，而覺得自己很羞恥，不敢告訴別人。由於可能沒有求助對象，尤其是施暴者常會切斷與外部的關係，因此即使被警方或其他機構救出，在一場受虐婚姻中，女性往往會害怕而不願提出告訴，以免遭受報復或擔心做錯事，但卻會因而非常自責。

　　情況有時會看似暫時改善，但時間一久問題就會糾結，受害者依然繼續受害，雖然心中懷抱希望，但卻會覺得事情發展到這個地步，自己也是要負點責任。對於施暴者的恐懼與怨恨（與懷疑、自我安慰或愛互相交錯）混雜著自我埋怨，抱著這些感情繼續維持婚姻，或許會覺得麻木，無法擺脫惡夢。一些女性（95%家庭暴力受害者是女性）忍受「暴力循環」的痛苦，她們置身其中，與施暴者周旋，最後恢復。人們經常以階段來描述，從緊張的累積開始到爆發，接著施暴者懊悔，最後是彌補暴力的「蜜月」期，直到下一次再度累積緊張情勢開始。

　　記住你居住地區的家暴熱線，或打報案電話，無論你是否在緊急情況下，這些電話會幫你找到可助你一臂之力之人。如果你覺得害怕，生命受到威脅，必須立即打電話，無論是什麼時間，向對方描述你的情

況，並接受指示，立即將自己和孩子從潛在傷害的情況下解救出來。

或許大家覺得理所當然，但處於危險之中的婦女和青少年因為害怕改變，而且離開可能反而會引發憤怒，所以經常會否認他們所面臨的風險。或許你覺得婚姻是一輩子的事，這份想法令人佩服，而且配偶打架床頭吵床尾和，所以你會告訴自己他最後終會平靜下來，一切都會過去，那是因為他喝了酒、吃藥或鬧情緒。面對危險的情況，有一千種合理化逃避真相的辦法。

儘管我想幫助人們維繫搖搖欲墜的婚姻，但必須強調，有些婚姻的確必須結束。你怎麼知道那是否就是你自己的婚姻？如果你的伴侶習慣性羞辱、懲罰、貶低你，也拒絕改變或尋求幫助，即使在每次爭執之後他都會道歉，看起來也很愛你。如果攻擊或恐嚇變得有週期性或變成習慣性；如果你覺得害怕，也知道配偶不會改變；如果配偶之一開始覺得窒息，生命枯萎，那麼這份關係不是婚姻而是懲罰，是活不下去的。施暴者必須面對自己的虐待行為，釋放控制權，但病態控制欲的另一半根本做不到。這些情況的確有必要離婚。

在其他情況下，例如關係不平衡，離婚可能也是必要的。伴侶已經迅速將自己從兩人關係中解放；不覺得背叛，沒有悔意，也不想重建信任關係；他一刀切斷關係然後人就跑了。保羅‧賽門（Paul Simon）有一首歌「五十種離開情人的方法」（fifty ways to leave your lover），用了裡面任何一種方法都可能使關係生變。還有一些上癮的例子，上癮者把個人需要擺在「修復」關係之上，無法也不會改變。在某些情況下還可能有一絲希望改善，不過想要重建這種婚姻你需要多為自己著想。

無論如何，你知道你的婚姻存在嚴重的問題，讓我們一起來看看如何評估你的情況。

離婚可以考慮，但不需急著執行

考慮離婚的配偶會怎樣？2015年，美國楊百翰大學（Brigham

Young University）就3千名25至50歲左右的配偶，問卷調查關於離婚的「考慮」程度。[4]有四分之三的受訪者表示在調查前半年從來沒想過這個問題，其餘四分之一表示在婚姻中曾就一個或多個方面表達或不曾表達過離婚的想法。在考慮過離婚的四分之一族群中，有43%人說自己並不是真的要離婚，願意為婚姻而努力。另外23%想過離婚的人表示，如果配偶願意改變，他們也願意一起為婚姻而努力。然而有5%人表示他們的婚姻其實已經名存實亡。考慮離婚的想法，其實並不代表婚姻已經告終。

正如我們所見，考慮離婚可能是謹慎和適當的。考慮過離婚的受訪者中，有43%人面對嚴重婚姻不忠、虐待、藥物濫用或上癮問題，因此考慮離婚是有道理的，甚至可以激發恢復能力。而其餘57%考慮離婚的人，報告上是說「相對無嚴重問題」，「夫妻的心沒有在一起，失去浪漫感，不夠重視婚姻，金錢爭執」。

讀完這份報告，知道大家沒有那麼多離婚的想法，而且通常實際上不會導致離婚，我的心裡雖然有些放心，但不知道這是否完全就是實情。也許曾發誓相守一生的伴侶不想承認自己在最難過的時候曾想過要離婚，但在這項研究中，四分之一考慮過離婚的人其中有57%並不會真正採取威脅婚姻的行動。

在我看來，媒體和「離婚產業」，如：治療師、支持團體、人生教練、單身網站和社群網路等所強調的自我，使每個人都優先把離婚視為中心。在超市排隊結帳前面架子上的小報，還有牙科診所裡面的雜誌，統統都在大聲疾呼離婚的時候，你怎能不會想到離婚？當網路新聞動態顯示哪個好萊塢明星又分居了，你怎能不會想到離婚？或許你不覺得自己的婚姻也深陷泥淖，但如果發生爭執，你怎能不會閃過「我想要離開」的念頭？在爭執當下你會感到厭惡，但你知道那其實不是你真正的意思；你不是真的想要離婚，但這個詞無處不在，在婚姻正常的摩擦之中，如果這個詞不會偶爾掠過你的心中，難道不會很奇怪嗎？即使有著

堅定承諾的夫妻也難以避免遭到破壞婚姻安全的轟炸。人人都認識離婚的人，沒有人可以免疫，離婚是理所當然，因此想要為自己的關係建築防禦工事，抵抗離婚的影響，唯一辦法便是下定決心穩固自己的婚姻。

褪色的誓言

對於飄零消逝的愛，應該特別付諸努力，但朋友、親戚、同事、老闆、電影明星和政治家所建議的卻恰好相反。如果你的關係搖搖欲墜，應該為自己站出來爭取，因為沒有人想要一個不舒服的婚姻。媒體和認識的人告訴你，一定要先為自己的感受和心理需求考慮。狀況不好時，你會把配偶放在一邊，把時間都花在照顧孩子身上，但別因為過去的愛和不快樂的婚姻，而使你也變得不快樂。

與其和配偶爭執，「為了」婚姻爭執，你需要的是抵抗離婚訊息。如果有人告訴你人都會變，情也會消逝，不要聽。不要以為婚姻無論是非，離婚也不是錯誤，而是現實。在你婚禮那一天可曾想過，如果哪一天你會離婚，你還會結婚嗎？如果你想過，那麼現在你可能就是想離婚的人，不過你還是要知道在婚姻裡做什麼。除了知道「你要好好照顧自己，離婚吧」，天平的這一邊為我們的文化帶來多少不必要的痛苦、不穩定、猶豫和模糊空間，你還需要傾聽另一邊的聲音，這是真實的聲音，「你要好好照顧自己，不要離婚」。

現在，如果你的婚姻由於忽視、退縮或憤怒、爭執，正遭遇痛苦，你很想要得救。我了解，但離婚並不是止痛的唯一辦法。請先恢復平衡，然後下定決心為愛付出努力。選擇重建你的婚姻，你會得到健康、金錢和時間的獎勵，並且免於心理和精神上的墮落。它會以深入而微妙的方式，讓很多人一起免於受傷。如果你和配偶不離婚，可開發新的能力和連結，最終將能提升你個人以及夫妻雙方。

恢復婚姻並不見得會成功，但值得一試。

新婚：貶值還是升值呢？

　　婚姻是否真的不再重要？無論結婚或離婚，是沒用的男性、模範母親還是「居家好男性」，最後都會得到同樣分別的結果？

　　似乎如此。結婚的人愈來愈少，結了婚日後也會離婚。[5]我們一再得到錯誤的認知，一半的婚姻都會破裂，離婚好像很正常。婦女不結婚生小孩，40多歲的明星和女性忙著懷孕，有時是透過精子銀行，不考慮男性的參與。這些發展都顯示婚姻已經成為現實中可選擇的附加項目，而不是普遍的期望。

　　另一方面，人們爭執著婚姻的重要性。同性伴侶因為認為婚姻是個人實現的必要條件，而要求雙方結合在法律認可之下。如果婚姻不重要，為何還長期堅持，付出代價爭取同性戀婚姻合法化？美國最高法院在奧貝格費爾訴霍奇斯案（Obergefell v. Hodges，譯註：美國聯邦最高法院對於同性婚姻的重要判例）一案中，於2015年決定宣布同性戀婚姻在五十州合法，同性夫妻，「所謂貶低婚姻，去其訴求者遠矣；因婚姻之特權與責任，而尊重乃至需要婚姻，方其真心。」[6]

　　所以，婚姻究竟是一種充滿禮物的盛大宴會儀式，由兩個人宣告愛情和共同未來？或者否認它會危害到那些被排除在外的人，如此的嚴重性和必要性呢？當然，兩者都是。我們會看見，停止離婚將取決於婚姻誓言對你的意義及價值。這些就是維持或破壞婚姻的關鍵，離婚也一樣。

　　結婚時你所期望的是什麼？現在呢？你對自己和伴侶在婚姻關係中所扮演的近期角色是什麼？長期來說呢？我們假設你相信婚姻的長久永恆。但你的背景以及與伴侶的關係，卻會影響「長久永恆」的堅實程度。

　　你在很生氣的時候，會想要完全解決問題嗎？你相信婚姻是長久永恆的嗎？如今你開始思考離婚的可能性，但為何開始質疑誓言的包容性？

　　有人認為婚姻絕對不可分離。美國有句話說，「除非謀殺，離婚免

談。」夫妻之間難免吵架，但吵歸吵，婚姻基礎依然穩固。你是否認識有人堅信婚姻置死方休？有人即使狀況再糟糕也會維持婚姻？的確有人如此，而且從前這樣的人還更多。

根據傳記作者表示，前任美國第一夫人詹森女士曾受到丈夫相當的虐待。[7]美國第三十六任總統林登·詹森（Lyndon Johnson）在公開場合粗魯對待她，同時外遇無數。詹森女士總是優雅以待，但為什麼？對那一代人來說，離婚是失敗也是恥辱。由於第一夫人代表國家，人民期望她能夠展現懿行美德。當然，當時的社會不贊成離婚的力量也比較集中。弊案會揭發，但醜聞只會隱藏。

如今對婚姻忠誠似乎已經過時，幾乎可說是自我毀滅，但即使到了女性主義時代，希拉蕊·柯林頓（Hillary Clinton）對於自己丈夫的傷害和侮辱，仍予以同樣的方式回應。柯林頓夫人和詹森夫人都選擇以過人的包容繼續與伴侶維繫婚姻。如果她們當初採取不同的行動，是否會更快樂或更成功呢？

婚姻究竟是什麼？

關於婚姻和離婚的每一個決定，都圍繞著一個主題：情緒戰勝了邏輯。在情緒、常識或道德的衝突中，情緒往往總是勝利者。婚姻不再是自我承擔義務和社會期望的體現，而取決於愛的情緒，變得不長久。既然情緒不可預測、沒有意義又顛顛倒倒，可見婚姻也一樣。

由此，婚姻特性也跟著改變，不再強硬說服人們維繫婚姻。說服屬於邏輯習題，但婚姻和離婚卻基於情緒。儘管如此，我仍決心運用邏輯追隨你的情緒。希望我所提出的事實，能觸發你保護孩子的本能，或激起你手中緊握的理想。若真如此，我便可進入你對配偶、家人和你自己的感受之中。

但即使有無可辯駁統計證據所支持的嚴密證明，也不會突然使一個人變得全心全意想要離婚。既然情緒所驅動令人「暈頭」的愛情，是婚

姻的標準，那麼當情緒改變，「量頭」的承諾也就難以延續，特別是在這種最高標準是追隨你心的文化之中。

不過事情總有例外。其他文化與早期婚姻是基於各種助益、智慧，有時過於壓迫的規範之中，但不包括感情。容易建立的關係，也容易結束。每個人對於交往、同居、有孩子以後結婚、離婚等隨意態度，都使得過去曾為認真而永恆的誓言變得褪色。丹娜・麥克與大衛・白金漢在《婚姻書》（Dana Mack & David Blankenhorn, *The Book of Marriage: The Wisest Answers to the Toughest Questions*）中，討論了婚姻相關定義的大量資源。[8] 經過查閱《聖經》、《古蘭經》、《莎士比亞》、《傲慢與偏見》，英國哲學家約翰・洛克（John Locke），以及許多現代心理學家、小說家、詩人，發現關係的定義應為「受到習俗或法律所約束的社會制度」。他們對於婚姻千年歷史的調查，說明了雖然各人類文化中的婚姻皆為長久而基本的，但細節差異卻很大。

美國社會學家葛拉芙在歷史性的著作《婚姻所為何事？》（E. J. Graff, *What Is Marriage For?*）中，發現婚姻起初是關於金錢、性、嬰兒、血緣、地位（得到允許進入某種階級）還有「心」，即便在同性婚姻成為一體適用的法律之前，葛拉芙女士認為，「今日的西方婚姻可謂心之住所：搬入、裝潢和離開，都是你家事。無論從哪個角度來看，今日婚姻的是非評斷都在於兩個人的快樂與否。」「我們贊同，有些人對於婚姻目的抱持著最崇高的精神性，可謂人類靈性的提升。」[9]

將婚姻定義為「心之住所」會鼓勵離婚，因為感覺既可來，便可去。對於這種虛情假意的心來說，承諾是「我想和你在一起」的感覺，當感覺消失，承諾亦消失。新的婚姻誓言是愛情的情感表現，為一種愛情持續到未來的意願聲明，植根於一系列「現在正發生的事」，可一旦其中一個伴侶發現熱情不再，就只好再見了。

婚姻是兩個人的承諾，離婚卻是一個人的決定。

《紐約時報》專欄作家大衛・布魯克斯（David Brooks）將現代婚

姻分為三大類型。[10]第一類的伴侶心態認為婚姻是一輩子終生不變的，結婚註定一切，快不快樂取決於配偶的選擇過程，選到一位個性好、沒有心理問題的伴侶（你也要一樣健康），很可能就會一生平安順遂。第二類婚姻以浪漫為中心，發源於激情，因為「無法抵抗墜入愛河」，而將看太多電影的伴侶緊緊結合在一起，最終化為愛情的永結連理。布魯克斯的第三類婚姻則超越了心理的相容性和激情。抱持宗教信仰的人，將自己的角色視為在地上履行上帝對人的意志。現世主義者認為，家庭形成的良好道德，是奠定族群和國家的基礎。因此第三種婚姻超越伴侶，扎根於更廣泛目的，使得家庭為每個成員的最高生產力與潛力，提供價值與安全保障。

大多數堅強的婚姻都包括以上三類元素，但布魯克斯亦提出，伴侶的直接觀點和當下的願望，正在取代第三類婚姻的觀點。這也是我的觀點，婚姻不再具有長期目的，而是立即自我實現的一種展現。

如果你想要一個更可靠的婚姻，就必須要賦予婚姻更強大的背景，才能承擔重力和價值。如果你的婚姻對上帝或孩子至關重要，是作為親友的典範，或具有更大目的，那麼你必須主動克服個人問題。這樣做終會使你的婚姻和整個架構更加堅實有力。

最重要的是你自己以及伴侶對婚姻的定義。你可以選擇。或許你相信婚姻誓言的永遠，直到死亡；或許你相信只要感情持續下去，婚姻誓言就算有效。觀點不同，結果也不同。如果你和伴侶都重視婚姻，重建婚姻的機會比較大；如果兩個人其中有一人觀點已經改變，問題會比較難以克服，但仍值得努力。

我想說服你（和你的伴侶）想一想，把婚姻視為對彼此和家人的堅實承諾，這種堅實承諾，亦形成了你的價值。堅實承諾，會是你們兩者關係的堡壘，幫助你整理並解決問題。等你終於使得婚姻面目一新，也將得到迎向未來的新能力。如果你退出婚姻，走上美國社會學家安德魯・切爾林（Andrew Cherlin）所稱「旋轉木馬式婚姻」（marriage-go-round）[11]，你的旋轉木馬會把你和伴侶原有的行為模式，一併帶入下一段關係中。

但即使再認真努力，最後還是可能離婚，倘若你沒有盡全力阻止，失去的不只是婚姻中的巨大投資，過程中還會傷害自己還有其他許多人。

創造一個世代

你目前的情況一部分歸因於自己，一部分歸因於你的選擇，另一部分也取決於外部力量。一旦發覺那些有影響的人事物，也許你會把它們切斷，以確定自己的方向。當你在思考如何將婚姻概念化時，請將原有的承諾放到更廣泛的背景中，每天都加以重新定義。

我們的文化為何將婚姻從家庭、族群、職場甚至國家認同所必備的基礎，澈底而迅速地排除，如今普遍認為，婚姻唯有滿足我們個人需求才有存在的必要？答案是：我們的價值觀被動搖。早期美國文化同質性高，人民幾乎都是基督教徒。城市發展，媒體頭條崛起，來到這片土地的人，唯有擁抱所謂的著名文化大熔爐，才可能得到機會。美國法律融合了猶太教與基督教的道德觀。傳統婚姻沒有爭論或質疑，是奉獻給神的。來到美國的基督徒和猶太人，分享聖經的價值觀，確立了社會上婚姻的永恆性和利益，作為生兒育女的唯一認可。

截至2015年7月，83%美國人自認為是基督徒。[12]歐巴馬（Barack Obama）於2008年競選總統時，表示支持傳統家庭，他說：「我相信婚姻是一個男性和一個女性的結合，」並加以補充，「現在對身為基督徒的我來說，婚姻也是神聖的聯盟，你知道，神在聯盟之中。」[13]這對千禧嬰兒潮世代來說是古老的歷史。隨著這些人的長大，同性戀出櫃，性和性別認同成為廣泛討論的話題。由於部落格、有線電視和社群網站，網路性行為無所不在，不再是私人禁忌，瀏覽網路色情變成正常的消遣。

與此同時，女性打破了從前的限制，「躋身於」職場高位。男性對「女士」的殷勤保護態度，也變成職場競爭。現在，甚至對女性的些微恭維都可能被視作「微侵略」。男性看待女性同僚的變化，漸漸影響了婚姻。

　　傳統上，婚姻目的在於家庭而非感情。孩子的生父母必須負起責任，婚姻提供孩子最好的發展機會。親生父母最愛自己的孩子，英文的婚姻有另一個字「wedlock」，顯示婚姻像鎖鏈，使得世代存續，源源不絕。婚姻結合的兩個人有沒有浪漫感情，有時不太重要。在其他文化中，甚至在美國的次文化中，相親建立宗族與家庭之間的聯盟，也強化了社會穩定。[14]

　　美國最高法院在「奧貝格費爾案」判決中指出，配偶性別與婚姻無關，因為就憲法原則，婚姻目的在於配偶的情感滿足，而不是撫養孩子。過去，婚姻決定了後代的「合法性」，賦予此角色具有公開重要性。由於美國有40%嬰兒由未婚母親所生，關於兒童「合法性」這個陳腔濫調的問題，可見除了親生父母，沒人想要保護婚姻關係，使得婚姻如今僅是個人奉獻的表現。

　　多數情況下，已婚夫妻都有孩子，也打算建立一種永久連結和穩定的家。其實使同性戀婚姻實現的一部分原因，是在於生殖技術的進步，同性伴侶能夠越過從前的生育障礙生育自己的孩子。感謝代理孕母和捐精者，許多同性伴侶如今過著異性戀夫妻所一直渴望的穩定家庭生活，互相付出。

　　但，改變婚姻的定義，使得婚姻不再設定有孩子存在，改變了每一位新人的心態。從前對於「開花結果，開枝散葉」，不僅是期望也是義務，想要將後代子孫養育成人，繼續複製家庭結構。現在由於「感覺」正式成為婚姻的基礎，任何婚姻的「責任」聽起來分外顯得荒誕。雙方的滿意程度，是唯一衡量婚姻是否健康的標準，感覺重於一切。

過時的婚姻觀念

「奧貝格費爾案」只不過是新一代對婚姻的新定義，冰淇淋聖代上面的那顆櫻桃。轉型早在1960年代初期開始，女性主義同時改變了人們對男性和女性在家庭、僱傭和職場角色的期望。伴隨出現的「性革命」，使女性主義消除了婚姻引導性行為朝向對於社會終端有益的育兒責任。

嬰兒潮世代裡，伊麗莎白的故事很典型，她回憶說：「當我還是個孩子的時候，喜歡四處張望，於是知道聰明的女性可選擇少數幾種職業，老師、護士、圖書管理員、祕書。更好一點，你可以上大學拿到『賢妻良母』執照，嫁給一個工作穩定的人然後撫養孩子。」

到伊麗莎白上高中的時候，老師要求她們閱讀貝蒂・傅瑞丹《女性的奧祕》（Betty Friedan, *The Feminine Mystique*, 1963），同學們於是紛紛澈底改變了想法。她大學畢業時，同意格洛麗亞・斯泰納姆（Gloria Steinem）所說：「沒有男性的女性，就像沒有自行車的魚。」因此便去裝了避孕子宮環，探索性行為的天地。她沒有結婚壓力，尤其在父母離婚後，她開始和男友同居。對伊麗莎白和朋友來說，婚姻只是一張紙，除非你很想安定下來有孩子，否則只是一個壓制女性並限制愛情表達的手段。

目前關於婚姻的公開爭論似乎已分裂為兩個陣營。一派認為傳統婚姻的永久性與神性，一派則認為婚姻是過時產物，因為它不具永久性也沒有神性。大多數美國年輕人根本不覺得婚後性行為才是正當合法的，他們認為婚禮是感情的承諾，需要持續不斷的重新評估。

新角色，新婚姻

當女性進入從前男性主導的職業，並取而代之，婚姻便產生了巨大的變化。曾幾何時，如果妻子在外面工作，你可假設她沒有丈夫或丈夫無法「養家」。傳統家庭的分工原本涇渭分明（否則就有問題）。但女

權運動改變了一般人普遍認同的美國家庭角色，有時甚至堅持男性和女性沒有區別。

當女性突破玻璃天花板，在職場晉升時，女性主義者覺得很驚訝，男性應該要趕快來清理玻璃碎片，或替補育兒角色，或甚至保持房屋整潔。有些男性適應了，小男生長大以後學會幫助女性，口頭上也支持女性。不過真正改變的卻是女性，她們無論在職場和養育孩子都能夠「發揮潛力」。過來一點，女士們，因為你需要更多力量承擔責任。「工作與家庭平衡」使女性可以獲得職業機會，而不必犧牲育兒的報酬。

你可爭辯女性角色的變化究竟是好是壞，不合道理還是一場災難，但它的確使得關係變得更複雜。伴侶也一樣變得厚顏無恥，要求滿足。不過道理並不是放諸四海皆準，每個婚姻關係都有自己的規則，如果兩個人的期望不一致，很容易就會發生摩擦。

過去有一段歷史如今對你的婚姻困境有用。我的朋友丹妮爾‧克里頓登在《母親沒有告訴我們的事》（Danielle Crittenden, *What Our Mothers Didn't Tell Us*）一書中寫著女性主義強化版的婚姻，造成婚姻中雙方的壓力增加。她經常在表達自己政治不正確信念時，會得到噓聲。「目前的婚姻危機，大部分原因，都可能來自現在所獲得的平等。由於丈夫和妻子都想要擔任完全相同的角色，因此對工作和家庭的要求，爆發了激烈的爭執。」她寫道，「由於對權力平衡的先入為主觀念，許多現代女性和男性都發現，自己甚至不能或不願意在婚姻生活中做極為普通的協調。」[15]

我有一個朋友表達了自己因享受與丈夫之間的傳統角色，而感到罪惡。她照顧兩個孩子，他擔任大學副校長賺六位數薪水。她在拿到博士學位以後，將時間花在兒子的六年級教室裡擔任志工，還有陪 3 歲孩子出去玩。「有人問我做什麼，我總是說『我有公共衛生博士學位。』而不說我是家庭主婦。」她坦言。

我認為現在應該是尊重父母的時候了，也不要再指責為家庭而離開

就業市場是浪費時間和學位。你的婚姻是在一個沒有定型的新婚姻世界中掙扎，你的背景、個性和哲學的組合，決定了對自己婚姻的期望。

你的婚姻搖搖欲墜，很可能是因為你或伴侶對關係的期望一再受到忽視、冷落或背叛。或許你的期望過高，無法實現。因此你必須思考從前你對婚姻關係的期望究竟是什麼，以及這些期望目前是什麼。下面列出女性主義出現之前的傳統婚姻，以及現在公認婚姻版本的比較。為了清楚了解你的期望，請在期望落空的部分做記號，目的是要找出造成你失望的原因，讓你可決定是否保留或修改期望。

婚姻：傳統與新定義

傳統婚姻	新定義婚姻
婚姻受到尊敬和期待	婚姻大多認為是個人期望；社會期望不存在或由次文化決定
婚姻是唯一可接受的性行為	可有婚前性行為；婚外性行為是可協商的
婚姻為成年一男一女的結合	婚姻為任兩位成人的結合
婚禮涉及宗教	婚禮缺乏或鮮少宗教色彩
伴侶出身相當	伴侶出身不重要
婚姻目的是為了養家	婚姻目的是表現和接受愛情
婚姻持續到死亡	婚姻持續到伴侶之一的愛結束
婚姻一夫一妻且性專一	婚姻通常性專一，但伴侶各自解讀
夫妻姓氏和財務結合	夫妻姓氏和財務分離
育兒主要是母親的責任	育兒為雙方共同責任，職責分擔可討論
理想情況下，丈夫在經濟上可支撐家庭	理想情況下，夫妻雙方皆在職場有所發揮。為照顧孩子其中一人可能暫離職場

非婚世代的伴侶關係不再

現代的婚姻兼具優缺點。有一個關鍵性的缺點是，由於可以選擇非

婚和不生小孩，夫妻每天都面臨要不要離婚的選擇。過去由於人們羞於離婚也抗拒離婚，促使夫妻守在一起，有些人不開心仍相守一輩子。但其他人（可能是絕大多數情況）都是由於羞恥而「修修補補」過生活，去面對和克服婚姻問題，生活便是在不斷建設和讓彼此滿意中度過。

沒有人應該忍受長期的憤怒、傷害或不快樂。想要離婚的人應該先找出這些問題，試著修復婚姻。

如今使不快樂的夫妻結合在一起的力量是什麼？不多，真的。婚姻不再是「結合」，家族成員害怕公親變事主。你覺得朋友就是應該要「支持」你的所有決定，文化已成為在背後唱和你感情的和聲。為了公平評估你的情況，你需要傾聽另一邊的說法，那就是結婚是一生的承諾，因此難免必須忍受痛苦不適。

在一個幸福的婚姻中，配偶發出反對的平衡聲音，可幫助你掌握整個局面。不幸的是，原本是互補的配偶，看起來反而像競爭對手。不過即使事態如此，你還是可能會發現對方的反對意見最終還是有助於你。

我要再說一遍：情緒戰勝邏輯。促使行動發生的是感覺，而非客觀事實或深思熟慮的信仰。情緒很麻煩，情緒的強度會克服並壓制邏輯。你知道應該要抵抗情緒，當情緒發生，自然反應是想要消除造成衝突的任何事物。「我不會這樣發洩情緒！」控制自己；當你感到心跳加速，憤怒升起，請深吸一口氣，奪回控制權。注意那些會觸發情緒的事物，最好避而遠之或解除武裝。自由抒發情緒無疑自我毀滅。你的感覺必然會影響你對自己行為和婚姻的決定，但更好的行動依據是對長期結果的明智評估。

第 2 章 引發離婚的三股力量

　　圍繞著你身邊的，有許多關於婚姻和離婚的態度，你可能信以為真。但這些態度都會破壞你的婚姻。而現在你正處於困頓之中，這些態度把你的婚姻拖向離婚邊緣。我將這些態度稱為「離婚磁鐵」，其中有三種特別危險。

離婚磁鐵一號：激進的文化

　　過去離婚被視為人生的恥辱。人們視婚禮誓言是如鋼鐵般堅實，視離婚為失敗，離婚會令人產生「羞恥」，不過現在終止生意合約變得比離婚還要難。

　　我們可利用內疚和尷尬作為自我改善的工具。有時候，社會壓力可使我們不過於自我感覺良好，以免造成長遠的災難。

　　離婚的恥辱維持了許多婚姻，因為人們在乎別人看待的眼光。想一想，為了建立自己在別人眼中的形象，需要耗費多少辛勞。利用臉書、Instagram、Twitter等社群網站，我們營造自己在觀眾和追蹤者面前的樣子，揮舞著那些偉大的職稱和經驗，製作一個永垂不朽的專業形象。外表掩蓋了我們的不安全感和缺點，投射了我們最好的一面。如果常常做這種事，往往會陷入虛構世界中。

　　我們在乎別人如何看待我們的外表、成就、親朋好友，但很少擔心婚姻失敗而蒙羞。事實上，承認你正在「經歷一場離婚」反而往往會贏

得安慰的擁抱，以及對你個人價值的關懷肯定。人們對離婚的反應，已經從責難澈底翻轉為關心與同理心的流露。

事實上，宣布你的分居所獲得的同情，會比宣布要努力修補婚姻還要更多。親友都認為離婚會讓你好心碎，因此需要給予你同情的擁抱，但努力恢復婚姻卻代表你很堅強無懼。大多數人比較喜歡同情的溫暖擁抱，因為畢竟去面對憤怒或受傷的配偶要困難太多了。

「經歷一場離婚」還會讓你擺脫懶散馬虎的形象。雖然這不能算是離婚的理由，但由於人們對於離婚的過度適應，卻與我們對待離婚的方式完全顛倒。如果你工作進度沒跟上或午休遲遲不歸，「經歷一場離婚」就是很好的藉口。人們都假設你因為要離婚而情緒緊繃，而且既然情感遠勝過理智（責任也不敵心痛的感覺），大家對你的巨大情感事件自然抱以無限的耐心。

因此如果你正處於婚姻中的艱困階段，親友溫柔擁抱支持你的力量，他們和你站在一起，讓你可以不必承擔責任，相較之下，想要去解決你的婚姻問題反而困難多了。

離婚磁鐵二號：婚外性行為（婚姻裡面沒有性行為）

你不喜歡配偶的時候，你生氣或遭受背叛、辱罵，此時婚姻中的性行為都會變得自私和操弄。大多數在離婚邊緣的婚姻，都沒有性行為。在此情況下，性行為變得只有婚姻裡沒有，其他地方性行為卻是無處不在的；除了與你的配偶，其他人想要就有，真是令人興奮。而且好處多多，這顯示你其實不需要配偶，也肯定了你是有魅力的；使你偏離真正的問題，令你覺得興奮有活力，不過也由於有風險而又增添了吸引力。

婚外性行為，並不是一種與伴侶之間忠誠與愛的表現。如今那份愛感覺已不在，所以隨意的性行為誘惑，轉而往四面八方展現吸引力。這時 Tinder 出現了，大有助益。這款流行社交 App 可讓你查詢附近可能的性伴侶，即有意妹有情，即時撮合。只要有個稱呼、年齡、照片，或許

是假照片。往右滑，有一個候選人就在你的指尖，你可選個對象來場豔遇，雙方無須尷尬。不喜歡？往左滑，不用向任何人交代。喜歡的對象全憑外表，這是一場娛樂的幻想，就像在銀行排隊時會做的事。[1]由於時時都有候補人選，對於單一伴侶的忠誠便會放鬆。

Tinder是一種低投資、低回報，排解無聊的解決方案，不過它也提醒著你身體的性行為不只是與你的配偶，和其他人也可以。根據《商業內幕》（*Business Insider*）雜誌的報導，使用此應用軟體的人，其中12%已有交往對象。[2]美國文化已經久未責難婚外性行為，剛交往的人通常在兩三次約會之後就會上床，然後同居，婚姻則是一個選擇，生孩子前後都可以。

有60%到80%大學生曾有過一段性「關係」[3]，由於性行為容易發生，受到普遍文化壓力的夫妻，如果有性方面的問題，便可趁機得到好處，使婚姻中缺乏的激情找到出路。而一旦發生婚外性行為，原本深陷困境的婚姻更會增添傷痛。在一個蹣跚的婚姻中，伴侶如果向性誘惑屈服，還會增加憤怒、傷害和距離。沒有戒心的同事、司機、電視觀眾、網路用戶，人人經常都遇過令人迷失的邀約。這些邀約或許隱蔽，或許明顯，但最嚴重的是簡直無所不在。在馬路上開車，一路上廣告牌滿滿都是爭奪你注意力的性感胴體。到超市買點食物，架上的八卦雜誌封面是某個原本穿著豔麗禮服或比基尼的明星，如今卻吸毒或肥胖過度、面容憔悴的前後比較照片，這些出版品經常在封面上運用分裂元素，這就是賣雜誌的方式，雖然有點反女性主義，但男性拿起這些雜誌是因為想成為星迷或因為討厭那些明星。無論是哪一種，封面上的美女和伴侶比較起來都是大贏，造成心理的不滿意。許多迎向自己的美麗性感胴體，則提供了性愛來臨的錯覺。

性關係文化提供了與真人無須承諾的性愛，而色情影片則進一步提供無須煩惱對象的驚險刺激。色情和手機或筆電一樣隨手可得，年輕男性想都不想便會去看，不管證據顯示，私下看色情片也會傷害男女關

係。2014年美國福音派研究機構巴納集團（Barna Group）有一項代表性研究發現「美國18到30歲男性平均每10名就有8名（79%）每個月都會看色情片，31到49歲男性則有三分之二（67%）」，而50到68歲男性有「十分之三（29%）每天都看色情片」，儘管他們自己也意識到這個問題。問他們是否覺得對色情片上癮，「三分之一（33%）18到30歲男性覺得有上癮或不確定」，「所有男性則有18%覺得有上癮或不確定，總數相當於2千1百萬人」。[4]

羅伯特婚前便有觀看色情片的習慣。「我所有朋友都接受，這只是一件普通事」，他解釋。婚後他停止看色情片，因為他知道妻子安潔很厭惡，但在生下第一個寶寶奪走妻子的所有注意力，他就會趁妻子沒有注意專心做別的事的時候偷看。「我從沒想過那些女演員是真人，也沒認真想過色情片是什麼，」他說，但的確好看，有時他會找藉口讓妻子自己回婆家，好趁機放縱自己看個夠，於是不知不覺形成一種模式。「工作完畢（空調技術人員）我就會坐在卡車裡先在手機上看一陣子色情片，然後才回家。」到家以後，打招呼、和女兒玩、晚餐。他會和安潔一起看一部電影，等到她睡著，就去地下室的工作室打開電腦消磨一段時間。

這樣持續了3年，羅伯特和安潔的家庭也添加一個男嬰新成員。「我從沒跟安潔講過這件事，但我以為她知道。」他聳聳肩。性生活不頻繁，但令人滿意。羅伯特把色情片視為一種暫時的休息，因為安潔開始回去上班，他要分擔的事情愈來愈多。托兒所很貴，想到孩子日後上學的問題，還有家裡總是有壞掉的東西需要開支，財務壓力使得他的祕密宣洩管道變得更誘人。

但安潔真的不知道丈夫花那麼多時間在看色情片，那是他的個人隱私，她被排除在外。他變得愈來愈沉迷，也愈來愈不想告訴妻子。後來羅伯特開始覺得家庭時間變成自己的義務，唯有搜尋新的色情片才能使他放鬆。他變得沒辦法與安潔說這件事，夫妻之間產生嫌隙，他藏起自

己的祕密，不再與妻子分享每一件事。「對，色情片讓我興奮，但同時我也覺得尷尬和內疚。」

羅伯特才35歲便體重超重。每天晚上他疲倦地回到家，和純潔可愛的孩子一起玩耍，還在睡前念床邊故事給孩子聽，假裝故事裡的人物說話，逗得孩子笑呵呵。同樣疲倦的安潔欣慰地看著羅伯特與孩子和樂融融，她喜歡孩子與爸爸分享天倫之樂。羅伯特之前心臟病發作，若非這個契機，他可能會與安潔繼續情感疏離，但後來有了救護車緊急送醫的心驚膽戰經歷之後，看到她的眼淚，完全對自己付出，他便清醒了。

羅伯特從鬼門關撿回一命之後，大澈大悟，決定好好把握自己殘存的壽命。他戒了色情片，懷抱感恩，專心對待妻兒。他報名減重課，恢復上教堂的習慣，還重拾線上課程，準備完成中斷的學士學位。他明白自己必須更重視溝通，除了安潔，還有父母、同事和朋友，所以他找到一位治療師。他聽說我正在寫關於任意性行為的文化，於是想把他的故事告訴我。他想要警告大家：「色情片上癮比你想像的要容易得多。這只是一種個人的自私行為，自尊心低的人，看了會感覺良好，沉迷其中。」

研究顯示，男性和女性觀看色情片的方式不同。男性往往是自己單獨看色情片，不會與伴侶一起看，這種行為會造成夫妻關係品質降低。[5]男女性所喜好的色情片種類也不同，男性比較重視動作，對於故事背景或人物個性並不在意。而女性則喜歡有背景故事，強調主角個性的色情片。其他研究顯示，男性對色情片的需求比女性高，男性更常看色情片，而丈夫的使用頻率愈高，妻子的反抗愈強。[6]色情片所造成最大的負面影響是，伴侶認為會造成婚姻親密性的降低或減損，因為色情片排斥伴侶並取代了伴侶的地位。

色情片重新被定義為「正常」，改變了婚姻的動態。從前的標準比較高，丈夫會把《花花公子》（*Playboy*）雜誌藏在床墊下，因為即使只是偷看其他女性，亦視為對妻子的不忠。色情片的主流化，使得性行為

與婚姻分離。如今純肉體純高潮的性關係已是正當的性行為環境，如同穩定的親密關係一樣。

由於色情片演員為性行為設定了一種高超的標準，真實生活中的伴侶就變成次等選擇。但更重要的是，色情片使得其他人被物化。你看得愈多，片中的各種關係愈會有意無意地滲透你的想法，你的心智由於那些不存在婚姻中的狂野欲望和能力而變得麻木。廣告商為了抓住你的注意力，為60秒廣告付出數十萬美元，他們清楚分分秒秒的價值。色情片中以性高潮為主的身體互動，不能幫助反而還會傷害你的靈魂。你認為這對你的婚姻有好處還是壞處？會加強你與伴侶的關係或反而減弱？

根據楊百翰大學研究員一系列的五個研究，色情片對於現存男女關係的承諾，短期和長期而言都具有破壞性。尤其是男性，受試者看的色情片愈多，承諾就愈少。[7]

其他研究顯示，觀看色情片會導致配偶互相欺騙。[8]色情片的消費被證明是「不忠行為的強烈預告」。無論目前關係多麼堅強或持久，作家史翠普女士（Peg Streep）寫道，「雖然自家牧場的草已經夠綠了，但有沒有更綠的草地呢？這種想法真令人心馳神蕩。」[9]

從另一個角度來看，有其他研究人員發現，看色情片會減低夫妻的忠誠度。經過比較，看色情片與不看色情片，夫妻關係的強度與忠誠不同，證實了其有害作用。根據報告，一起看色情片的夫妻，比單獨看色情片的，對性關係更為滿意。但從不看色情片的夫妻之間，溝通和彼此奉獻精神則更佳，也比看色情片的更忠誠。由此觀之，色情片對夫妻並無益處，即使為夫妻共同活動亦無助，反而會降低親密程度，並成為轉移注意力和外遇機會的源頭。[10]

丈夫看色情片會造成妻子的痛苦，並降低婚姻性行為的頻率和滿意度。正如一位妻子告訴研究人員說：「丈夫不再認為我有性吸引力，對我沒有欲望，反而覺得比較受到電影、雜誌和網站裡面的女性所吸引，我根本競爭不過……」超過一半網路性交的參與者不再需索婚姻性行

為，即使繼續維持婚姻關係，也與伴侶漸行漸遠。幾項研究顯示，女性認為丈夫使用網路色情是不忠的表現。[11]

頻繁使用網路色情是上癮或主動仍為爭議，但無論是哪一種，在心理治療上目標都是要降低誘惑，將性行為重新導向婚姻。在治療過程經常會發展一種有用的策略，就是避免觸發使用色情片的契機。例如可用其他可接受的獎勵活動來取代，像羅伯特完成大學學位，多花時間和孩子在一起。而且，他發誓要誠實，了解凡是和安潔討論起來不自在的東西也對他不好。

1998年，尼可拉斯·泰倫博士（Nicholas Terrett）所發明的枸橼酸西地那非（sildenafil citrate）獲得FDA批准，可在美國販售，稱為「威爾剛」，這是一種解決勃起功能障礙的藥物，觀察家熱烈歡迎，認為是新的性解放時代來臨。由於獨特的醒目色彩而暱稱「藍色小藥丸」，不久輝瑞藥廠藥物治療透過電視節目、電影和廣告迅速打響知名度，其中包括前共和黨總統候選人鮑勃·杜爾（Bob Dole）也參與臨床試驗，並在廣告中宣稱它是「一種偉大的藥物」。[12]

當時我正在開車去健身房，聽到廣播的廣告說（我是 The Michael Medved Show 的忠實聽眾），某某醫師要辦研討會，他有方法可以幫助你感覺更好，還能減輕體重並恢復性能力，而你的妻子也會喜歡。某某醫師還有很多競爭對手，每個產品廣告都有「睪固酮」、「雌激素」、「勃起功能障礙」、「持久」，引發人們擔心自己婚姻日後是否會有能力缺損問題。如果伴侶對你重振雄風不感興趣，就錯過大好機會了。

與此同時，性慾闖入大眾領域，失去了婚姻中的神聖性，難道是巧合嗎？廣播、電視和電影中滿坑滿谷的性，同時也貶低了性。從前婚姻是唯一可性行為的時候，夫妻雙方都知道結合可誕生孩子的時候，他們的結合意義遠超於一時的肉體愉悅。在猶太傳統中，「廢棄（set aside）」或「脫離（separate）」是「神聖」的定義，「神聖婚姻」不僅會使夫妻超越其他人（得到上帝的允許），並為人類提供一種方式，能

夠依照上帝的形象，創造和培育下一代。

　　我是說，我們無處不在的性文化，正在摧毀保護婚姻的親密關係，每個鄙俗的黃色笑話，每段色情片，以及每個威爾剛廣告，都侵蝕了婚姻的「神聖」。由於無所不在的性暗示都會隨時進入你的意識，使得你在婚姻中受到挑逗的可能性大大降低，導致你可能失去伴侶專一所會獲得的期待和興奮感。雖然無法避免，但可選擇拒絕。集中注意力在夫妻之間，維持親密關係有助於排除降低和失去敏感度的負面影響，你要珍惜婚姻，因為你已經付出許多代價。

離婚磁鐵三號：職場優先順序與人際親疏

　　2015年5月，臉書首席運營長 —— 雪柔‧桑德伯格（Sheryl Sandberg）的丈夫突然猝逝，一年後，在加州大學伯克利分校畢業典禮致詞上，她沒有談到她的暢銷書《挺身而進》（*Lean In*），希望女性能夠往領導層級挺身前進，也沒有談到在臉書的工作，或之前在Google受到的限制，或在哈佛的職業生涯。她談的是如何從悲痛中恢復，與正向心理學大師塞利格曼（Martin Seligman）學習擺脫「3P」困境。這「3P」分別是：個人化、普遍性和持久性（personalization, pervasiveness, permanence），會阻擋人們正面思考，陷入失敗泥淖。真是字字珠璣。在一場衰弱或困頓的婚姻中，我們必須了解，自責（個人化），將問題一般化（普遍性），陷入停滯與預設立場（持久性），三者都會破壞進步。

　　但我發現桑德伯格女士的演講其中最引人注意的是，她很清楚自己心中最珍視的是婚姻和家庭。對於她所接受的一切高等教育，以及所有讓她爬上商業世界巔峰的培養和努力，感情的核心都是為丈夫所保留。婚姻值得珍惜。

　　她問聽眾，如果知道自己只剩幾天壽命，最想要做的事是什麼？由於丈夫猝逝，她的答案是：「珍惜每一天，因為我知道，每一天都非常

珍貴。」她說,「我的堅強來自捕捉生命中的喜悅,並對朋友的善良,家人的關愛,孩子的歡笑,都充滿感謝。」[13]

親密的家庭互動,並不僅僅代表一個令人印象深刻的公司頭銜,或是帶領一群女性在從前由男性主宰的領域中出人頭地。人們不會在自己的墓碑上刻著「最忠誠的員工」,而是光榮的讚譽:「慈祥的母親」、「為家庭付出的丈夫」等。

這些與離婚有什麼關係?我們教導青年女性,在職場上發揮潛力取得成功,但婚姻卻說不上有什麼成功之處,顯得不平衡,表示優先順序錯誤,婚姻被排在第二位。取得學士學位有助於展開成功生活,但大學研究所卻沒有教導學生,最有意義的成就歸屬於家庭和婚姻,並有大量學術研究支持這一點。

例如,2012年有一個研究是對哈佛商學院2.5萬名畢業生,這些受過高等教育的哈佛商學院學生,隨即會踏上巔峰職位,但調查結果顯示,剛畢業的學生定義成功為職場成就,但獲得哈佛MBA學位經過20到40年,他們定義的成功卻變成以家庭和個人實現為中心。

「對我來說,25歲的時候,成功是由職場成就而定,」一位40歲女性回答。「現在我認為的成功已大不同:培養快樂、積極的孩子,為世界貢獻一份心力,並追求對我有意義的工作。」研究人員指出,「當我們要求受訪者評估九種職業和生活的重要性,幾乎毫無例外,無關性別,大家都表示,『個人與家庭關係品質』為『很重要』或『非常重要』。」[14]

既然如此,為何大學不能在職場名聲和學術地位之餘,亦鼓勵人們建立美滿婚姻?為何我們慶賀爭取專業成功的人,卻容忍婚姻失敗或不堅守婚姻的人?由於我們對待工作和婚姻的方式不同,造成夫妻關係的忽視,最終導致離婚。

我記得從前在研究所學習女性主義課程,主題是探討「擁有一切」的「問題」。我們對問題的分析,僅從成功專業女性的角度,來看待如

何平衡職業生涯的領導力，與孩子、丈夫相處的時間，並追求個人的獎勵（運動、喜好、旅行）。「平衡」真正的意思是建立一種價值分級系統；女性首先應在市場上取得成就，建立正當性和競爭力，唯有如此她才能在工作需求之外，利用「下班時間」盡自己的義務。

國際法學者安瑪麗‧史勞特曾在《大西洋》（Anne-Marie Slaughter, *The Atlantic*）雜誌發表一篇著名的文章〈女性為何還不能擁有一切〉[15]，讀者的回應激發她提筆寫作《未竟之業：為何我們無法兼顧所有》一書[16]。她發現，由於婚姻和家庭中對於傳統女性領域的忽視，造就了文化中的根本問題，倘若其重要性得到認可，對女性甚至男性來說，許多關於失去專業成就以及優先考慮家庭生活的焦慮問題都將消失。[17]這種認可也會進而使人們想要維持婚姻和家庭的完整。若人們擁有堅強的婚姻，與擔任CEO會得到同樣的社會認同，就會有更多的丈夫和妻子為婚姻付出努力，就像為職業生涯努力一樣。

在工作場所還有像外遇這種骯髒齷齪事。如果將事業放在家庭之前，造成夫妻之間感情失和，又天天與異性同事近距離接觸，容易產生誘惑，引發婚姻不忠。要是每個員工都專注於手邊的工作，與同事和主管僅止於職務關係，然後每個新同事都很純真而且外表也沒有吸引力，豈非天下太平？你笑了嗎？

「男男女女在辦公室裡，或多或少都曾互相挑逗或展開一段性關係！」MSNBC.com與Elle雜誌共同委託健康編輯Charlene Laino撰寫了一份調查3萬1千人「辦公室戀情與性關係」的報告。

結果發現，工作場所對一夫一妻制有諸多威脅：

· 92%受訪者表示發現一位有吸引力的同事，並曾與他們調情。
· 62%承認至少發生過一次辦公室戀情（但有14%人表示絕不會和同事約會）。
· 42%在辦公室戀情結婚發生時，同時有男女朋友或婚姻關係。

- 41%在辦公室發生性行為，16%用老闆的辦公室；有7%現場被抓到，但87%像什麼都沒發生過。
- 19%發生嚴重職業問題，但只有3%失去工作。
- 9%已婚男性表示婚外情導致離婚或分居，一半沒有導致婚姻問題。
- 最後，有25%女性表示主管受到她們吸引而使工作受益，不過13%因為拒絕而失去升遷機會。[18]

　　家庭法律師克麗絲汀娜（Christina Pesoli）整理了職場所謂「神不知鬼不覺的姦情」破壞婚姻的方式：

- 你的婚外情，來自於婚姻所竊取的能量。
- 你的婚外情會弱化你的婚姻。你的「好心情」實際上只是你膨脹的自我，對妻子並無好處。
- 你的妻子處於競爭劣勢（因為她不知道自己有競爭者，因此無法抗衡）。
- 你的妻子看起來很好（而你看起來很糟），但你不知道。偷情的興奮感很容易在短時間內讓人看起來狀況不錯。
- 你的行動會導致婚外情，即使你口頭上不承認。

　　律師的建議是？「你需要決定是否（a）想結婚，或（b）想離婚。如果你不知道，讓我更進一步解釋：你必須（a）與你調情的對象分手，或（b）離婚。」

　　男女交往愈深，愈容易受到彼此吸引，愈可能發生婚外情。雖然我說的這些話政治不正確，但卻是事實。覺得同事不會在意化學反應，保持專業，只談公事，不過是拒絕承認這些事。那是一座叢林，如果你必須住在叢林裡，就要準備一面蚊帳，把異性擋在外面，發乎情，止乎

禮，如果蚊帳不夠，可能還需要一把開山刀或手槍，以免突然有動物進攻。婚姻的防禦，最好運用人性的常識和尊重。大家都知道，禮節早已過時。過去拉起界限的熟識程度和禮節標準，如今已降低，人們不再以某某女士或先生來稱呼。「哈囉，黛安，我是山姆，你今天過得怎麼樣？」由於訂單發生問題，我向網路商店電話總機詢問，不過，我真的不想跟你說我今天怎樣，山姆。

我們無法改變社會，但想清楚所謂的熟識程度，同事、茶水間認識的人、一起吃午餐的人、下班幽會的人，不要模糊了人際之間的界限。用職務頭銜來稱呼同事，或許對方聽見了會覺得很驚訝，但你只需說「我在練習尊重」，旁人立刻會明白你的意思，並且也以尊重回報。「尊重」是政治正確的（很單純的正確）。

婚姻與父母責任分離的危險

我們貶低任何會約束個人獨立性的事物，寧願同居、不結婚、不願盡做父母的責任。如果年輕人墜入愛河，很快問對方是否願意結婚，以滿足合法的欲望，這彷彿已成為遙遠的歷史。美國疾病管制預防中心公布統計，74%男性和70%女性認為可接受未婚伴侶同居。[1]

1955年，法蘭克・辛納屈（Frank Sinatra）的暢銷單曲「就像馬和馬車配一對」（go together like a horse and carriage）描述愛情與婚姻：

> 愛情與婚姻，愛情與婚姻，
> 這間學院你無法貶低。
> 問問當地的上流階級，
> 他們會說這只是小學。
> 嘗試，嘗試，嘗試把它們分離，
> 那是幻想。
> 嘗試，嘗試，嘗試，最後你只會
> 得到這個結論。[2]

這首歌反映了過去曾經的普遍共識，認為愛情註定以婚姻為結局，「不能有一個而沒有另一個」，聽起來像馬和馬車一樣過時。單曲暢銷三十年後，美國《凡夫俗妻妙寶貝》系列電視劇主題，重現了歌詞，還

有《天才家庭》、《歡樂滿屋》、《天才老爹》等，這些都是關於歡樂家庭的滑稽情境喜劇。

「凡夫俗妻妙寶貝」主角是鞋子銷售員邦迪（Al Bundy）以及他甜蜜可愛的妻子，天真無邪的女兒，還有不善與人交往的兒子，這部劇與其他所有家庭都在分享一個共同主題：婚姻的承諾高於其他所有事物。「邦迪是魯蛇，卻不是逃兵。」劇中長輩這麼說。儘管有粗俗的侮辱，重重失敗和令人厭惡的行為，但邦迪堅持家庭一體的規則：「愛、恨……看，我們是一家人，有什麼分別？」

有一群人因為家庭概念而聯合在一起，不可分割（愛、恨，有什麼分別？）反對離婚。我並不認為邦迪一家人可作為家庭的典範，但他們攜手前進，顯示家庭凝聚力超越了輕視和失敗，能夠帶來長期的成功。當電視族群需要加油的時候，他們圍成一圈，雙手舉高，大聲歡呼「邦迪，萬歲！」[3]

想要家庭緊緊團聚，進入婚姻的夫妻必須深刻體認，他們正在創立一個家庭，而不只是形成一種關係。下面讓我們比較兩對夫妻，考慮誰長期來說狀況會比較好。

愛蜜莉和傑克兩人都30歲，同居6年，假設他們永遠都是夫妻。他們剛相遇時，愛蜜莉完成人類學的學士學位，傑克買下數學補習班經營權。如今愛蜜莉在幼兒園教書，傑克生意有成，由於生活太過繁忙緊張，他們沒時間也無法有孩子。

西西莉和威廉，分別是25和26歲，兩個人家裡住得很近。他們自高中便相識，上了當地大學一年級，兩個人才在一起，一直約會到威廉上完法學院，西西莉拿到會計碩士學位。然後威廉拿到律師執照，找到工作，兩個人便宣布訂婚，渴望共組一個家庭。孩子出生以後，西西莉計劃要在家裡繼續兼職。

兩對夫妻之間的差異在於，他們都有長期的關係，但由於兩種特質而有所區別。傑克和愛蜜莉同居，職業生涯優先於未來的計劃。西西莉

和威廉結婚以後才住在一起，他們認為這是共同撫養孩子的基礎。

同居和離婚

當你抱著長期的想法進入婚姻，意見不同和問題僅為終身計劃裡的漣漪。如果只是住在一起，表示至少有一個人想要活動空間，對於關係的長遠看法就更困難了。婚前生活在一起，看起來像是測試彼此容忍度的謹慎方式，以最低程度預先進行試驗，避免失敗，但卻加強了可退出關係的信念。如果一切順利，你可能會結婚，但同居經驗必會降低長久維繫婚姻的機會。

2009年發表在《家庭心理學》月刊上一項研究，發現「訂婚前住在一起的夫妻（43.1%研究樣本）與訂婚後才同居（16.4%），或婚後才住在一起（40.5%）相較，婚姻滿意度、奉獻度和信心均較低，並且負面溝通較多，較有離婚可能。」[4]同居為何會增加離婚可能？研究者之一心理學家羅德斯（Galena Rhoades）建議不要忽視直覺，「為測試婚姻關係而同居，結果卻造成婚姻關係中最大的問題。或許一個人覺得有需要測試關係，表示已經知道一些經過時間會出現的問題。」研究人員還觀察到，一些同居關係「變成婚姻」，只是因為「理所當然」，而不是「經過深思熟慮決定共迎未來」。[5]差別在於「共迎未來」的期望。特別是當一對夫妻知道，婚姻計劃不僅是「生養孩子」，而是滋養與經營一個家庭。

當然，這裡出現了「先有雞還是先有蛋」問題。或許堅持諾言的夫妻更重視婚姻的正式性和父母的責任，而懷疑或擔心夫妻關係永久性的人，寧願同居一段時間，沒想到卻正實現了自己的預言。美國疾病管制局2010年的數據顯示，同居女性（年齡15至44歲）同居3年之後33%依然沒有結婚，其餘27%分手，40%結婚。[6]

同居已成為情人的「新常態」，這表示人們仍有所保留。隨著同居的普遍接受度，許多選擇同居的夫妻，的確因此而有成功的婚姻。從美

國疾病管制局2013年度全國家庭成長調查數據中顯示，18至44歲中，57%女性和53%男性都有過同居經驗。

仔細檢視這些數據，北卡羅萊納大學研究員阿麗爾‧庫伯格（Arielle Kuperberg）發現第一次配對的年齡，無論同居或準備結婚，都是預測日後分手的最好預測指標。

至少要到23歲以後，同居或準備結婚的人，日後離婚的風險才會降低。很自然的，成熟是婚姻成功的關鍵。

對於同居之後結婚的夫妻，如果想要離婚，另一個反對因子是大眾愈來愈不贊成離婚。美國疾病管制局進行「當一對夫妻無法解決婚姻問題，離婚通常是最好的解決辦法」調查，回答是「62%女性和60%男性反對或強烈反對」。[7]討厭離婚是一個很大的威懾，但也是對婚姻的威懾，可能因此會造成結婚年齡延後。

人們普遍強烈避免離婚，原因可能有幾種。寶林格林州立大學溫蒂‧曼寧（Wendy Manning）教授說：「由於婚姻變成選擇性，或許人們會認為如果你已達到此狀態，便不會輕易結束。」[8]我認為經歷父母離婚的孩子，受到早期經驗的傷害，會決定不複製過去所忍受的事情，因此寧願先同居，將時間多花在建立事業，不過反而會導致他們降低結婚的衝動。無論如何，他們終於會婚配，等到終於結婚的時候，不是不想要小孩就是只生一個。2015年，15%的40至44歲女性都沒有子女。[9]

真是矛盾。由於害怕犯錯，需要更多學位、實習和經驗，以爭取好工作，年輕人延長教育，推遲婚姻。記者凱瑟琳‧蘭佩爾（Catherine Rampell）認為婚姻變成「合頂石（最高成就）而不是奠基石（基礎）」。[10]初次結婚的平均年齡，2010年，男性延至28歲，女性至27歲，與1970年平均年齡為男性24歲、女性22歲，形成強烈對比。[11]

養育孩子的「家庭計劃」

經過多重世代，婚姻的新發展變得更有彈性，可適應不同需求，此

特質的確避免了婚姻的衝突和離婚。說得清楚些，沒有孩子的夫妻可擴展自己的興趣和能力，但發展方向則端視個人選擇。孩子可說是夫妻的「外卡」（運動中代表敗部復活賽資格），每個孩子都是獨一無二的，需要不同的關注，父母必須捨棄自己的舒適和便利，去適應孩子。

照顧嬰兒、兒童和青少年，需要父母的耐心，長遠的眼光，將孩子的需求視為優先，這些特質也都能夠用來改善夫妻關係，拯救婚姻。當你在孩子身上施行父母責任的時候，同時亦會加強與配偶的合作關係。如果你決定要讓孩子在安全的家裡由親生父母照顧長大，你所做的每件事經過的時間都會連成一條線，建立起長遠的承諾。與配偶分手將導致這個計劃失敗。

兩個大人在一起，則不必運用父母所需的線性思維；選購一輛耐用的自行車，買一間可以隨孩子成長的房子，幫孩子存大學學費。但孩子的需求成長，使得家庭不斷變化擴張，促使夫妻明白，關係的維持至少要等到孩子長大成人。

離婚會奪走在功能良好家庭中養育快樂兒童的機會，對每個人都會造成痛苦和干擾。但若配偶不認為自己僅是已婚有孩子，而是建設家庭之人，便會超越眼前的感受和欲望。所有父母都可告訴你，他們經常必須控制憤怒情緒，放棄歡樂，將孩子放在第一位。與孩子的連結是父母犧牲的回報，遠勝過一切。大多數父母會承認，由於照顧孩子的責任，使得他們成長圓滿，甚至進而練習他們所希望具有的美德。（以免被稱為偽君子！）

當你憑著個人價值觀生活，而非家庭價值觀，你想要什麼，取決於你的心態。有個人名叫班，他偶爾喜歡自己去賭城賭一個星期，坐在21點桌前運用他的算卡策略。有時候他贏了就再玩一把，下注一半獎金。中間他會去看脫衣舞表演，匆匆忙忙吃完自助餐，每隔一天打電話給妻子法蘭。

先生去賭城的時候，法蘭便到過季購物中心消磨時間，找找嬰兒禮

物，給長大的女兒找一些設計品牌衣服，到居家用品店挖掘寶藏。班平時到下午兩點，會結束股票交易工作回家，在60寸電視機前面吃飯，和妻子一起看一部影片，還沒結束便開始打鼾。有一天他告訴法蘭，他厭倦了婚姻，妻子建議一起接受輔導，他才發現自己在21點桌前最快樂，特別痛恨回家，因為距離賭場的刺激很遙遠。法蘭試圖用新鮮事物來刺激他們的性生活，甚至還買了性玩具，但班自知他只視妻子為無趣的家庭主婦，經過八次輔導，他想清楚了，感謝妻子之後便搬出去。

法蘭和班的女兒已經長大，不需要繼續在家裡照顧，因此夫妻失去了共同目標。班說，家庭計劃結束，他從此可自由追求頹廢和刺激的拉斯維加斯生活。如果他們在過去婚姻生活中嘗試分享興趣，如今結果是否不同？但他們終究選擇走自己的路。

在家庭計劃中，每個成員都身兼啦啦隊員和支持隊友的角色，個人問題就是家人問題，群策群力共同合作，互相協助，滿足自己和家人的需求。就像《凡夫俗妻妙寶貝》電視劇一樣。

沒有小孩容易離婚

結婚時，夫妻如果沒有長期的「家庭計劃」，會怎麼樣？有些夫妻已經超過生育年齡，或是前次婚姻的小孩都已經長大。當然，沒有孩子的夫妻也有價值，值得慶賀，但承擔的社會角色卻不同，互為至關重要的伴侶，值得努力維持關係，只是離婚的風險比較大。

有些夫妻絕望地想要生育孩子，卻因不孕症而心碎。人們以為這樣的夫妻應該是最努力維繫長期未來，但由於漫長的不孕治療，造成婚姻壓力：15到44歲的女性中有10%患有「生殖力缺損」，無法懷孕生產。即使經過治療，仍有6%女性不育。[12]

2014年，對47,515位進行生育治療的丹麥婦女，研究發現，有不孕情形的夫妻，離婚風險為一般人的三倍。「我們知道，不孕症治療在生理和心理上都很痛苦，容易耗弱心智，夫妻雙方無時無刻都會受到困

擾。」研究負責人表示，「但我們驚訝地發現，治療的影響竟可持續長達12年，如果夫妻一直沒有孩子，離婚風險便會升高。」[13]

哥本哈根大學施密特教授（Lone Schmidt）為研究訪談2,250對夫妻，最後評論不孕症對婚姻帶來的風險，「不孕症之所以是重大的挑戰，是因為它同時會產生是否要留在伴侶身邊的疑問，還是要去找別人，特別當是你知道不能生小孩的是誰以後。」[14]

有趣的是，在猶太法律中，一對想要生的夫妻，經過10年嘗試都沒有生小孩，即具有離婚資格，只要他們兩個人都願意，就有第二次機會尋找新伴侶，有生小孩的機會。對於不孕情況的猶太夫妻，沒有小孩的婚姻關係困難，簡直每天都在提醒你們的失敗。猶太文化認為孩子是喜悅的源泉，以完成神所說的「多子多孫」。隨著現代各種不孕症治療的發展，很少有人最後選擇離婚，但它描繪了猶太婚姻如何與父母職責融合為終生計劃，如果真的生不出小孩，甚至有理由重新再結一次婚。

再婚的風險

離婚將有孩子的父母帶回單身市場。2013年結婚的人，其中40%是再婚的（20%為其中一人，20%兩個人都再婚）。女性較不熱衷於再婚，54%表示不必了（相對於男性則只有30%否定再婚）。把所有不確定的人都算進來，一共有42%女性65%男性都願意再婚。

根據人口普查數據，再婚和三度婚姻比初次結婚更容易離婚，不過《今日心理學》（Psychology Today）有一篇廣為引用的文章表示，69%再婚和73%三度婚姻是以離婚為收場，因此我有點懷疑。相較之下，人口普查統計實際上顯示，初婚有30%會失敗。[15]但我們不能只從表面解讀這樣的數據。英國官方數字顯示，再婚的離婚率比第一次婚姻較低，而美國一些數據也表明沒有孩子的人再婚成功率與第一次結婚相同，甚至更好。以離婚結束第一次婚姻的時間平均為9.2年，再婚不成功的平均時間則較快，6.3年便宣告離婚。[16]

孩子會使再婚變得複雜，也有負面影響。如果你是混合型家庭，請將婚姻放在第一位，堅強起來面對衝突。一個名叫基甸的青年，第一次婚姻妻子離開了他，他沒有小孩，30多歲時再婚，新娘卡洛琳比他小幾歲，他們很快就有了兩個兒子。由於財務和岳父母之間的衝突，很快影響到婚姻。卡洛琳的父母已退休，搬到同一條街上，讓卡洛琳回去上班，娘家照顧孩子。起初看起來似乎是個好主意，但岳父母很快介入基甸的家庭，批評他愛看電視，不整理房子，堅持自己照顧男孩子「更有經驗」。他們會給孫子買名牌衣服，捐錢給孫子參加棒球隊，送孫子想要的任何新玩具，不過基甸並不感謝。

　　卡洛琳告訴基甸，應該感激父母的大方。妻子享受自己父母的照顧，覺得自己的生活變得輕鬆多了，而且照顧男生聽爸媽的總是不會錯。但，基甸在前一次婚姻學到的教訓是，當與妻子意見不合時，不要太過堅持，於是兩個人去做諮商，卡洛琳說基甸排斥她的父母，太過自私。基甸則覺得捍衛自己的領域理所應當。

　　他們的12歲大兒子卡在父母的爭執之間，出現拉扯頭髮的症狀。卡洛琳和基甸的衝突日益升高，卡洛琳指責丈夫不願意「冷靜」，讓父母紓解他們夫妻的財務問題，她說，「我能上班是因為我爸媽會照顧孩子。」基甸覺得問題在於岳父母，除非他們不要插手，否則他無法冷靜。

　　卡洛琳無法接受這個條件，於是她父母買了一間房子「作為投資」，讓女兒和孫女搬到一英里遠的地方住，不必換學校。夫妻沒有大吵大鬧，兩個人簽署共同監護協議，雖然結局令人悲傷，但至少和平收場。

　　很快的，基甸在教會遇見一位單親媽媽雪莉，雪莉有三個孩子，分別是13歲和15歲的男孩，和一個11歲的女孩。「我立刻被她吸引住，我們在一起總是大聲歡笑，」基甸說，「她有一副好嗓子，我會拿出吉他和她一起唱歌；她的孩子基本上都是在其他房間做自己的事情或和朋友聊天。」雪莉和基甸兩個經常打電話、發訊息；她會為家人做晚餐，

並邀請基甸加入。等基甸的兒子去找媽媽的時候，兩個人會在一起時盡情享受。

他們兩個不考慮同居，經過思考，雪莉和基甸決定在教會裡結婚，五個孩子一起當招待。基甸把房子退租，搬進雪莉家。四個男孩一起住在主臥房，女兒和新婚夫妻則各有一個房間。

基甸回想說，這個大家庭沒有什麼相親相愛不分離。「我不覺得離婚有什麼不好，你知道混合型家庭會有很多問題。男孩們討厭一起分享房間，常常爭執要放誰喜歡的音樂，誰的音樂可以開大聲。雪莉覺得男孩太吵，每當家裡鬧得像動物園，她就會帶女兒出門逛街。雪莉的孩子把基甸視為入侵者；畢竟是基甸搬到他們家的。

過去基甸和雪莉能夠分享的輕鬆時刻，如今已被孩子之間的爭執所取代，結果全家人彼此互相怨懟。有一半的時間基甸的兒子不在家，此時繼女就會「生病」，想要母親的關注，而且次數愈來愈頻繁。基甸記得，「家裡的壓力時時都處在緊繃狀態，我為了維持孩子間的秩序，送他們上學，來回接送他們去看前妻，努力維繫這個家庭，但終於受不了。我知道雪莉的孩子都不想要我住在這裡，兩年後，我終於讓他們如願以償。」基甸離開的時候，雪莉和他自己都覺得好輕鬆，反而不覺得受傷。這一大家庭連禮節都不顧，更遑論什麼團結一心。

混合型家庭會面臨前次婚姻的親生父母問題，孩子會爭奪親生父母的注意力，容易吵架，由於新爸爸或新媽媽與繼子女相處的時間不長，很難了解他們的個性和行為。當然，每個年齡層的孩子都各有不同的發展狀況，當家裡出現新的兄弟姊妹，又要在原生父母家庭之間搬來搬去，更是重重困難。

離婚又再婚的人，組成混合型家庭以後往往會再度離婚。混合型家庭讓我想起從前有一部電視劇《脫線家族》（*The Brady Bunch*），主角麥克·布雷迪和卡蘿·布雷迪（電視劇裡所設定的家庭很荒謬，過度理想化了）兩個人都喪偶，沒離過婚，因此沒有前妻前夫那些會造成家庭關

係複雜化的事。

　　不管大人和小孩有沒有血緣或姻親關係，只要結合在一起便賦予他們「家庭」封號，會降低父母在家庭中的權威性。不過，在一個混合型家庭中，父母權威早已受到挑戰，孩子會反抗「你是不是我媽媽！」「為什麼他們都不用聽話！」孩子對權威的測試，會使所有人疲倦不堪，毀掉婚姻和新形成的連結。

　　家裡如果有權力衰弱的情形，表示你需要建立自己在家中的權威。你可以改變說話方式，多以父母的身分說「在我們家……」「在我們家，我們說話要善良，要尊重別人。」「在我們家，借東西有規則，必須先獲得許可。」雖然刺耳，但別人家可以說「你不一樣」，這句話卻不能在你家說。別人家的孩子會頂嘴，但你家不可以。

　　瑪姬・史加英於著作《再婚藍圖》（Maggie Scarf, *The Remarrage Blueprint*）一書中分析混合型家庭的障礙。[17]她於十數年後重訪從前採訪過的夫妻，評估他們的婚姻狀況，並與近來所採訪的夫妻互相比較，找出再婚夫妻與家人所要面對的五大挑戰：

1. 對付「內外勢力」，邊緣化或接納家族成員的動態。
2. 處理新家庭組合中孩子過去狀況的困難問題。
3. 教養孩子，基於兩個家庭自然對立的不同風格和結盟。
4. 融合不同的家庭文化。
5. 形成新家庭的規範，規範中有例外，以包容孩子的另一位親生父母或重要的人。

　　每個家庭都有維護和諧的獨到方式，面對這五大挑戰，再加上不同習慣、需求和不可預見的負擔，形成婚姻關係的重擔，使得大多數混合型家庭以失敗收場。

　　如果你考慮離婚，並希望會再婚，你應該知道離過婚的經驗會使二

婚成功的機會降低。如果你有孩子，你必須理解形成長久的混合型家庭機會更低，至少試過的都有三分之二都失敗了。

如果你所面臨的就是處境艱難的混合型家庭，不要立刻放棄，請先找出讓你過得痛苦的原因，像剝洋蔥一樣把好壞分開。多提生活中快樂的事，加強連結的基礎。在家裡明顯的位置放一個黑板，請家族成員每天都寫下一個正面經驗、一個好的感覺或肯定的事物。往好的地方看。

同時還要找到引發怒火和衝突的來源。你或許需要家庭諮商師的協助，但往往不如釐清各成員之間的衝突，使大家妥協或同意。若有怨恨或嫉妒要說出來，化解到某種程度。記住，只要能分別修正問題，不必放棄整個家庭。

離婚產業：那些你不想認識的朋友和助手

如果你站在臨界點，不知該堅持婚姻還是離開，當你選擇離婚，很可能會遇到一批依賴你維生的人，其中甚至有些人專靠誘導客戶離婚來賺錢。

別誤會，我不是譴責靠別人離婚吃飯的人，相反的，一個好的治療師會是了解你痛苦，並幫助你度過和恢復的人。但無論你想要自己領悟還是接受明確指導，都有符合你目標和個性的治療師。我個人喜歡認知行為治療，這種方式檢討個人思維模式，以更加準確而有用的策略，取代無效的觀點和習慣。

在第4章中，你會讀到離婚的六種方法，包括自行處理、訴訟、調解、協議離婚、律師協議和調解會議，以及各種方法所需牽涉的相關專業人員。經過法律系統的無數需求和條件，最後你才會獲得離婚判決。

離婚產業包括法律和心理專業人員，以及協助將一個家庭分拆為兩個獨立家庭的人，諸如搬家公司、家具經銷商、Craigslist二手商、倉儲公司等，這些將兒童在「雙核」家庭之間傳送的後勤組織，如康士坦斯《良性離婚》（Constance Ahrons, *The Good Divorce*）一書中所稱，需要保姆、汽車接送、巴士或地鐵等附屬品。如果有第二、第三次離婚，還會變得更複雜。

家庭解體，各部分都會鬆動，並產生複雜的情緒，這裡面處處都是生意。發現並迎合這些需求的企業人士，我要向他們致敬，因為他們

略微撫平了一些脫序生活中的崎嶇不平。但請記住，掌控決定的畢竟是你。如果你覺得依賴外人令人不安，請更努力支撐你的婚姻，抵抗離婚大浪。

市場始終來自需求：「人生教練」新領域

大約10年前，如果你因焦慮、憤怒或憂鬱等任何你不想要的情緒困擾，皆可尋求各心理健康專家學者的協助。其中最專業（也最貴）要屬精神科醫師，開立藥物即可治療最嚴重的症狀。如果不需藥物，可選擇心理師（像我），有博士學位、實習經驗與國家執照。或你可找有碩士學位、實習和證書的婚姻家庭顧問或社工，尋求救濟。

後來，似乎從棒球術語中出現了一個名詞「人生教練」（life coach）。1998年拿到「人生教練」認證的維吉・布洛克（Vikki G. Brock），可上溯自1970年代華納・艾哈德（Werner Erhard）的人因工程研討會，以及1960年代加州大蘇（Big Sur）伊沙蘭學院。[1]艾哈德的追隨者之一，湯瑪斯・雷納德（Thomas Leonard）開發了一系列目標導向的建議，並結合「教練」這個詞，形成一門生意。到了1990年代初，出現人生教練的培訓計劃，如今在網路上增生。

我們都知道棒球教練做什麼：組織和評估球隊，並把球員放在最好位置。他指導選手競賽進步，隨著比賽進行，指揮當時最適當的選手上場。但人生不是運動競賽，人生教練又是什麼？

根據IBIS World產業分析報告，截至2016年2月為止，此新興領域在美國有12,043個人生教練企業，僱用17,944人，也就是說，十數年前還沒有17,944名企業人士在尋找像你這樣人生發生變化的人。

人生教練做什麼？根據IBIS的說明，「此行業包括協助客戶設定和實現個人目標的業者。目標涵蓋客戶的工作、個人生活或人際關係。此產業並不包括心理師、心理健康輔導人員或商業分析師。」[2]

狀況大致如此。新顧問成員（沒有執照，沒有自律）如今加入心理

健康專業人員行列，為徘徊十字路口的人們提供服務。氾濫的人員反映了婚姻益加脆弱，專業人士變成以個人為目標，而非家庭或婚姻，反而增加不穩定性。

事實上，只要69.99美元，你就可自己在網上進行認證。[3]我調查了24個教練認證網站，教練費介於每小時1百美元到1千美元不等，為企業或「老總」提供教練，費用皆為客戶直接支付，沒有任何健保或醫療保險補助。這是因為教練不屬於心理衛生保健，如果變成焦慮或其他心理問題，教練可能無能為力。

吉娜薇芙·史密斯（Genevieve Smith）為《哈潑雜誌》撰寫關於教練的文章，去參加一堂備受好評的培訓課程。文章描述感動人心、促進頭腦轉動的練習，讓我想起1960年代的意識提升團體。她提到很多教練技巧是受到心理學家米爾頓·艾瑞克森（Milton Erickson）「有力問題」的啟發：這是什麼感覺？你想要什麼？你可得到什麼？你錯過了什麼？

在教練培訓班有一位社工治療師亞倫（Aaron）解釋為何要支付超過5千美元的學費得到認證——市場行銷。「想像一下如果我走到你身邊，說：你好，我是一位治療師，我想你治療起來真的會很棒。還不如這樣說更容易：我在上教練認證課程，我很想和你一起練習看看。」[4]

文章的結論？大部分教練的志氣提振和鼓勵，都可由一位有見識的朋友免費提供。畢竟朋友就是要提高你的自我意識，說你根本沒錯，你不該繼續忍受下去。讓你能夠堅強起來，追隨目標。

不過，讓你自以為是，覺得自己最對最正確，不見得能夠挽救你的婚姻。當然逆來順受也不好，但在你婚姻發生衝突的時候，對夫妻關係來說，寬容比誰對誰錯更重要。從伴侶的角度來看整件事，而不要聽別人附和你的意見，更有助於彌補彼此的不協調。

你的教練或治療師希望看到你快樂，卻在你不快樂的時候才能賺錢。這些提供建議的人抱持著最高道德標準去選擇職業，這點毋庸置

疑，最有意義的報酬或許就是你的進步和感激，不過其中還有利益的衝突。如果在你第一次離婚諮商後，你和配偶答應改變、重修舊好，從此不提離婚，這些幫手難道會說「太好了！再也不要回來！」還是「我們預約下次諮商，幫你們找出那些無可避免的問題吧。」（這是在暗示：「你會有問題，你需要我。」）

治療師、教練、心理學家心中都有立場，經過觀察，我發現他們對你最有立場。意思是說，在你表達配偶對你造成痛苦的時候，或對方行為使你受挫，面對背叛傷心的時候，治療師會特別想要幫助你釋懷，通常最快的方法就是斷開痛苦、挫折或關係分離的傷心，尤其你自己又說你想離婚。所以儘管他們是「婚姻和家庭諮商」，治療師大多把重點放在單一客戶身上，往客戶所追尋的方向前進，而非保存婚姻或家庭。

但客戶不見得會說真話，常常站在自己的立場說故事，而且治療師通常沒機會聽見另一方的聲音。所以客戶往往會在不知不覺間操縱治療師，畢竟治療師是根據客戶告訴他們的事情給予回覆。聰明的治療師明白這一點，知道如何技巧性地將客戶的手段轉化為有助新策略的基本見解。即便如此，治療師的立場最終還是希望你感覺良好，但結果往往導致離婚。

也可能客戶找治療師是為了幫已經做好的決定找理由，在這種情況下，治療幾乎都是「成功達成任務」，客戶得到明確的方向引導。但如果另一半想要諮商，其實是他們想要破鏡重圓？對不起，覆水難收。「除非夫妻雙方開誠布公，願意嘗試修復雙方關係，否則一旦開始諮商，雙方往往會變得比一開始還要憤怒。」離婚調解人山姆・馬奎里斯（Sam Margulies）說。[5]一方同意諮商，是為了證明婚姻無望，卻產生後座力，使另一方覺得自己「被騙」，於是回頭報復。

傑德・戴蒙（Jed Diamond）是具有四十多年經驗的婚姻家庭治療師，他承認「我跟大多數治療師（還有大多數人）一樣，結過婚又離婚。我告訴自己，我雖然離婚，但不要因此有所立場，為了解決夫妻問

題而提議離婚，但我發現自己的確有立場。我們很難接受自己在婚姻關係中犯錯……所以如果客戶說「我不再『愛』你了，我想離開」，我們便會不自覺地傾向於這個解決方案。[6]

治療師也是人，對事件有立場，但有些經驗豐富的諮商人員發現，部分諮商人員對自己的立場渾然不覺。想想這種情況，諮商室中的客戶提供了所有訊息，並支付費用，所以你當然有動力要幫助客戶達成目標。一位好治療師指出，即使客戶想要的可能會適得其反，甚至有害，但在我們的無污名離婚文化中，跳船似乎比修船容易很多，畢竟補東牆破西牆，反正船最後還是會沉。

離婚復原團體

如果你一定要離婚，離婚產業有這麼多助手，拯救自卑、自責、痛苦的你。最有效的治療方式不只一種，例如團體治療，是一個可以發洩和聽別人故事的地方。其中許多團體是由各宗教所組織而成。北卡羅萊納州維克森林（Wake Forest）的「教會倡議」（Church Initiative）在全美國各地贊助當地教會，由世俗猶太人主辦「離婚關懷」及「離婚兒童關懷」[7]等服務。參加者在討論小組中會面，並接受其他支持方式，如靈性指導、每日電子郵件的鼓勵。

其他服務，如線上「離婚資源網」（Divorce Source，宣稱「熱心協助離婚」），其實是個營利事業，販售書籍、法律表格和軟體，並提供轉介；客戶免費，專業人士需支付「會費」取得網路曝光度。當你覺得不高興，想要擴展個人生活領域，離婚產業就會入侵。

像許多離婚產業的專業人士一樣，伊莉斯‧佩圖斯（Elise Pettus）在經歷離婚之後進入了這個行業，創立「解脫Untied」來幫助女性，「揭開離婚的神祕面紗」。她回憶當年丈夫離開：「我嚇呆了，難過到崩潰，但我想，還好有網路，感謝上帝，我要找真正聰明的女人，問她們要打電話給什麼樣的律師？需要律師嗎？你的孩子最後好嗎？你後悔拿

到房子嗎？」於是在原本想一家人住的重新翻修房子裡面，她主辦了女性團體聚會。「解脫」主要服務富裕的紐約人，年費97美元，每年聚會聽演講，享受美食美酒。「酒在離婚早期階段很重要。」佩圖斯女士評論道。現在她有了新的「身分」，是擔任晚宴主辦人，由12位「恢復單身」的男性和女性，一起同桌共度晚餐，她稱之為「好聚好散」。[8]

　　這些團體很多，是否因此反而會鼓勵離婚？雖然無意，但的確如此。如果你坐地鐵看到離婚聚會團體的廣告，心中便留下印象。甚至你現在即將離婚，看見這些宣傳也會加強你對離婚無所不在的看法。這些敬業和無私的組織團體，對需要的人來說是寶貴的服務，還有無過失離婚的好例子，特別具有說服力。而且佩圖斯女士的客戶在《紐約時報》週日人物版上，享受佳餚美食，展現生氣蓬勃的談話，離婚看來似乎並不特別悲慘。

自助離婚

　　如果你還沒準備投入晚宴，或開始進行團體、個人輔導，可從千萬本自助書籍中選擇，支持、懲恿、指導你離婚。這些書說明一些主要的原因，如：憂鬱、外遇、溝通不良、厭倦、欲求不滿、憤怒等。我強烈建議在你與配偶討論離婚前，先閱讀這些書。探討所有方法，以恢復穩定有效的夫妻關係，嚴禁說出離婚二字。

　　大部分離婚自助書籍都是為了拯救已形成或形成中的離婚，其中有幾本是為還在掙扎、不知如何選擇的夫妻所寫。這些書雖然提供客觀評估工具，卻會在細微處鼓動人心，幾乎可以說反而是在促成離婚。其中最有力的促成工具是離婚幾年後的人對問題的答案，「如果早知道，你當初是否寧願解決婚姻問題，而不讓自己和孩子經歷離婚？」

　　離婚的確就像新聞和研究報告裡說的那樣可怕嗎？同時忍受離婚磨難的人，是否終究能存活下來？更重要的是，如果你還保有婚姻，是否依然能與配偶共同成長？為何不能將問題轉化為動力，不僅促使個人成

長，也使夫妻關係增強？請你即刻開始閱讀，拯救你的婚姻，而選擇書籍重點，在於強調改變自我以及你對配偶展現的行為模式和反應方式。大家都很清楚，組成婚姻的是兩個人，改變你自己，即使對方不變，也能改變婚姻的現狀，配偶遲早必須回應，兩個人最後終將改變。或許對方不見得按照你想要的方式來回應，但這樣一來，你便會移動到一個新的關鍵位置。

自由狂歡盛宴

離婚早已不是恥辱，如今媒體描繪分居為歡樂的解放。如果婚禮記憶不復美好，可以慶賀離婚來取代。當然，協助者除了樂趣，離婚還給他們帶來利益。隨著你在臉書上看見一則則慶祝離婚的貼文，大腦會漸漸失去敏感度，變得愈來愈能接受。你想「是啊，離婚不見得不好，還可變成一場盛宴！」

《時代雜誌》報導，「派對企劃和供應品製造商都在用力販售商品，從『斬首新郎蛋糕』、黑色『剛剛離婚』披帶，到徹夜坐著大禮車，在貴賓俱樂部狂歡。」[9]內華達州拉斯維加斯，假貓王婚禮之城，法律能立即生效，到處充斥企業行號專營狂歡派對，慶祝離婚。

這個罪惡之都的派對，鼓動客戶縱情狂歡：「為什麼不呢，你不是給自己的婚禮花了一大筆錢！現在，你豈不值得以同樣甚至更高規格來慶祝？」[10]路上有全世界最大的男士俱樂部「藍寶石」，邀請你在「無憂無慮的世界中，配著美腿、豪乳、丁字褲，暢飲傑克丹尼和百威啤酒，慶祝你的離婚。」[11]

「拉斯維加斯VIP」豪華旅遊俱樂部，提供你所需的，使這個夜晚令人一生難忘：

盛大妝點你的離婚派對吧！我們有「離婚女主角系列」提供各式離婚主題派對的裝飾品配件，任君選擇。用派對氣球、「結婚戒指待售」

等好笑的標語，裝飾會場。邀請你的賓客一起加入，帶著慶賀精神，穿著「離婚皇冠」，戴上「離婚羽毛披肩」。安排娛樂活動，我們有嘲諷的遊戲：「把尾巴貼在前夫屁股上」，還可以把前夫照片貼在紙糊玩偶皮納塔（西班牙語：piñata）上面，大家拉開拉繩，看看會掉下什麼驚喜。[12]

　　最後大家把貼著前夫笑臉的皮納塔亂棍打爛，肯定是當天最高潮。想想你的孩子，他們看見你將在Café Press購買的晚餐派對邀請函「我不跟笨蛋在一起了」寄出，學到你對婚姻的態度。[13]如果朋友沒有時間參加，但為了表達安慰之意，他們會發離婚賀卡給你。上面寫著：兩隻母鱷魚聊天，一隻先說：「你包包好漂亮！」第二隻說：「謝謝，我前夫買的。」或寫著：女人說，「我們是因為宗教離的婚，他以為他是上帝，我不認為。」

　　不過，很多賀卡看來可悲，令人難過，例如：上面畫著一個蒙眼自由女神，手持一把巨劍說，「家暴保護令最能表達愛情」。或是：卡片前面寫著「前夫是我的宇宙中心」。裡面則是「我的意思是，那個黑暗之處吸走所有生命」。

　　卡片傳達情感，離婚使得大家心裡都難過。一場折磨的婚姻的確更令人難受，逃離這種痛苦或許是種解脫和祝福。但這裡說的是賀卡，關於賀卡有一個調查研究，發現即使離婚之後還是會有人繼續購買，表示離婚雖然結束，但日後漫長的道路依然一路顛簸。

　　我並不是在指責那些開離婚派對或送離婚賀卡的人，只是想要指出，離婚已變得稀鬆平常，不再受到約束，因此企業行號紛紛想要利用這個利潤豐厚的機會。由於離婚似乎已成為全世界的普世價值，所以像你一樣受到婚姻關係折磨的人想要離開，就會受到吸引。也就是說，在你離婚的時候，有朋友的支持，有無數同行的旅人，大批服務商提供華麗陣仗，使你順利恢復單身生活。如果你真的很想離婚，那麼當你拿到

離婚判決的時候，給自己一個痛快，像一個紐約人把自己的婚紗給燒了（上面放一根熱狗，代表背叛的前夫）。[14] 一起來享受樂趣！

你的虛擬離婚

透過臉書、推特、IG、領英等社群網站，你可能每天都會和一群朋友或粉絲分享婚姻狀態。但離婚是屬於斷絕關係，改變婚姻狀態只需要簡單的動手更新，你可以發現離婚產業亦已擴大協助範圍。

將你所連結的證據抹除，只需要點擊臉書的 the breakup flow，可解除照片 tag 標記，以及貼文、動態消息的連結。這樣溫和地抹除一個人的方式，是頗有「同理心」的臉書團隊，請加州柏克萊大學「更大更好科學中心」擔任顧問，研究得知的。臉書另一個快速刪除人際關係的工具是 Kill Switch，會將選擇的照片收在一個隱藏的資料夾中。這個價值99美分的 App 將收益一部分捐贈給紐約美國心臟協會（想當然），治療一顆破碎的心。

不過，清理網頁並不代表你的心重獲自由。西加拿大西安大略大學社會學教授 Anabel Quan-Haase 詢問107位近期有過分手經驗的學生，如何在臉書上處理分手的事。「約有62%用戶表示他們花了很多時間重新研究前任貼文和傳訊的意義，而且在他們更新臉書上的感情狀態後，親朋好友的關心便如洪水襲來，有些聽起來甚至還滿刺耳的。」[15] 然後，你還必須清理 IG、推特等會洩漏過去祕密的社群網站。

我在檢視離婚相關網站時，覺得有些困擾，因為部分網站認為讓別人受傷沒什麼大不了，無聊當有趣。確實，很多部落格和提供分手商品服務的供應商，會迎合沒有結婚伴侶的需求，但這些冷漠會迴盪在親朋好友間，影響甚至波及已婚人士。他們所傳達的訊息是，感情變幻莫測，誰都無法避免。在無情的「上一頁」世界裡，沒有特指對象，好像隨便就可以任意發洩。

「The Breakup Shop 分手小鋪」就是這樣一個網站。即使你永遠不

會上這個網站，你還是有機會看見關於它的文章。[16] 這個網站就是故意設定令人無法接受，但上面的故事吸引了讀者，又讓人覺得寫一些文字發表你的感想沒那麼難以接受，畢竟「可以賺幾塊錢的想法還滿可愛的」。

無論是面對面、傳訊息、打電話，以傳統方式發表分手宣言，都會令人受傷，所以你花錢請分手小鋪、下載APP，選擇上面不同的分手文字，隨著分手次數的累積，你會得到「晉級獎杯」。這種商業模式將破碎的心變成貨幣。網站上面說，「分手小鋪認為每個人都值得恢復單身，把混亂的工作交給我們，讓你有更多時間滑手機……你最近單身了嗎？」

下載以後先等三天，付10美元，分手小鋪就會用你的名義發送一段訊息：「比電話分手更糟糕的（噁心）是什麼？傳訊息分手。表現給大家看，你真的不在乎。」如果你是這種人，乾脆直接消失不就好了？還不用錢。10美元還可以買個email，裡面有班傑利冰淇淋公司和Netflix等「有用」連結，以及「附帶一張你和某新人一起拍的暗示照片，表達你對這場分手的痛恨」。

20美元的闇黑郵件是：「提供標準分手信，為你增添一絲格調。服務包括我們的回覆網址，以免你不想讓前任知道你現在住哪裡。」雖然網站上30美元的私人電話已經撤下，但你仍然可買80美元的分手禮包，裡面有巧克力餅乾、兩個紅酒杯、Netflix點數、安慰信、電影《手札情緣》或電腦遊戲一份，全部裝在一個有把手的白色紙箱裡。「分手禮包紙盒亦可用來製作『回憶焚化爐』，把盒子清空，然後丟進去前任的照片、飾品、內衣等任何東西，然後放一把火（當然要注意安全）。」

看來還真像個惡劣的玩笑，不過你必須付錢，他們也真的會耍這些卑劣手段。「我們將這個網店看作是一個戲謔的實體，」創立分手小鋪的兄弟檔之一麥肯錫・凱斯特（Mackenzie Keast）告訴《紐約時報》說，「人們的態度正在轉變，分手不見得是孤獨、悲慘、情緒化經驗，也可

以是一個繼續前進、尋找志同道合夥伴的方法。」[17]不過他們告訴伊曼紐‧麥伯格的卻不是這樣，麥伯格支付30美元，想買一個分手電話給他交往五年的女朋友：「我問過好幾次，他們是在開玩笑還是認真的做生意。他們兄弟倆說是認真的，他們相信可透過自動化服務使生意擴展。」[18]

還有其他許多新創公司都想要在這個領域分一杯羹，例如「Never Liked It Anyway根本就不喜歡」專門回收人們不想要的戀情紀念品（諸如戒指、婚紗禮服、音樂、禮物）。在這裡出售東西唯一的差別在於，有機會發洩，也可以偷窺別人的黑暗故事。

想要利用App幫助抹除情緒嗎？你可以選「Rx Breakup分手處方籤」，這是一份「為期30天的指導手冊，以信任你的女友語氣，提供專業開發的自助技巧。」[19]另一個App「Mend修補」讓使用者可以訂閱分手建議和線上廣播。[20]許多部落格和網站亦提供分手以後的安慰，如：Divorce360.com，Soyouvebeendumped.com和Splitsville.com。[21]

從上面我們可知離婚的影響無所不在，造成人們視分手稀鬆平常。不過數年時間，真無法想像如今臉書已成為我們早起查看的第一件事。如今彷彿一眨眼，手機承擔起我們心中所有的感情、聯繫、照片、質疑等一切。大量約會交友網站使得人們相聚，也代表錯誤的結合變多，需要後續處理事宜。如同莫琳‧歐康納（Maureen O' Connor）寫道：「我開始思考，偶然相遇不會迎來不朽的浪漫戀情，而會是悲慘的結局。我們不是亂交世代，而是分手世代。」[22]

壕溝戰：離婚法律產業

你不再喜歡前任，你掙扎、焦慮，或受了傷，因此開始認真考慮離開。這時你將會面對離婚產業的巨頭、律師與從業人員，他們都頗有威嚇力。

多年來我一直都在思考婚姻和離婚是如何變化的，我發現兩者的

重新定義和解構如何能澈底而快速地影響夫妻雙方。我有一張已發黃的《華爾街日報》（*Wall Street Journal*）2003年2月12日剪報，標題為「如何計劃完美的離婚」，文章不是關於如何安排孩子，不是離婚後暫住朋友家沙發的計劃，不是關於沉澱情緒，而是關於僱用離婚企劃。

你知道，就像婚禮企劃一樣，只是他們是用來結束婚姻。

離婚企劃具有法律和財務知識，可提供資產釐清和分割建議。由於金錢可能是離婚最具爭議的部分，一位經驗豐富的企劃，為雙方都可接受的權威，當然也可能被拒絕。「這是一個人們需要私人教練才能上健身房，需要治療師才能離開病床的時代，不難想見離婚企劃的需求。」文章寫道，「不過它顯示離婚已成為一個產業。」

早在2003年，培訓離婚企劃的組織就像人生教練認證一樣，已競相招攬學生，如今成為一門專業，職務名稱「認證離婚財務分析師」（Certified Divorce Financial Analyst）也已受到大眾接納。離婚金融分析師協會的認證課程，需要兩年財務或法律經驗，並完成四個培訓「模組」（每個450美元），以及通過兩場測驗（每場150美元）。因為還有其他職務如認證財務專家，亦會爭奪客戶，[23] 離婚財務企劃協會則幫助會員推廣業務。[24]

你的離婚企劃也許會用團隊服務方式，以確保你和離婚配偶覺得財產經過公平分配。正如《華爾街日報》報導所言，「離婚企劃已有調查員、鑑識會計師、律師等加入，如今夫妻所僱用的離婚企劃稱為『退場過程』（the exit process）。」

這個過程包含許多方面。我的好友露西被結縭32年的丈夫艾瑞克拋棄，她很傷心，不過等到她確定丈夫不會回頭，便決定要快刀斬亂麻。我陪她面談兩位高度推薦的律師，兩者的風格截然不同。首先我們去到一位公認積極捍衛婦女權益的「家庭法」（即離婚）律師辦公室。我稱這位律師為賽克美特（Sekhmet），意思是「強大」，為古埃及獅頭人身的戰爭女神（亦被視為治療的象徵）。她以掌握法庭聞名，追求傳

統的「訴訟離婚」，與客戶一起準備案件，並與前任的律師合作，最後由法官裁決。訴訟離婚通常不會一路走上法庭。95%會庭外和解。[25]

賽克美特是一位高大的女性，以堅定的握手迎接我們，身上一套訂製的褐色粗花呢洋裝，盤著圍巾。這是在艱苦談判中你會想要找的人。她不說廢話，直指核心，詢問艾瑞克的離開，夫妻資產及他可能的要求和策略，同時也評估露西對事實的理解和溝通風格。賽克美特最後指出一些可能性，並告訴我們她的辦公室會在當天略晚與我們聯繫，結束了這場面談。

她的接待員康琳，為面談增添了溫暖的語氣。我們到達時，她表示同情，給我們瓶裝水和餅乾。我知道客戶在這裡能夠得到良好的服務。賽克美特全身透露經驗和能力，而康琳則充滿鼓勵。

面談結束，回到車裡露西哭了起來。她初次深刻感受到現實的打擊，真不敢相信丈夫會這樣對她，如今她竟然要付律師諮商費。丈夫6個月前搬出去，但她還保留他看電視沙發椅上的枕頭，睡覺也仍睡在特大號床的一側。丈夫說自己留下的衣物儘管隨便處理，但她還沒有去碰，依然掛在衣櫃裡。

當天下午，露西終於向前邁進，與賽克美特這位令人害怕的女戰士會面。露西知道丈夫已經不站在她身邊。成為孩子的父親，為他慶祝第三十二次生日、紀念日和假期，無數個夜晚兩人並肩坐電視機前，生活中的伴侶，如今成為訴訟的對手。

第二場會面是與一位備受推崇的協議離婚專家。我稱他為約瑟（Joseph），名字來自《聖經》被賣掉變成奴隸的兄弟，最後成為埃及宰相。儘管家人對他嚴酷無情，他依然選擇原諒手足，統一了十二個部落。賽克美特強調的是力量和領導力，約瑟目標卻是和諧和協調。

不僅一位律師朋友強烈推薦他，他的網路評論也是充滿讚譽。在這個時代，轉介很好，但客戶評論更能提供完整的描述。這些評論一部分便是來自離婚產業。當一個人的能力和專業會決定你和孩子的命運，更

應全力調查，但要評估一個律師的證詞、榮譽和評價，對一般人卻往往很困難。在情緒混亂的情況下，花幾個小時檢查每個評價的真實性卻是負擔。最後，你必須權衡所有結果，挑選至少兩三名律師進行面試。

請務必了解律師是否收取初次會面的費用。在我自己對網路評價的研究中，偶然發現有一位評論者抱怨律師讓她說話一個半小時，並按時收費，最後卻表示他的方法（協議離婚）不太可能讓她得到最好的結果。她認為當律師發覺自己不適合這個案件，就應該切斷她的發洩言論。

約瑟除了有客戶的讚許評論，還有最高的 Avvo 律師排名[26]，他的名字位列「最佳律師」名單，是同儕審查的「超級」律師，並加入美國婚姻律師學會和專業家事專業調解教育學會等專業組織。

約瑟的接待人員像賽克美特那裡一樣，熱情又令人安心。我可以想像，懷抱焦慮走進大門的人，員工的耐心順應總是有益的。約瑟迎接我們進入他的私人辦公室，問露西是否要喝茶，然後自己起身去泡茶，露西得到一個印象，她覺得這位律師會在整個離婚過程給她足夠關注。「每當約瑟見到我著急，他就會提供我抒解方法，」露西回憶道，「有一次，他建議我做幾個深呼吸，他也和我一起做。另一次，在一場緊張的談判中，他要求暫停，看來好像是為了他自己，然後我們兩個就到附近走走。我撐了過去，沒有在前夫面前情緒崩潰。」

露西簡要描述了自己的基本情況，約瑟說明她的離婚選擇。約瑟解釋自己的「協議離婚」方式，不同於賽克美特和其他四種一般離婚方式。我將之整理如下。離婚基本的設定就是訴訟，除非你實際上選擇了另一種方式。訴訟在爭議情況下或許適當，但它卻是最為昂貴，也最情緒化的選擇。訴訟當事人將裁決交給法官，法官基於公平和妥協，通常不會使雙方都得到想要的東西。

約瑟解釋，其他五種方式都牽涉配偶雙方某種程度的同意。在一場「廚房談判桌式離婚」中，配偶討論他們的決定。「你有完全的控制權，」

約瑟說，「這是最便宜的，」因為可以用 LegalZoom 和 Nolo 等網站，提供雙方無異議的簡單解決方案，由雙方自己提出離婚。[27]「但這種專業支持度也是最低的。」約瑟補充道。自助離婚適合沒有孩子或多少資產的短期婚姻，為了保證一切適當，雙方都可按時計酬，聘請律師審查文件。

另一種庭外離婚的方式則包括配偶、律師和各種專業協助人員，例如財務顧問、兒童心理學家和「離婚教練」，在一起商議一個雙方都能接受的和解方式。當然，專業服務時間愈長，費用愈高。但這種方式不需上法院，免除繁複程序、延誤和文件提交，省下不少錢。

約瑟繼續解釋第三種方式——調解，夫妻（或他們的律師）僱用中立的調解人員「保持正軌對話」。調解人員無法提供法律意見，所以雙方當事人在過程中需諮詢律師。調解會議是保密的，是否有律師參加，取決於雙方的想法。「如果雙方同意這些條件，遵守諾言的機率會更高。」約瑟說，調解約有 85% 會成功，如果失敗則必須從頭開始。

然後約瑟解釋自己所用的解決方法「協議離婚」：雙方各有一位律師，目標在於達成協議，而非日後再去法庭。從事這種方式的律師會接受專門訓練「聚焦於雙方都很重要的事」。在調解過程中，協議會議內容是保密的，所有用於決定結果的訊息，都是由離婚當事人所提供的。

當然，這會留下模糊空間。如果配偶之一想要隱藏資產、信用卡或購買的物品，就不適用於這種在律師監控下，仰賴雙方互信的方式。雖然律師監控，但也必須知道要問什麼，期望什麼。

約瑟解釋，這個方式比調解更昂貴，因為「專業人員需要預先準備，能夠共同合作。」律師的業務需倚賴團隊，與財務教練和離婚教練合作。每個團隊成員的工作是守衛自己的專業領域，以減少未知狀況。

剩下兩種方式，如果最後不成功，比較可能需要法院裁決。「律師協議」由兩位律師各自代表客戶，在當事人不在場的情形下達成協議。約瑟表示，這種情況下「客戶的價值不完全是第一優先，因為律師也要

考慮法庭的價值。」他說，律師協議的費用與協議離婚相當。

最後一種方式是約瑟所謂的「調解會議」，雙方的律師和客戶是分開的。這種安排可能是因為有一方受到騷擾或有虐待紀錄，心中不適而不願參與協商。由一位中立的仲介人進行雙方之間的溝通。「訊息取得具有正式文件，」約瑟解釋。「這種方式非常昂貴，通常最後是準備上法庭。」

律師收費多為每小時250至450美元，由於配偶通常會有個別代表，所以離婚成本增加快速，甚至律師助理的時間也可能計為每小時50至100美元。[28]或許你的離婚比較簡單沒有爭議，只需支付一筆固定費用，但你事先最好要知道隨著情況的複雜化，總費用也會跟著增加。而且離婚案件確實一般來說會比預期更複雜，因此費用只會多不會少。很多律師都預付金，以確保離婚分配耗盡財產以後，還是能得到報酬。

離婚的高成本，使得離婚產業相關的法律部分令人感到害怕。夫妻通常是在狂飆運動（Sturm und Drang）之後，堅決想要分開，才會選擇這些服務。如果訴訟前景、帳戶減半、監護計劃會使你恐懼焦慮，這是必然的，你應該採取行動加以避免，盡己所能解決問題，改善溝通，降低敵意，即使治療很昂貴，也不要進入法律離婚程序。

露西的法院裁定大約費時10個月，前夫拖延他所答應的一些財務文件，還去參加一場需時兩週的會議。每次耽擱都讓露西很沮喪，但仍很高興艾瑞克同意協議離婚，而非荒唐的訴訟肥皂劇。孩子已成年，但夫妻還有一間一起建造的房子。露西沒工作十年，她覺得自己不太可能再找到同樣雜誌編輯的職務，提供足夠薪水。不過後來前夫失去工作，只找到原來薪資三分之二的工作，使得問題變得更複雜。

艾瑞克終於整理完成所有的紀錄，露西收到法院CPA送來的有一尺高文件。「這位財務顧問很好，很仔細，」露西回憶說，「一切都很透明。我發現艾瑞克有7張我不知道的信用卡，手機費用帳單條目讓我好驚訝。」

經過會計人員與約瑟拍板露西的需求，她與艾瑞克帶著離婚教練會面，以準備協議訴訟過程。「教練說明我們應該如何在會議中遵守規則並表現。」露西說。

最後兩個月一次的會議舉行，離婚夫妻與雙方律師、教練一起召開。露西見到艾瑞克的律師。「我為她感到難過，」露西嘆了口氣。「她是一個真正的好人，非常同情我。她說，『我很抱歉，妳必須經歷這些事。』我告訴自己，艾瑞克選擇了一個他可以威脅的女律師。」

「每個人都清楚這對我來說很困難。」露西回憶說。「除了艾瑞克，我覺得大家都支持我。在整個談判過程中，艾瑞克的表現很明顯，他根本不想在現場。首先他遲到了，結束時也匆匆離開，沒說再見就走了。」

每次開會都有議程和目標。「整個過程透明，有專業人士的指導。有一次約瑟把我帶到外面說：『露西，妳必須站起來告訴艾瑞克妳真正想要什麼。』」露西開始發抖。「我很緊張，約瑟帶我進另一間辦公室，練習說話。」還有一次，艾瑞克想要去渡假，所以要延後下一場會議。「不過約瑟堅持這會延長我的痛苦，所以艾瑞克只能讓步。」露西說。

等到最後一份表格簽署完成，露西感到複雜的情緒，有解脫、有悲哀，卻也有成就感。「最後一次會議，艾瑞克和他的律師、我的律師分別握手，我想這是生意，所以也伸手和艾瑞克握手，但我沒說謝謝。」

她記得當時她覺得自己完成這件事，應得獎勵。「我過了馬路，旁邊有一家派對用品店，」她微笑著說。「我買了一個花瓶，還想買一個特別的氣球。店員說沒充氣的賣完了，但我告訴她剛剛完成的事，她便把樣本免費送給我，祝我過得快樂。」

我收錄這些離婚過程的描述，讓你知道最好的情況是什麼。每場離婚都不同，有些很激烈，造成雙方永久疏離；有些好不容易艱難度過了，過程雖然複雜，結局卻更悲慘。離婚從來都不簡單，像廚房的桌子，那是結婚當初得到的禮物，不知該怎麼分。這些都會提醒我們希望破滅，情緒的不確定性，以及承諾如意願一般無常。

第二部

為何不離婚：
避免分離的理由

第5章　有礙健康

很多人以為離婚是重獲自由。如果你的婚姻走了味，變得毫無生氣，找個新人重新開始聽起來似乎很吸引人，不過你也該先考慮離婚對你會造成的傷害，還有你所關心的人，特別是你的孩子。

如果你想，「我值得快樂。在這場不愉快的關係中，我的生命不斷流逝，浪費了寶貴的時間，還不如和更好的人在一起。」這樣想是所謂YOLO（你只活一次）的典型心態，很多人因此陷入困境，也可能會造成你人生最大的錯誤。

如果你離婚，往好處想，你會有很多音樂可以聽，特別是西部鄉村音樂，想必作曲者特別喜歡分離的痛苦，因為離婚歌曲播放列表一定有泰咪・懷尼特（TammyWynette）的經典「D-I-V-O-R-C-E」：

> 我們的小男孩已4歲，像個小大人，
> 所以我們把字拼出來，不想讓他知道，
> 像T-O-Y 或 S-U-RP-R-I-S-E。
> 不過現在我們不想讓他知道的字，
> 把我的心撕開。
> 我們的D-I-V-O-R-C-E今天到了最後，
> 我和小J-O-E 將會離開。
> 我愛你們倆，這對我完全是H-E兩個L。

噢，我希望我們能停止這個D-I-V-O-R-C-E。

Reba McEntire和Kenny Chesney的二重唱「Every Other Weekend」（每隔一週）是關於一對夫妻定期見面，交換帶孩子。即使有共同監護權，每次見面仍引發家庭的痛苦。

每隔一個週五，
背包裡放好玩具和衣服。
大家都坐好了嗎？
我們去看看爸爸。
同一時間同一地點，
同樣的停車場角落，
一半的擁抱和親吻總是傷心。
再度交換訊息和表情，
還有孩子，
每隔一週。

我們從這些音樂學到了什麼？離婚會使你心碎、有鉅額花費、讓你生氣，離婚相關歌曲受到很多人共鳴，排名在排行榜前40。

想必你都知道。想起離婚以後海闊天空，可以重新開始，真是令人嚮往，但離婚所造成的長久傷疤卻會令人打消主意。研究人員已確認離婚的各種危害，在接下來我要用三章集中討論離婚對你健康、財務和情緒的傷害。

我們直覺反應離婚會傷害健康，當然，許多研究顯示的確如此。「經歷離婚」表示睡眠不足、經常哭泣、焦慮，對即將成為前任的配偶產生敵意，律師費大帳單，在孩子面前假裝理智，打包和搬家也很折磨人。「經歷離婚」是關於愛情已逝的兩個人悲慘的故事。其中可能有一

個贏家，一個輸家；一個被擊倒、被拒絕，另一個冷酷地大步離開，迎向夕陽，遠方還有個標緻的情人在等待。

除了生理上的睡眠不足、飲食不良、痛苦、壓力等問題，離婚還會引發可怕的疾病，甚至加速死亡。是的，離婚使你有機會選擇下一個舞伴，或者是死神。

2012年有兩份龐大的綜合分析數據，統整百萬人次的資訊，發現離婚者的死亡率比其他婚姻狀況的人明顯較高。亞利桑那大學研究人員以囊括6百50萬人的32個研究發現，離婚者的死亡率在研究期間比其他群組高出23%；其中男性的風險更大，為31%。[1]第二份研究來自加拿大麥基爾大學（McGill University），蒐集所有相關研究資料，囊括6億人次，沒錯，6億，結果更明顯：離婚者在研究期間相對於其他結婚或單身群組有高出30%的死亡率（原因各異），而離婚男性的死亡率更甚，高出其他男性37%。[2]

如果這些統計數據使你心驚，離婚對你的心臟更糟糕，特別是女性。杜克大學2015年一項研究追蹤的代表性樣本為15,827人，年齡介於45至80歲之間，其中三分之一曾經離婚。經過控制年齡、種族、民族、肥胖、高血壓、吸菸、飲酒量和其他風險因素，曾經離婚的女性比未曾離婚者有高出24%的心臟病風險。經歷兩次離婚的女性心臟病發作的風險比持續婚姻者高出77%。離婚男性的心臟病風險與對照的已婚無離婚男性相同，但第二次離婚以後風險則增加30%。[3]

當心臟病發作，離婚者更可能因此死亡。2016年英國對2萬5千位患者的醫學研究紀錄發現，控制年齡和性別，離婚的心臟病患的生存可能性比已婚病患低21%，比單身病患低7%。離婚地心臟病患需要比未曾離婚者多住院一天，才能根據病況好轉回家。[4]

事實上，由於離婚緊張、傷害性和令人憤怒的過程，會導致「一連串可怕的事件」，芝加哥大學琳達·偉特（Linda Waite）根據2009年一項追蹤8,652人的研究得知，「經歷配偶死亡或離婚者與持續婚姻者

相比，約有高出20%的慢性健康問題，如心臟病、糖尿病、癌症等。」
而且病情會持續下去。「研究顯示，大多數恢復單身者，由於婚姻的損
失，日後都無法完全從相關的身體衰退中恢復過來。」偉特博士說，即
使後來再婚也一樣。5

有一個離婚的生理影響可能會受歡迎，就是體重下降。34歲的勞
倫斯習慣妻子安娜的寵慣，安娜不善口頭表達愛意，而是展現在烹飪，
勞倫斯總是吃光光。安娜會做班尼迪克蛋搭配荷蘭蛋黃醬和流出莫札瑞
拉起司的千層麵，還會做炸雞，烤不加麵粉的巧克力蛋糕、肉桂巴布卡
蛋糕和奶油乳酪丹麥麵包。

安娜無法溝通的是，她想要勞倫斯尊重和欣賞她。他事業有成，帶
領兒童足球團，參加比賽，與同事聚會，偶爾出差演講或頒獎。安娜在
家工作，是個畫家，她希望勞倫斯能和5歲女兒蘇菲亞玩，而不是像平
常一樣週日都要到別人家車庫，去參加藍草音樂的樂團練習。勞倫斯像
厄爾・斯庫格斯（Earl Scruggs）一樣會演奏斑鳩琴，他們的樂團每年
都會參加七月節慶。每個週日他回家的時候，都已精疲力盡。

但安娜總會留一碗美味可口的義大利燴飯給他。

他們開始諮商，但沒有成功。勞倫斯聲稱他「試過所有治療師說
的，」但安娜仍想要離婚。勞倫斯比11年前婚禮那天重了快20公斤。
他恨搬出去，因為他早上和晚上睡前再也看不見可愛的蘇菲亞，這是兩
個他主要與女兒接觸的時間。他覺得自己像個大學生，住在公寓裡，帶
著幾件安娜不要的東西。

但同時，他的大部分生活還是維持從前的模式。工作、玩斑鳩琴、
聽音樂、然後去看女兒。他變得開朗起來，因為離婚以後他就可以開始
約會。

3個月後，一位同事在談話中看見他，才後知後覺。「你怎麼了？」
勞倫斯微笑：「離婚節食，很簡單，只吃兩種東西：啤酒和冰淇淋。」
他的冰箱裡就只有這兩種東西。印度淡啤酒和蘭姆酒葡萄乾Häagen-

Dazs冰淇淋。但他開始舉重，體型看起來不錯。不過他的動脈並沒那麼開心，只是勞倫斯還年輕，沒有注意到。

撇開勞倫斯的個性缺陷和遲鈍，他是典型離婚會吃不下東西的人。英國有一項研究比較5,788名中年夫妻的健康狀況，分為兩階段進行，相隔3.6年，統計他們所消耗的11種水果和26種蔬菜（蔬果種類愈多愈健康），發現女性無論是結了婚還是分居離婚喪偶都會繼續吃一樣的東西，但分居和離婚的男性飲食卻會嚴重減少。[6]

離婚經常會導致夜晚失眠，連續失眠會使血壓升高。心理學家大衛·斯巴拉（David Sbarra）率領亞利桑那州大學，研究138個16週前分居或離婚的人，監測他們的睡眠和血壓。斯巴拉博士說，分離後的睡眠問題「相當普遍」，但如果持續10週，血壓就會開始上升。當這種情況發生，斯巴拉博士警告，「具有累積性的負面影響傾向」。他補充：「睡眠問題延續時間過長，表示可能已出現憂鬱傾向，由於人們努力想重新開始生活，這些人特別容易出現健康問題。」[7]

離婚可能會引發的另一個異常健康問題是簡稱為MSBP的孟喬森代理綜合症，夫妻之中（通常是母親，而且從小可能被虐待）有一人假裝孩子有病以得到同情和關注，這是為了報復或無法面對、接受離婚。不過，雖然我身為心理學家卻從未親自遇過這種俗稱為「裝病症候群」的病，直到我讀到愛德華·法柏博士的著作《我恨前任，但養育我們的孩子》（Edward Farber, *Raising the Kid You Love with the Ex You Hate*）。[8]這種病人會騙醫師，在尿液裡面加血，增加溫度計溫度，給孩子吃藥造成嘔吐或拉肚子，並虛構檢驗數據，這是一種精神疾病，也是虐待兒童。[9]為離婚的一種可悲反應。受到拒絕和分離會造成一些嚴重的問題，如此例的異常後續影響。

第 6 章

「結婚是詐騙」離婚的財務支出

就財務來說，離婚是雙輸的提議。

回到我們的離婚播放歌曲列表，你可能會發現對一首歌特別有感觸，字字警世，這是1982年Jimmy Reed的暢銷曲：

她拿到黃金，

我只剩礦坑！

他們做主一分為二，

然後把好的那半分給她。

好吧，聽起來有點好笑，

但未免太痛笑不出來。

她拿到黃金，我只剩礦坑！

研究人員調查夫妻爭執導致離婚的主要原因，金錢永遠排在第一位。2012年全美家庭調查，對4,574對夫妻進行的長期貫時性研究，發現夫妻不同的財務意見是離婚最強的預測因素。[1]

有趣的是，妻子手上的鑽戒愈大，婚姻愈可能以離婚告終。艾默里大學2015年一項研究發現，戒指和婚禮所花費的金額，與婚姻的長度呈負相關。新郎買的戒指為2千至4千美元，與5百至2千美元相比，離婚的可能性是1.3倍；婚禮費用超過2萬美元，與5千到1萬美元相比，

則有3.5倍的離婚可能性。[2]

關於財務的爭執，可能來自於夫妻與金錢相關的各層面。根據2015年哈里斯民調，已婚或同居者認為關係的壓力，造成的原因是以金錢為主（35%），其次是令人厭惡的習慣（25%）。甚至財務沒有造成雙方問題的夫妻，也會自行互貼「愛存錢」、「愛花錢」的標籤。其中34%自稱「愛存錢」，而只有13%承認自己「愛花錢」。近半受訪者表示與配偶有不同的花錢方式。[3]如果夫妻分開之前已有不同的金錢處理方式，等到被迫分割資產時，場面可能不太好看。

我敘述了在離婚過程列隊幫助你的各種專業人員，他們抱著同情、道德、正確、善良的心，同時吸乾你的銀行帳戶。律師、離婚教練、鑑識會計師、兒童心理醫師、私家偵探、治療師、調解員、律師助理、稽核師、鑑價師等，都會分別收取可觀的費用。有時你需要兩組人員，如兩名律師或兩名會計師，有時法官可能會要求你聘請超過預期之外的專業人員。你的資產愈多，離婚爭議愈多，花費也愈多。

綜觀名人的離婚協議書

有錢的名人想要離婚的時候，分配給前任的財產只能算是附加的損害。不幸的是，這些龐大的財產會影響你的觀點，儘管你揮揮手笑道「拜託，這不是現實，這是好萊塢。」名人的離婚大戰好似一場夢，但即使演員和製片人能夠賺取天價酬勞，他們仍和一般人一樣實際承受著配偶及子女的痛苦。離婚獎金可能是天文數字，但新聞逐條報導這些離婚事件，僅僅是因為所牽涉的金額和名人，加強了人們的觀念，以為離婚無所不在，必須花費數百萬美元的代價。八卦小報的頭條新聞就這樣滲透進入你的靈魂，產生效果。

看看下面這些我為你蒐集的數字，我找了六個網站，囊括最有錢的企業家或好萊塢人士的離婚。提供這些資料是為了彰顯媒體如何犧牲我們的價值觀來販賣他們的產品。

前加州州長阿諾・史瓦辛格（Arnold Schwarzenegger）與管家的不名譽外遇事件，在他的電視記者妻子Maria Shriver眼皮底下進行，推測阿諾大約花了2億美元離婚。[4]

媒體大亨魯柏・梅鐸（Rupert Murdoch），如今是與滾石樂團主唱米克・傑格（Mick Jagger）的前妻Jerry Hall結婚。梅鐸的四場婚姻中有兩場付出高額的離婚費用。1999年，與結縭32年並生了3個孩子的Anna Maria Torv離婚，他付出17億美元，創下當時離婚金額世界最高紀錄。17天後，他娶了小他38歲的翻譯實習生鄧文迪（Wendy Deng），生了兩個女兒，14年後再度離婚，報導記載他花了18億美元的協議離婚費用。[5]

對於演員兼導演梅爾・吉勃遜（Mel Gibson）來說，2011年並不太好。他與結縭31年育有7個孩子的Robyn Denise Moore以4.25億美元協議離婚，他與育有一女Lucia的女友Oksana Grigorieva吵架過程被錄音，女友罵他是種族主義者，這個消息傳遍各地。[6]

Kelsey Grammer由於角色Frasier而成名，與結婚13年的演員妻子Camille於2011年初分手，妻子分得6千萬美元的半數財產。[7]

保羅・麥卡尼爵士（Sir Paul McCartney）2008年支付4千8百萬美元結束與滑雪模特兒Heather Mills的4年婚姻，他們有一個女兒Beatrice。[8]

哈里遜・福特（Harrison Ford）於2004年結束與電影《E.T.》編劇Melissa Mathison的婚姻，共結縭21年，有兩個孩子，支付的金額介於8千5百萬至1.12億美元。[9]

歌手瑪丹娜是少見離婚時財富超過丈夫的妻子。她與歌手Guy Ritchie結婚8年，有兩個孩子（其中一個是領養的），這位流行偶像當時支付費用介於7千6百萬美元至9千2百萬美元之間，因為「婚姻沒有達到她的期望」。[10]

我敢肯定，每一場著名的離婚都有獨特的悲慘故事，不過現在我們

先來討論財產交換部分。美國有九個州是「夫妻共有財產制」，包括大多數娛樂圈伴侶所居住的加州，財產必須平分。當夫妻關係的愛情消失時，過去曾經驅動這些名流富豪一擲千金舉辦豪華婚禮，以及與令一半分享財富的慷慨氣度，往往轉為吝嗇的小氣，逐漸變成毒辣嘲諷，懷恨在心。八卦小報上引人入勝的鉅額離婚細節，在書報架上連成一線，吸引超市排隊付款的購物者，傳遞了兩個訊息：（1）即使童話故事般浪漫的明星顯貴，也無法倖免於離婚。（2）鑑於離婚協議金額的龐大，可見擺脫不幸婚姻值得你付出一切。

「偷走你的錢包，撕裂你的心」

已故喜劇演員羅賓·威廉斯（Robin Williams），曾於兩場離婚協議中付出 2 千萬美元代價，對於婚姻破裂的成本有過生動的描述：「離婚是昂貴的，我開過玩笑說那是『全部的錢』，但他們說是『贍養費』，這等於是偷走你的錢包，把你的心也跟著撕裂了。」[11]

「偷走你的錢包，撕裂你的心」結合了分手的苦悶情緒，以及瓜分你辛苦建立資產的痛苦形象。離婚的財務影響不僅是一方或另一方財產的損失；也是在筆記本上粗暴而殘忍地將感情、經歷和希望化為數字加減。生過小孩的妻子（是否曾面臨生死危機呢）不會因此恢復沒有妊娠紋的身體。就像合夥人一起建立企業再賣掉，雖然拿到一半售價，但辛勞的計劃、擴展和強化品牌的汗水卻再也回不來。

離婚一分一毫的花費，從前攜手建立婚姻財富的夥伴，如今卻變成摧毀家庭的力量。如果你現在覺得與配偶距離遙遠，或厭惡配偶，等到開始談判財產分割，感覺更會加重放大，就算迫切希望好聚好散也沒用。

如果夫妻之中有一個肩負「養家活口」重任，那麼離婚分家會使另一個更加屈居劣勢。因此提供協議、贍養費、育兒費等對於較富裕的一方算是寬容行為，就像在市場裡分配計算工作報酬一樣。另一方面，

育兒持家等基本但無法量化的價值，對於夫妻和家庭有無形卻重要的貢獻，卻可能會受到遺忘或批評得一無是處。

珠兒絲‧卡特（Juls Carter）是加拿大皇家銀行財富管理公司西雅圖分行的財務顧問，她注意到婚姻中多半是由其中一個主管家庭財務。「如果推動離婚的就是這個人，」她告訴我，「另一個人往往會覺得沒有控制力量，因此懷疑離婚的配偶不會公平分配資產。」她經常看到「受拒絕者的憤怒，覺得所有一切都違背了他的意志，自己的世界被迫撕裂成兩半，成為離婚受害者。」一場與金錢的拉鋸戰，使得離婚複雜化，引發互不信任，因此有時會額外增加鑑識會計的需求和成本。

經常看見信任對方財務狀況的配偶幡然醒悟。「我曾看過一些案例，男方驚訝地發現竟然有負債，尤其是掛在夫妻共同帳戶之下的信用卡，造成離婚配偶拿到的金額減少，」卡特女士解釋。「突然之間，盟友變成了敵人。」

然而，許多配偶努力想要平分資產。「去年我自己的情況，」卡特女士告白說，「我和前任對婚姻的貢獻相當。」為了6歲女兒，他們決定挽救婚姻，但經過兩年教會的教牧協談宣告失敗。「前任終於明白無法破鏡重圓，我們便進入『好吧，現在我們必須要簽署一些文件。』的階段」。她深刻描述了準備離開的那段時間：「當時我開始擔任女演員只有6個月，我要等到一切都上軌道才能搬出去，這樣才能降低女兒的生活干擾到最低。這表示我不得不把感覺放在心裡，假裝一切順利，這是整個過程最困難的部分。」

伴隨離婚而來的，經常是你的生活水準和視野跟著縮減，更加重原本所感受到的痛苦。隨著離婚率在80年代初往上攀升，專家便對婦女離婚時所遭受的財務困境爭論不休。魏茲曼在著作《離婚革命》（Lenore Weitzman, *The Divorce Revolution*, 1985）中表示，女性離婚後生活水準下降73%，而男性則上升42%。[12] 不過倡導離婚的人（即已經離婚的人）則不接受這些數字，於是在1996年重新分析1977年所蒐集的數

據，比率大大降低，使得女性的水準仍為下降27%，而男性則為上升10%。[13] 你可能同意，但此一時彼一時，1996年以來，女性的機會大開，雇主對待員工家庭變得更友善。即便如此，現在離婚婦女仍明顯發覺自己的財產減少了，男性也一樣。

由於發覺「一再的研究顯示，與離婚男性比較，無論相對或絕對來說，離婚婦女的經濟狀況都較差。」密西根大學研究人員進而評估全美家庭調查（1988, 1992-1994）兩次數據「波動」。對於研究中的婦女，「密西根研究證實，維持婚姻可避免財務衰退」，但離婚後婦女「經濟的福祉」則急遽降低。[14]

一位經濟學家在2005年發現「離婚會減少個人財富約三分之四，而結婚則可增加幾乎兩倍。」換句話說，已婚者的財產價值為單身者的兩倍，但離婚者的價值僅為四分之一。差異真是令人難以置信。銀行帳戶在離婚實際發生前幾年便會開始下降，到了法院判決，已經大為減少。「如果你真的想要增加財富，請結婚，並且維持婚姻。」研究人員說，「另一方面，離婚卻會摧毀你的財富。」[15]

對於有孩子的女性而言，無論嫁的是餐廳低薪員工或CEO，婚姻都能改善她們的財務狀況。城市研究所經濟學家羅勃·勒曼（Robert Lerman）的研究顯示由於規模經濟，收入連續的婚姻比單身或單親生活水準都更高。「甚至考慮了大部分觀察或未觀察到的差異之後，無論是相對於獨居的單親父母，或有同居關係的母親，或與其他成年家屬同住的單親父母，處於已婚狀態的母親生活水準相對來說都有明顯升高的情形。」相較之下，離婚會擾亂支持平台，使婦女的經濟產生裂縫。[16]

我在《西雅圖日報》專欄，看見商業新聞頭條哀歎一個卡特女士經常看見的情況：「默瑟島富人區的女性發現離婚後就失去了經濟支持。」57歲的潘·錢尼（Pam Charney）在離婚6個月後申請報社免費的「財務改造」。「變成無法閱讀航海圖的迷途水手，不知道自己財務狀況，也不熟悉資金的管理機制。」[17] 雖然如此，但還好她沒有債務，也沒有

趕著賣掉住家。大多數人帳目要複雜多了，或許是離婚風暴所選擇的報復性手段。

卡特女士告訴我，有一個生活有條有理的妻子，厭倦了性格反覆、時而沉迷某事的丈夫。「她想要和他一刀兩斷。」但他在離婚過程多次消失數天，然後搬回她的房子，說他無處可去，然後為了報復，挑撥她的朋友去抵抗她。她花了2年時間才逃離這種地獄般的生活，造成兩個年幼的孩子心智混亂。

「丈夫的問題行為，使得兩人規劃和簽署個財務協議變得更加困難，他可能是故意如此，」卡特回憶。「他不想離開，不希望妻子停止關愛，不過他的所作所為只是使妻子更想離開，破壞她所剩無多的感情。」離婚往往會使一個人展現出最惡劣的一面，特別是當一方受到蔑視，最好的武器便是扣錢或拖延離婚程序。

第 7 章 有礙心靈健康

在你離婚時，健康和財務都會受損，尤其是心理特別痛苦，傷痕難以磨滅。情緒失調常會進而影響生理，影響時間以月或年計，甚至是一輩子。

《離婚理想國》（Wendy Paris, *Splitopia*）一書作者溫迪·巴黎努力證明副標「現代離婚如何好聚好散」，但她自己的經歷以及所描述的其他案例卻很難與「好聚好散」沾邊。她對離婚的焦慮，造成內出血，因此住院。她發現前夫有對象的時候，簡直天崩地裂：

> 我步步走向危機，我能感覺到它好接近。我想起曾和一個一蹶不振的人說過話。在俄亥俄州有位男性告訴過我，妻子離開之後，養了 16 年的狗也在次週過世，憂鬱症深深擊垮了他，他睡不著、起不來，最後治療師開了一種抗憂鬱藥，並讓他參加團體治療。

所以巴黎女士決定嘗試參加支持團體。但在她聽取其他人故事的時候，她想到前夫。「我知道他到市中心赴一個浪漫約會，或許會帶她參加我們共同朋友的派對，然後回她家做愛、睡覺。他會倒咖啡給她，就像以前倒咖啡給我一樣。」

心智無情而殘酷的虛構情節，陷入邪惡的循環，加深了痛苦。巴黎女士主動提出離婚，卻無法放手。

我覺得自己像一頭侵略性很強的猴子，或許是紅毛猩猩吧，狂暴地在心裡怒吼。我走下碼頭，像猩猩一樣穿越草地，想著或許這樣可以解除憤怒，解除想要撕裂一切的感覺。這是我剛發明的猩猩療法，是尖叫療法的另一個版本。

　　可惜沒用。我感覺自己像頭需要睡一覺的猩猩。[1]

　　我必須說明巴黎女士最終克服了強烈的獸性階段，她告訴讀者會遭遇些什麼，以及離婚後如何充分過生活。像她那樣令人失去能力的恐怖情緒障礙，無可選擇，必須要避免。

　　結束婚姻可能會引發相當於喪親的痛苦。如果伴侶是為了追求看起來目眩神迷、令人興奮的婚外情；被拋棄的人只好獨自沉浸在悲傷和拒絕中，不然就是疲於奔命，忙著照顧不安的孩子，維持家裡的運作，心中同時卻懷抱著憤怒，怨恨那個把家人當成垃圾的混蛋。

　　接著是夜晚。安靜的夜晚，人人都在熟睡，你卻無法克制大腦病態的胡思亂想。或許你想的是所有他想要離開的理由，如果你說不一樣的話，是否可以改變他的念頭。或你擔心財務狀況，怎樣負擔那些你從來沒有自己付過的帳單。你乾脆起床看一部喜劇，有一場戲，電梯下來、打開，妻子逮到丈夫在裡面與另一個女人胡搞，丈夫眼神與妻子對上──糟糕！你又哭了。

　　現在你可能會說，維持婚姻不會比較好。或許你覺得內心已死，和大家講的離婚前的感覺一樣。你可能是在離婚邊緣徘徊，難眠的夜漸漸平復，思考放手會帶給你平靜，就像今晚一樣。

　　但請記住兩件事。首先，問題依舊存在。當你恢復單身，問題並不會自動消失。你依然是同一個人，有著相同的個性，只是暫時失控錯亂。除非你解決了造成離婚的問題，否則就算目前分居，問題依然會繼續糾纏你和孩子。而且有了孩子以後，就算離了婚，兩個人之間依然有連結。離婚會傷害你的感情，只是滴幾滴優點、貼貼繃帶，無法治癒一

顆破碎的心。

　　其次，單身自有單身的需求和問題。如果你想要為孩子尋找繼父母，重獲一個真正互相關愛的婚姻，必須為自己和家人導航情緒，駛出情緒地雷區。僅僅家務足以讓你焦頭爛額。如果孩子已經長大，你可以解脫許多責任，但每天一個人度過日常生活，想要在婚姻市場中「挑貨撿貨」，但其中大多數人已有複雜的過去，各自有家，也有他們的問題和情緒。

　　男性和女性面對離婚的痛苦情緒有不同的反應。2003 年一項研究指出，男性與女性哀歎離婚的方式，有三種不同；男性哀歎的時間點比較晚，焦點放在失去房子和孩子而不是妻子，以及表現方法是以行動而非文字或情緒。男性較少表現悲傷，並非代表比較不痛苦。[2] 無論哀歎程度高低，都逃避不了，即使是提出離婚的人也一樣。

　　離婚當然令人沮喪。遭受離婚的沉重打擊，有 60% 的人會留下憂鬱症的就醫臨床紀錄，還有 10% 從未有憂鬱症紀錄的人，得知法院判決離婚時憂鬱症發作。[3]

　　情境性憂鬱症有一些容易令人忽視的症狀，例如會變得心不在焉，找不到車鑰匙；你失去胃口，忘記吃東西；失去耐心，被擋住路就會發飆；晚上不容易睡著，或是整天都在睡；你發現自己盯著電腦螢幕卻沒在看。這些令人不快的症狀看似小事，但綜合起來可能代表你得了憂鬱症。

　　女性比男性更容易得到憂鬱症。妮可忘記去接幼稚園的兒子，她覺得很不好意思，等到第二次再度發生，她變得擔心。隨著調解展開，她需要蒐集收據，但怎樣都無法開始行動。她恨她的新公寓，一半是舊家家具。鄰居開車門老是撞到她的車子。有時候整天她都在生氣，有時候整天她都覺得沒意思。

　　她在一家房地產公司上班，早上 7 點打卡，這樣她可以在下午三點半去接兒子，但每天坐在辦公室那麼久，有什麼意義？她丈夫有一天決

定搬到離家60英里外的競爭對手公司去寫程式,但不想讓妻子一起搬過去,又有什麼意義?

由於傷害和困惑,也由於背負起比以往更多的責任,妮可崩潰了。聽到一段歌詞甚至沒事她都會突然爆哭,一直哭。在4歲兒子雅各身邊她會假裝堅強,但有時也會失敗。「媽媽,我會保護你。」一天早上,雅各看見她哭,聽見兒子這樣說,她更無法停止哭泣。

妮可的母親開始去幼稚園接雅各,也帶來一些自製玉米餅和沙拉,幫忙餵飽雅各,但妮可還是吃不下。最後,妮可的父親堅持女兒去看醫生。她變得消瘦,帶著兩個黑眼圈,又不接電話。父親幫她預約門診,開車送她到醫院。妮可知道自己很沮喪,但覺得只需要過去就好了。她沒發現已經影響到自己的健康和雅各,孩子雖然無助,但卻想要保護媽媽。

幸運的是,妮可有照顧她的家人,父親和醫師談話,醫師開了處方。憂鬱症程度不一,心理健康專業人員可辨識憂鬱症的臨床症狀,包括情緒低落、對快樂失去興趣、體重變化、睡眠不規律、情緒激動或退縮,失去活力、有自殺想法、精神不集中,各種症狀頻繁發生或長期出現。[4]

憂鬱症可能會導致離婚,離婚也可能會引發憂鬱症,必須要適當治療。一般都認為憂鬱症是懦弱的表現,其實並不正確。[5]鑑於藥物治療的成功率,憂鬱症明顯受到物理化學變化的直接影響。

婚姻不是因憂鬱症造成問題,而是憂鬱症沒有經過適當治療,產生的行為所導致。大多數藥物需要幾個週時間作用,有些會產生副作用,不過一般來說都有藥效。[6]

離婚和你的價值觀

婚姻是最親密也最重要的人際關係,建立了法律、親屬和感情關係。離婚則切斷這些關係,難怪傷口太深,需要長時間癒合。在我的諮

商案例中經常會發現，恢復中立所需的時間約為婚姻持續時間的一半，相對於一端的欲望與愛，另一端的抗拒與仇恨，此時可變得安寧。過程是漫長的，每當再度與前任接觸，都會增加復原的困難程度。

離婚無疑會傷害你的情緒，但也傷害了你。

其實，這是一個很好的問題：你覺得你是誰？

你是誠實的人嗎？你是敏感的人嗎？你是否體貼別人的感受？你認為自己是有責任的人嗎？你內心開放、透明嗎？你可靠嗎？你慷慨嗎？如果你跟大多數人一樣，對這些問題的答案為「是」，表示你彰顯十誠，遵守法律、你繳稅、投票。

但你是什麼樣的員工？什麼樣的父母？什麼樣的配偶？這些是你實現抽象美德的角色。如果你是誠實的人，行為就是誠實的，不欺騙，不扭曲真相，說實話，當然也不會說任何不真實的事。無可否認的，每個人不時都會說一些小謊，例如女性多半都不喜歡別人問年齡或體重，就會少報。說故事的時候也可能會誇大，就像漁夫總是繪聲繪影逃走的大魚一樣。用一張撲克臉隱藏情緒，這樣算是不誠實嗎？有些人說謊會很不舒服，會臉紅、口吃、扭動身體、大舌頭。

如果你的婚姻正消逝，可能會遠離配偶，採取不誠實行為，不履行法律應盡責任，不想說中午你和誰一起吃飯，配偶開會的時候你可能不會說那天你有其他計劃。如果你和配偶不在一起，可能會開始變得不像是你想要成為的人，而更像「那傢伙」，變得刻薄、惡劣、不尊重人，看起來像個可惡的壞女人或貶低女性的男人。

當然在不忠的情況，從頭到尾都是謊言，摧毀婚姻的信任基礎。偷偷摸摸的姦夫淫婦，檢查配偶的口袋和錢包，清除手機紀錄。有時這些逃避的努力反而會增添外遇的興奮程度和吸引力，但這樣做會如何影響你的靈魂？一篇女性所寫的匿名文章提供了答案：

第一次騙人，你滿滿的神經緊張，動作遲疑。雖然可怕新奇，但卻

令人興奮。

第二次、第三次以後你已經上癮。你充滿激情，由於某些原因要打破限制，使一切感覺更好。

第四次以後開始產生罪惡感，從剛開始的激情、祕密留言，到人煙稀少停車場的汽車後座性愛。

第五次，這是你第一次說，這是最後一次了。因為是第一次這麼說，所以你相信。

第六次，你開始明白自己對自己的行為其實沒有什麼控制力量。你開始知道自己害自己陷入了怎樣的困境。

第七次，你知道沒必要追蹤紀錄了。你已經正式在做你發誓永遠不會做的事。你在欺騙。[7]

這篇文章後面有一條評論，特別發人省思：

罪惡感出現的時侯，表示情慾已從峰頂開始往下滑落。羞愧和恐懼取代了瘋狂任意罪過的上癮激情。錯的變成對的，道德指針壞了。你變得更容易對所有人撒謊。

當兩個人開始在祕密晚餐和性愛中說「我愛你」，愛你愛你愛你。此時除了空洞複誦這種自我辯護式的口頭禪，其他無話可說。自我毀滅行為隨著撒謊而增加，不僅對別人也是對你自己。自我欺騙減輕了不正當親密關係的罪惡感。你誠信盡失，是時候該回頭重新開始，遵循道德指南針，恢復完整，恢復單身。

離婚時，你的道德指南針失效，無論是否忠實，你開始用從前不曾有過的差勁語氣說話，甚至變得連親朋好友都認不出。你的惱怒變成厭惡或生氣，在婚姻中產生不友善和冷漠的反應。等到兩個人分開時，變得更糟糕。原先要保護自己資產的想法，導致你很快墜落邪惡深淵。

離婚企劃傑夫·蘭德斯（Jeff Landers）描述了許多丈夫的骯髒詭計，用來掠奪妻子和孩子的財富。[8]丈夫「排除利益衝突律師」，確保妻子無法僱用最具攻勢的律師。丈夫會先與這些屬害的律師一一會面，告知他們自己的爭議部分，最後從中挑選一位代表律師，但其餘的律師因此都會失去代表妻子的資格，因為他們在前期與丈夫的面談，使這些律師必須規避利益衝突。

惡劣的丈夫可用「擱置和拖延」多次重新安排法庭開庭日期和開會，希望藉由增加妻子的開支和律師費，迫使她接受不太有利的協議，結束交易。另一方面，丈夫也可能相反地會匆忙加速協議，以防妻子發現他隱匿的事物。

蘭德斯警告，一個單獨掌控家庭財務的混蛋會「確保只有他自己有資格處理家產」，讓他可以「終止妻子的信用卡，把資金從家庭帳戶中轉出去」。由於丈夫的報復心態，這種物質虐待很常見，造成妻子聘請律師的現金被剝奪，甚至無法維持生活。有些男性違抗法律，保護自己的資產，或不支付贍養費、子女撫養費，「離婚很久以後，他們甚至強迫前妻從承諾款項中扣除相當的法律費用……即使女方遵循要求，即使法官有意協助女方，但仍難以破解或證明前夫的欺騙。」混蛋大獲全勝。

你可能會認為這些惡質表現也出現在他們的婚姻中，正是這些詭計造成或促就了離婚。某些案例的確如此，如果把這種爭取的衝動導入良性興趣，如運動或商業，甚至是對人有益的努力，例如扶助流浪漢或傳教，但想要堆積財富的欲望，卻使他們顯露出最糟糕的一面。離婚使男人將妻子和家人視為敵人，把男人變成無情的掠奪者。

你是這種人嗎？

尤金看起來很虔誠，他每天上教堂、教聖經課、捐贈慈善機構。他是大學的流行病學家，結婚20年，家裡有兩個10幾歲的孩子，人們都說他個性平靜而謙遜。但那只是外表。他在家裡的地下室有另一個私人生活空間，一個男人洞窟，他會待在裡面好幾小時，看色情片和吸大

麻。偶爾還會打電話叫女人。

「真正的尤金」是哪一個？他會說自己是個幫助很多人的正派好人。他的「壞習慣」沒有害別人，只有害自己。「欣賞」女性只是個人嗜好，不會影響他對待熟識女性的方式。當妻子瑪麗發現他在筆記型電腦上面看淫穢影片時，非常震驚，甚至不願承認。「那不是我認識的尤金。他都會上教堂，每週和我、和孩子一起共進晚餐。這個人是誰？」偽君子、騙子、否定者。

面對他公開和私下生活的極端差異，瑪麗下了最後通牒，尤金只好選擇改變。隨著心理治療的過程，他開始了解自己的兩面生活，他需要宗教的嚴謹，而非色情片、妓女、吸毒的反抗方式。他決定把休閒時間用來服務別人，到健身房運動兩小時，然後與妻子一起看電影，戒掉色情片。他戒了吸大麻的習慣，安排每週兩次與牧師研究聖經。這對夫妻用了18個月重建關係，期間瑪麗抱著懷疑而謹慎的態度。但他們繼續維持家庭生活，尤金發現自己睡得比較好。孩子們則對改變沒有什麼疑惑，以為爸爸活力增加是因為健身、吃得好的緣故。

尤金的成功，原因在於他有堅實的基本價值觀。他痛恨自己藏起來不讓家人知道的一面，希望能接近上帝。現在他說，被妻子發現是一個「禮物」。「我需要有人能幫我一把，讓我走向正途，我很感謝瑪麗留在我身邊，我永遠不會認為這是理所當然的。」

儘管在離婚期間和離婚後，你都保持忠誠，離婚依然會降低你的道德水準。離婚迫使你與發誓永遠相愛的人分開，因此就本質而言，即使有必要，也是一場失敗。如果你想過著可引以為傲的生活，離婚是個人履歷的污點。離婚為人生帶來悲傷、後悔和尷尬。個人境遇固然重要，但離婚永遠不會是愉快、令人珍惜的。相對而言，克服婚姻問題則是一種成就。如果你能重新點燃當初使你發誓的感情，便可克服痛苦，不再考慮離婚。

所以你可選擇，究竟要加入享樂主義文化行列，不管你感覺如何，

使誰受傷，看待性愛眼光如何，出現最私密的際遇，都像點取 App 應用程序一樣輕鬆。你也可選擇長長久久，尋求深度的幸福。眼光獨到的作家兼廣播電台主持人丹尼斯・裴格（Dennis Prager）將幸福和樂趣作一區別。樂趣是短暫的，多屬於物質的，結果無足輕重。相對來說，幸福則是持久的，並以感謝、忠誠、信任等美德為基礎。你甚至有道德責任使你所關心的人快樂，因為你的態度會直接影響他們。[9]

你想努力成為什麼樣的人？使婚姻復甦，重啟長遠的觀點，保存與配偶共享的歷史，立足於腳下，改善未來。相對來說，離婚等於破壞誓言，割捨你生命的一大部分，傷害你的孩子還有其他人，把你推向未知的世界，讓你帶著同樣的問題、同樣的個性，繼續生活。

敞開心胸檢視你的婚姻有什麼可能性，決定值得讚賞、榮耀的任務是什麼。或許最好的問題是，你想為孩子塑造的道德榜樣是什麼？

第 8 章

決定性的差異：有無孩子的離婚

　　離婚對於夫妻雙方都是艱難而痛苦的，沒有孩子的夫妻也一樣，但後果卻少得多。如果你有孩子，這是個決定性的關鍵，堅決抵制離婚。

　　參考傑拉德和潘的例子。他們相識於高中，後來都沒有其他人約會。他們順理成章地在一起，和同學一起出去玩。傑拉德比潘大一兩歲，畢業以後上社區大學，等到潘高中畢業進入當地大學，他便轉入同校。潘變得比較少去參加學校的姊妹會，以免減少對傑拉德的關注。他們從沒吵架，空閒時兩個人便一起去爬山，也去參觀博物館及免費音樂會。等到潘大二、傑拉德大四的時候，下一步自然而然就是舉行婚禮。「我們在等什麼？」潘回想。「我還住在家裡，他也是。我們覺得應該要轉大人，方法就是結婚。」

　　傑拉德畢業後找到一份工作，負責非營利組織的郵件。他下班回家喜歡看電視放鬆，潘就專心做作業。她得到一份研究助理的工作，並申請 5 年制經濟學博士學位課程。潘記得那些令人興奮的時光「被圖書館和研究辦公室分成兩半」。

　　同時，傑拉德也心滿意足。他喜歡公司同事，覺得和潘的關係終於有收穫。但潘受到知識的激發，正進入一個充滿挑戰的世界。她在專業會議中發表研究，偶爾為當地報紙撰寫評論，接受政治選舉陣營的顧問邀請。

　　這是一個例子，兩位個性相投的人，由於志向和動力而分道揚鑣。

潘在結婚5年後，想要推動傑拉德「表現自己」，兩人關係因此產生裂痕。傑拉德覺得潘應該像從前一樣接受他的樣子，就像他一樣。他覺得自己沒壓力的低薪工作，就像她的工作一樣，對他們的婚姻一樣重要。

最後，潘離婚了。結婚多年以後拋棄傑拉德，她感覺很差。他們一起長大，卻成為截然不同的人。傑拉德想要做婚姻諮商，讓潘知道兩個不一樣的人可以一起繼續過快樂的生活。但潘覺得自己是在浪費潛力，她想要一個和自己一樣有能力和抱負的知識分子，能與她匹配。

這樣的婚姻是否必須告終？請你思考。但你可自問：如果傑拉德和潘有孩子呢？如果他們一起養育5歲和3歲的孩子，為了潘的學業，傑拉德必須承擔較多的育兒責任？

不過傑拉德和潘才20初頭，沒有小孩，可以分開結束關係。傑拉德可另找一個欣賞他隨和、沒壓力的風格，潘可追求她所渴望的快速步調生活。離婚會傷害傑拉德，使潘悲傷，潘必須不再回應丈夫的懇求，雙方家人會左右為難，老朋友不敢置信。這並不容易，但可以結束。

記者潘密拉‧保羅（Pamela Paul）為年輕人沒有孩子的離婚關係，創造了一個名詞：「起步婚姻」。[1]只是一個錯誤，沒什麼大不了。她採訪60位朋友的朋友，詢問關於他們不到5年的婚姻，結論是，足夠成熟再結婚的想法是一件好事，幻想美好婚禮的年輕新娘和新郎，往往還沒有足夠裝備進入婚姻生活的現實。

如果有兩個小孩，傑拉德和潘將永遠都彼此相關，他們會把後代推入離婚孩子的混亂之中，以後他們會有繼父母和繼兄弟姊妹，雙倍的家庭複雜程度，注意力和身分也分成兩半，一半是媽媽，一半是爸爸。潘為了追求知識的激發，會連帶使孩子受到傷害。

所有婚姻都值得雙方盡最大努力去重建，但關鍵是要認識到，有孩子的婚姻關係永遠不能真正結束；與孩子另一個父母的關係直到死亡才能解脫，這是現實。如果離婚時孩子已經長大，前任之間的聯繫或許較不頻繁，但只要對方活著仍會一直存在，與孩子相關的情況或問題，都

會重新喚起苦樂參半與憂愁痛心的回憶。

即使父母對孩子保持堅定不移的關愛，離婚依然不可避免會使孩子與父母的關係複雜化。如果一個賭氣的配偶把孩子的監護權當成武器，或孩子的反應出現變化，或只是與父母共同塑造與分享的童年時間減少，另一方就可能失去孩子。父母離婚除了會影響到家族，還會延伸到孩子的朋友圈子，即使在離婚很久以後，後果依然持續。

沒有孩子的夫妻離婚，可如同資產的一次性分割一樣簡單，不過情緒的破壞與延續仍然一樣少不了。而有孩子的離婚除了必須分割資產，還要加上未來時間和金錢的割捨。日曆無情，假期和孩子的重要日程都需要你與前任持續討論與計劃，不過孩子卻學到從前家人之間的慶祝活動，無論人事時地物，都不復存在，取而代之的是無止無休的談判。

權重因素

當一對夫妻在評估是否該放棄婚姻的時候，相較於其他因素，應該更重視孩子的福祉。我說「應該」是指其他危害生命的情況，例如虐待和毒癮。但即使一對夫妻有很深的鴻溝，或必須處理精神疾病、毒癮、離譜行徑等，仍應盡一切努力克服這些障礙，因為這會決定他們子女的未來成敗。

除了虐待等案例，離婚時以孩子為核心考量，使得一些婚姻提倡者建議，除非雙方都同意，有孩子的離婚不應視為理所當然。[2]現在想離婚的人有權力單方面主張「無過失」離婚，使得另一方想要維繫家庭者沒有追索權。這種方式顯示我們的文化有利於離婚。

你可能會想：「我的幸福難道不算數嗎？」珍妮弗當時就是這樣想。丈夫要求高，期望似乎永無止盡，若沒有達到要求還會爆氣，她已經厭倦。「你怎麼搞的，我洗髮精用完了！」發現瓶子淨空，丈夫就會嚴厲指責她。開車的時候也嚴禁她換電台，他在家的時候不准她轉台。孩子還有家裡一塵不染完全都是她的責任，完全沒有協議空間。他在安

全科技業工作，工時很長，負責所有帳單，所以他要求回家以後一切都要照他的意思。

　　想要安德魯改變簡直比登天還難，更遑論他的合作。即使他答應嘗試，她也懷疑他的行為是否真的會改變。她無法想像自己和他繼續在一起10年，這是兩個孩子往後還會在家裡的時間，更不用說其他的事。為何還要忍受他的斥責和指揮，還有很重要的是，孩子們為何要看著媽媽受苦呢？安德魯愛孩子，但他看不見自己一邊跟孩子玩耍一邊吼她的樣子，會成孩子學習的榜樣。

　　珍妮弗唯一安心的時候，是丈夫出門以後，她會去藝術教室，時間是每個週六丈夫忙於工作，以及每週有三天晚上他去參加政治陣營義工的時候。朋友和外人都不知道他的脾氣，只有婆婆知道他壓抑的另一面。

　　「我的孩子應該要有平靜的家庭，父母不僅要互相尊重，還要互相關愛，」珍妮弗堅持，「是的，如果孩子的父母都在身邊當然最好，但為了這個目的，難道他在家的時候我就應該每天過得如履薄冰嗎？」

　　珍妮弗需要尊重，也擔心孩子會模仿身教不良的丈夫，當然是正確的。不過結婚經過10年，問題不僅是安德魯無緣無故的怒氣，還有珍妮弗壓抑自己傷害和挫折的順應方式。雖然她想離婚，也不該破壞孩子的生活。

　　珍妮弗引導丈夫的情緒，為了孩子的安全感，犧牲自己的安寧。她覺得自己對孩子的責任凌駕於一切。「為孩子保全婚姻」聽起來既過時又不公平，如果你所做所為都是為了這個目的，簡直跟自虐沒兩樣。然而，除了保全婚姻，為孩子改善夫妻關係，則是高貴而有意義的目標。若能喚醒從前對另一半的愛情，你就不必犧牲幸福，在婚姻中得到的滿足感，還能使愛情增長。

　　有了孩子以後，你和伴侶成為一輩子的團隊；你擁有力量和選擇權去鞏固這個團隊，目的當然是為了孩子的生命，也為了你自己的生命。

當然，鞏固過程甚至使團隊成形都可能令人卻步。起初你唯一的動機可能是對孩子的愛，但隨著每天努力提供孩子一個安全的雙親家庭，你的感覺會改變，特別是在專業心理諮商師或治療師指導下。

治療師的參與，大大幫助了珍妮弗面對藏在心中累積的怨恨。起初她獨自前往與治療師面談，不但需求得到支持，也學到塑造婚姻的對策。後來，治療師在場的情況下，她變得能夠與安德魯溝通。

雖然從前珍妮弗多次嘗試告訴他，但聽見她清楚的陳詞，安德魯還是感到很震驚。由於他付費進行治療，有專業權威的指導，他終於聽進去。起初他沒什麼反應，但由於有第三方的討論仲裁，他不能訴諸於慣用的咄咄逼人策略，迫使珍妮弗閉嘴。他知道這次面對的是最後通牒，必須改變表現，否則會失去家人。安德魯不喜歡一群「女人」聯合起來對付他，所以想換治療師，聽聽別人的意見！但治療師確認了他的感受之後，他平靜下來，終於意識到他是家中所有人的焦慮源頭。這個領悟使得安德魯、珍妮弗和治療師能夠逐漸調整建設性的策略以控制和改變夫妻的互動。

有孩子的婚姻更有價值嗎？

再強調一次，孩子使事情完全不同。有孩子的夫妻最有理由維持婚姻，雖然孩子來自夫妻，但孩子的福祉比夫妻關係更重要。沒有孩子的夫妻也有必須在一起的理由，但這種離婚較無後果，也不會留下後續問題，因為沒有孩子，便沒有永遠存在的問題。

所以這是否代表有孩子的婚姻比沒有孩子更有價值？不對，每個婚姻都珍貴，有獨特的意義。每個婚姻都為兩人帶來愛與關懷，以及社會的穩定。每個婚姻都形成家庭，每個人生活在其中，塑造在其中，同時也改變親朋好友的生活。

但我說的不是婚姻，而是離婚。

有孩子的離婚不僅對夫妻有深遠的影響，對關心孩子和照顧孩子的

人也會有影響。對孩子本身所造成的後果無法完全估計（後續將討論其中一部分），這些後果都將持續影響孩子一生。

即使是在雙方皆同意的離婚協議下，孩子也會失去置身之處的感覺。如果孩子還住在家裡，會失去親生父母扶養的安全感，認為有另一個人取代他們的親生父母。孩子當然會有不同的適應程度，但總會受到影響，甚至會想這兩個把他們帶到世上、帶到家裡去的人，如今卻放棄了最初的承諾。

孩子學到他們是次要的，即使反覆聽父母說多麼疼愛他們、多麼想念他們，也沒有用。孩子學到父母把自己的重要性置於孩子之上。

你想爭辯：孩子的重要性本來就不比成人，不是嗎？孩子總是必須照著父母的要求去做，看見長輩打招呼，小孩「有耳無嘴」。或許吧，但如今這已非孩子的模範。尊重長輩是基本價值觀，孩子必須學習，以成為正直而有愛心的人。年幼時他們學習信任世界，有信心冒險犯難，這需要堅實的基礎，保證他們這個世界值得信賴，改變終會成功。但父母離婚，孩子必須適應現實變化。事實上夫妻獲得共同監護權，會造成孩子必須適應兩種不同的狀況，變成兩個家庭，兩套規則和兩種角色轉換。關於離婚對孩子的影響，每一個研究都顯示後果是普遍的有害。

你會難過嗎？如果你愛孩子，當然會。

大多數美國人也一樣同意。2015年美國家庭調查3千人，發現其中不到四分之一（21%）認為離婚該更容易，而無論宗教黨派，只有少數的11%認為有孩子的夫妻可輕易離婚。[3]

如果你是想要離婚的人，根據理由和狀況，你會注意自己的方向，認為現任隊友在阻攔你。或許你為了離婚堅持自己應該快樂，只要我喜歡，有什麼不可以。但過程中你會對孩子造成什麼樣的傷害？他們對自己世界遭受破壞並沒有發言權。他們值得快樂嗎？孩子的福祉與你的願望相比，天平應該向你傾斜嗎？

這不必是個「兩權相害取其輕」的問題，究竟離開無法維繫的關

係，還是要為孩子留下來繼續受苦，你還有另一個選擇：下定決心，以維護家庭為至高，努力改變婚姻的負面問題。有一個無限的數字從理想到難以承受的婚姻的連續點。最快樂的婚姻也會歷經數天、數週甚至數月的緊張關係，但終究會恢復。隨著時間、意願、努力和溝通的重新安排，我們會學習到技巧與人際動態平衡。

如果你是被拒絕的配偶，由於知道孩子將要面對不可預見的新問題，使你已然負荷的心更加沉重。為了維持家庭運作，你必須在他們面前壓抑自己的情緒，以達成孩子的需求。

無論哪種情況，只要你愛孩子，你最關心的一定是孩子。如果你看見他們掉到湖裡快淹死，你會跳進去救他們嗎？現在即使你冒著生命危險，都要跳進來救孩子，更何況根本沒有生命危險，有危險的只有你的快樂，但離婚等於是把孩子拋進湖裡。現在立刻跳進去，你必須救孩子的命。

如果你愛孩子

一輩子不斷想起

到任何一間圖書館，你都會在架上找到幫助孩子度過離婚的書，如何用最溫和的方法把離婚消息告訴孩子，照顧孩子時如何控制情緒，如何實行對孩子最不刺激的監護權。但每本書都警告，離婚不免會永久傷害孩子。

例如，著名的英國心理學家潘尼洛普・利奇在《當父母離婚：母親和父親如何幫助孩子度過離婚與分居》（Penelope Leach ,*When Parents Part: How Mothers and Fathers Can Help Their Children Deal with Separation and Divorce*）[1]指出要保持冷靜的語氣，但也無可避免會看見孩子悲傷：「父母分離都會傷害孩子，你沒辦法。我們知道家庭分崩離析對孩子所造成的巨大長遠影響。」潘尼洛普將研究的四個重點歸納如下：

- ・分居／離婚使孩子痛苦煩惱。
- ・孩子往往對父母分離覺得自己負有責任。
- ・孩子會覺得分離的父母將他們拒之門外。
- ・不知該向著父親還是母親。[2]

利奇博士試圖減少這些煩惱，對於不同年齡兒童所經歷的不幸事件，她提出了驚人數字。關於共同監護3、4個月大的嬰兒，她提出警

告：「小嬰兒不會有明顯的難過情緒，但頻繁分離具有嚴重風險，會破壞對母親最初的依附感與安全感。」[3]

利奇博士引用學齡前兒童的研究[4]，她寫道：「經常與大人分離的幼兒，具有依附感的極端問題，這點可從他們與親生父母的關係觀察得到。有些嬰兒會很難過，緊緊抱住父母哭泣；有些則變得有攻擊性，會打人、咬人或踢人；有些則產生飲食問題，如拒絕食物或嘔吐。」[5]

對於較大的孩子，「5至7歲孩子因父母分離，主要產生的情緒是悲傷，而年齡較大（8至11歲）的孩子則是憤怒情緒……不過，無論孩子有多麼憤怒，那都不會是孩子對家庭變動的唯一反應。」[6]她建議家有小學生的父母，把家裡的變動告訴孩子最好朋友的父母。相信各位父母並不太期待去做這件事。

在中學階段，離婚會造成孩子付出更大代價。「雖然13歲孩子看起來不會像9歲孩子那麼明顯，但事實上可能更激烈，也更具危險性。」[7]

利奇博士讓高中生對父母離婚表達悲傷，她引用其中一位18歲男孩的話：「他們告訴我在辦離婚、賣房子……他們似乎認為我不在乎。不，還要更糟糕，他們似乎認為這不是我的事。其實我覺得這就是為什麼我把所有事情都弄得這麼混亂。」[8]換句話說，青少年會以恐怖的破壞性或自我毀滅的方式，極力表達自己的悲傷和憤怒。

假設當你與配偶正忙於應付離婚的餘波盪漾（永無結束的一天）之際，遇到了新的對象，此時利奇博士有一些可令你清醒的話：「父母離婚的孩子大多都不太高興有繼父母，許多孩子發現自己不可能接受父母永遠分離，即使離婚已結束，孩子依然持續數年夢想父母會復合。」[9]

也許孩子一直在看《天生一對》這部電影（事實上是兩部，一部是1961年的原始版本，一部是1998年的翻拍）裡面有一對同卵雙胞胎，嬰兒時期父母離婚便分開，後來兩人在夏令營不期而遇，於是兩人互換身分去接近另一個非監護人父母。這部電影實現了多數父母離婚孩子的幻想，當雙胞胎的計劃被發現後，分離的父母再次團聚。這部片膾炙人

口，但哪裡會有孩子想要看到電影最後雙胞胎必須孤單回到只有一個爸爸或媽媽的家中，那不是快樂的結局。

利奇博士在書中提供了實用的建議，並說明她最重要的觀察：「這是第一代父母可站在一個位置，瞭解到自出生甚至出生前，孩子的依附感首先是對母親（或替代性角色），然後很快是對父親，父母的責任不只是對孩子當下明顯的健康快樂，也是為了孩子完整的成長與發展，大腦與身體，現在與未來，但相對卻很不明顯。」換句話說，你的離婚不僅是關於結束婚姻，也塑造了孩子的情感、行為和心理的未來。「無論父母離婚的子女是6個月或6、16、26歲，」她寫道：「使得家庭分裂，父母分居，子女一次只與單親互動，孩子的情緒實際上永遠都會是破壞性的、痛苦的、困惑的、悲哀的。」

利奇博士提出了另一個關鍵：「一想到約有一半的孩子都經歷過家庭破裂，卻鮮少有人探討這件事，真是令人訝異。如果你的孩子求學期間有一半的孩子要面對身體受傷，例如失去部分四肢，大家都會一直談論這件事。」

但離婚的父母卻在孩子的自然恢復力神話中尋求遮蔽，藉此自私地為他們所造成的傷害得到安慰。利奇博士寫道：「孩子適應新環境、新關係，他們有何選擇？但即使傷口看似癒合，傷痕也永遠會留著。」

利奇博士承認，分居和離婚由於「兩性關係安全閥」而必須存在，但她擔心「兒童的福祉……正由於安全閥的運用方式而處於不必要的風險之中。」她敦促父母把孩子放在第一位，站在孩子的角度檢視離婚。即使由於婚姻不幸而獲得救贖的人，也應將孩子的福祉視為決策的第一優先。

隱藏人性的情緒

相對於潘妮洛普・利奇坦言離婚對於孩子的實際影響，愛德華・法柏博士則敦促離婚的父母不必太過重視自己的情緒，而是要延續「共同

養育」，因為孩子需要父親也需要母親。他於著作中《我恨前任，但養育我們的孩子》提出情緒會展現在各種情況中：「不要罵前任是個混帳王八蛋，那個賤貨賤男人，或過分客氣稱呼某某先生女士，甚至不帶髒字但聲調裡帶著嘲弄。」[10] 但他仍然敦促離婚後遵守他的「離婚後互動規則」：（1）孩子需要父母雙方；（2）離婚後父母降低衝突；（3）父母雙方做出決定。

我的回應是：「說來容易做來難。」為什麼？因為衝突是不可避免的，在這種情況下，人們會尋求權威支持，以指責別人說：「看吧，你應該要理性，這本書就是這樣說，但你卻不理性！」

衝突持續使夫妻兩個人無法繼續共同撫養孩子，離婚之後自由自在，可以任意發洩，想做什麼就做什麼。即使配偶為了婚姻問題而進行治療並改善，也無法抹除過去的歧見，令人回想起紛爭。你可能會回答，傷疤和回憶可能會影響婚姻的重生，的確如此，但你可以選擇維持婚姻，讓你和配偶延續彼此的關係，一起專注於未來。

離婚並不僅是婚姻失和的「下一步」邏輯動作。無論如何，離婚都是由情緒所主導的死結，在定義上會將孩子的生命分散為兩個對抗的世界。

我想強調，離婚經驗在根本上並不是程序性的，或有秩序的，也非法律的，而主要是情緒化的。像法柏博士一樣想要告訴父母控制情緒，為孩子的福祉保持頭腦清楚，態度冷靜，我只能祝你好運。「當共同養育原則遭遇衝突，雙方無法達成妥協，對孩子已證明產生負面影響，必須尋找具有創造性的替代解決方案……。」注意這裡所說的，是誰要去「尋找具有創造性的替代解決方案」，然後說服分離的配偶去執行？

法柏提供案例研究，以說明人們如何處理養育子女的衝突。理查和莫妮卡為兒子究竟應該上基督堅信禮或猶太成年禮而發生爭執，兩者都會影響週末的孩子探視。最後他們在導師安排下妥協，決定參加經調整後的猶太成年禮。這個例子的寓意是：「你不再能完全控制孩子的價值

觀、學校、宗教、道德教養，這些都要與曾經相愛但如今愛已不在的人一起共享，形成商業關係。」

這樣的前例你覺得如何？如果你離婚，你Pinterest頁面上的挫折不會斷。當然，不見得每個家庭都有宗教衝突，許多孩子也在離婚父母雙方爭執之下長大成人，雖然傷痕累累，但終究是個對社會有貢獻的成人。但現在你仍然可選擇，不讓孩子產生情緒傷害。由於維持婚姻，可預防離婚後家庭與不同生活方式所產生的糾紛，以免孩子留下永久的傷痕，就算他們最後能夠克服這些影響。

為孩子維持「低度衝突」的婚姻？

1981年，美國總離婚率迅速上升至巔峰35%，研究人員開始分析無過失、無污名的革命性婚姻。他們發現，由於父母必須追求自我實現，離婚連帶影響孩子受到傷害，負面影響甚至會延續到孩子進入青年期。教育工作者和心理學家（包括我）也開始疑惑，這種新的非批判性離婚是否會造成孩子更大的傷害。

安德魯‧徹林鼓勵家長跳脫新的「旋轉木馬式婚姻」關係，他揭露美國當地孩子所受的情緒傷害，因此力勸父母無論有沒有結婚，都必須相守在一起。「穩定的家庭，無論是由一位或兩位家長領導，孩子都不需要重新調整失去父母以及父母形象的損失，或接受繼父母等新成員，以及對方可能帶來的其他孩子。」[11]

一場離婚會掀起一連串破壞孩子安全感與長期心理健康的事件。根據整個90年代的研究，父母離婚的孩子有各種疾病，包括心理、行為和生理疾病。由朱蒂斯‧華勒斯坦（Judith Wallerstein）所率領一項主要長期性研究顯示「離婚的主要影響……會在成年後出現，成為嚴重的感情關係問題。當要選擇生活伴侶，建立新家庭的時候，父母離婚的效應便會漸強。」她定期訪談幼兒期到成年期的父母離婚者，表示所有父母離婚時所遭受的懲罰和痛苦，只是離婚終身惡果的簡單版示警。[12]

哈佛大學的莎拉‧麥克蘭那（Sarah McLanahan）與麻州大學蓋瑞‧桑得福（Gary Sandefur）整理了美國數個關於離婚單親家庭如何影響兒童的長期性研究，所發現的並不完全符合提倡離婚者的想法：「一個在單親家庭成長的孩子，平均來說，無論種族、教育背景、孩子出生時是否已結婚、是否曾經再婚，都比不上在親生父母家庭中長大的孩子。」[13]

關於離婚具有永久負面影響的壞消息，造成了很多人的抵抗，特別是過去被捲入離婚漩渦的人。無奈木已成舟，由於媒體使得離婚不再有污名，很少人想要回頭譴責那些離婚的人。當然是否在一些情況下，退出不好的狀況對於孩子就像父母一樣有利嗎？芭芭拉‧懷特黑德（Barbara Dafoe Whitehead）描述了這種研究的「浪潮」，旨在證明各種社會可接受的立場。第一波分析是在離婚高峰十年的「爭議的推測路線」。有一個研究是比較盛行的新離婚，與從前一位父親死亡通常會被家庭排除的時代。[14]今天父母離婚的孩子，只不過是在面對一種新的歷史問題。

另一種「爭議路線」觀點更為明顯，即離婚對父母和孩子來說都是新的開始，可促進自我發展，獲得有用的能力。由於母親變得更快樂，可撫育更快樂的孩子，克服了沒有父親的缺點，而離婚的經濟損失將因女性在職場所綻放的新機會而抵消，並有各種托育機構之便。

但在第一波思考之後緊接著是第二波浪潮，包括一些長期追蹤離婚家庭的研究，設計完備，為離婚對孩子完全有利的希望，增添了謊言。研究顯示，離婚對孩子毫髮無損，而且與一般有雙親的婚姻相較，單親、共同監護和「混合」家庭對孩子更有益。如同大衛‧白金漢（David Blankenhorn）寫道：「婚姻對人類有許多好處，但這一件可謂最佳：孩子有生我的母親和父親。」[15]

鑑於許多人苦於自己、父母或親朋好友、同事的離婚，以及許多人對離婚者的支持和鼓勵，許多人想要明確知道所有苦難都是值得的。此

外，迅速發展的離婚產業也試圖轉移威脅。由於離婚需要寬鬆空間，各種治療師、婚姻顧問、心理醫師和「人生教練」，已為經濟提供燃料，銷售八卦小報，供應客戶（包括孩子）。

有一種鼓勵父母離婚的方法是建議，總體來說，離婚可讓一些孩子過得比父母在一起還要更好。你經常聽見這種說法。因此研究人員進行分類，找出哪些是可能會傷害孩子的問題婚姻。

根據保羅·阿馬托（Paul Amato）和亞倫·布斯（Alan Booth）的12年長期性研究——離婚前家庭環境品質，「高衝突」婚姻（虐待或激烈打鬥），孩子受到離婚的傷害較小，通常可受益於父母離婚。[16]脫離緊繃環境的孩子，雖然失去雙親優勢，卻可得到其他補償。然而高衝突只占離婚案件中的15至25%。

絕大多數離婚所拆散的是「低衝突」婚姻，通常孩子甚至不知道有問題。「低衝突」可能表示夫妻經歷了憤怒、怨恨的「修補」，或配偶之一感到不快樂、不滿足。研究學者贊成這些婚姻可延續，經過協調大致會有進步，不致於造成孩子永久的傷害。康士坦斯·阿榮斯（Constance Ahrons）從她的長期性研究中發現，三分之二的離婚可能都是屬於這種能夠修補的婚姻。[17]

阿馬托博士的研究包括2千位已婚者和7百位小孩，結論如下：「55%到60%的夫妻婚姻並不糟糕，只是沒那麼開心。」這種婚姻崩潰時特別會造成傷害。來自低衝突家庭的孩子，比高衝突家庭的孩子更可能面臨嚴重問題。「這些低衝突的離婚會造成孩子很大困擾，」阿馬托博士警告說。「孩子第一次察覺問題是回家以後發現爸爸已經搬走了。」[18]

甚至聲稱「努力協助更好的離婚」，Divorcesource.com也承認低衝突婚姻的孩子傾向於「將父母的離婚視為自己的悲劇，無論在心理上還是社交上似乎都會經歷混亂的不幸，甚至造成包括他們自己日後形成優質親密關係的能力」。

這個訊息告訴我們，維持或甚至改善低衝突婚姻的不滿情緒，可拯救你的孩子。無聊、缺乏關愛、興趣不合、偶爾的衝突，於是你開始覺得想要一個嶄新的開始，但卻逃避不了離婚將會為你與孩子帶來的許多新問題。

我永遠都是父母離婚的孩子：長大成人的回顧

父母離婚的孩子長大成年以後，並不太會認為自己的生活是一場喜劇，而且由於這種普遍的經驗，史都華·齊徹曼（Stuart Zicherman）決定挖掘其中的喜劇成分，並執導2013年電影《老爸老媽離婚時A.C.O.D.》。主演包括我最喜歡的演員：凱瑟琳·奧哈拉、艾美·珀勒、珍·林區。這是一部孩子長大成年的悲慘故事，關於兩個荒誕的離婚者、新家庭、原生家庭，故事主角演員是亞當·史考特，他發現自己童年時期的「治療」竟成為一本書《離婚的孩子》的一部分研究，於是他翻閱這本書，發現自己在書中化名為「瑞克」，他持反對意見，認為離婚是「一場完全的災難」。他弟弟的婚禮現場重現了全家一直以來的爭執，離婚的父母抓住從前的理由繼續爭吵。「你們兩個剛才把9年的婚姻吵成了一場百年戰爭。」兒子對父母說。

即使父母能夠互相待之以禮，離婚對孩子生命的侵擾感覺就像會維持一百年之久。離婚時幼兒會得到大人的關心和保護，然而一旦到了18歲，人們便假定孩子能成熟地處理父母離婚。多數情況下，孩子沒得選擇，只好適應。其中不少變得比一般人成功，但過去總是無法逃避。即使長大之後已是最成功的成年人，依然要繼續處理父母離婚的後果，承擔感情債。

派蒂、山姆、馬修和珍妮絲四個兄弟姊妹，父母在離婚巔峰時代分手的時候都不到10歲。女孩與媽媽住，男孩留在父親身邊，一段時間後互換。派蒂後來成為高中數學老師，她記得經常在汽車裡等待。「我有點討厭我們像乒乓球似的從桌子一邊打到另一邊，」她現在終於

說了。「我看見離婚的巨大邏輯混亂，當我和父母其中一個在一起的時候，我和珍妮絲就好像他們行程的附件。」

父母共同監護的童年，影響了四個兄弟姊妹各自不同的婚姻行為。「我不想結婚，」派蒂輕笑道，「因為萬一離婚，我會變成行事曆和車子的奴隸。」成年以後她前後與三個男性同居過幾年，和她的朋友一樣，大家都是「連環一夫一妻制」。現在派蒂40歲，她有點遺憾沒有結婚，在考慮要不要去精子銀行，以免錯過當母親的機會。

派蒂告訴我，山姆、馬修和珍妮絲也都逐一脫離了傳統婚姻的道路。「山姆成為人類學家，在玻利維亞與一個女子結婚，不過對方一懷孕他就離婚，回到美國，現在和一個女人同居，對方有兩個前次婚姻的青春期女兒，不過主要是前夫在帶。

「馬修，」派蒂回想，「總是試圖修補我父母之間的敵意，他真的好有同理心，所以他成為牧師，我們都不驚訝。」珍妮絲呢？「她有三個孩子，兩個來自兩次短命的婚姻，另外和現在的男孩有一個2歲小孩。她畢業於商學院，現在是一間頗有名氣科技公司的財務總監，所以負擔得起孩子們的生活。」

讓我震驚的是，這四個兄弟姊妹，其中沒有一個是結了婚，雙親撫養孩子的家庭。四個人都好像不想與另一個人有完全承諾。我的研究表示，這是父母離婚孩子最常見的心理反應。或許父母離婚的孩子因為「兩個世界」生活的不安和迷惑，受到影響所致。

這是社會學家伊麗莎白・馬奎特（Elizabeth Marquardt）所提出的理論，她以1千5百名隨機選擇的青少年進行為期3年的研究，隨後寫成《在兩個世界之間》（*Between Two Worlds*）一書。[19] 這些青少年其中有一半成長於完整的家庭，另一半在14歲之前父母就離婚了。這份漫長而完整的調查，呈現這些青少年後來如何看待自己父母，如何看待自己父母的離婚，以及自己反應的演變。馬奎特揭示了離婚一系列令人不安的心理和情緒後果，一直延續到數十年後。作者寫道，她也依然受到自

己父母離婚的影響，當時她還是一個學步期的孩子。

馬奎特指出，離婚最主要心理傷害是「自我分裂」。由於自覺無法融入環境，孩子產生了不同的人格。「離婚後與父母雙方皆保持聯繫的子女，幾乎有三分之二覺得自己是在兩個不同家庭中長大的，而非一個家庭。」馬奎特報告，「在兩個世界中成長，造成孩子無盡的痛苦。最初也麻煩的問題是，孩子不再能像自己人一樣仿效父母，而是成為大家庭的一部分，除了孩子還有其他眾多成員。」相反的，「我們既是父母雙方世界的自己人，同時也是外人。當我們行為像另一個父母，或在一個世界中分享別人不太知道的經驗時，我們就變成外人。」由於持續在兩個家庭間轉換身分和規範的壓力，造成孩子永久性的緊張，時時感覺混亂，需要不斷重新定位。

馬奎特解釋，意見不合的已婚夫妻，為了和睦相處，想要消弭個人「世界」的差異。因此共同解決問題，孩子看到父母合作解決了歧見。但離異的父母根本不需要一起生活，所以毋需並肩合作，將兩個不同的世界連結起來。當父母的目標或規則彼此衝突，解決這些糾纏便成為孩子艱鉅的任務。「父母是對我們啟蒙來說最重要的典範，但他們不再為了向我們交待一個合理完整的家庭而彼此磨合……相反的，父母兩者之間的磨合，從此只存在於孩子的內心。」

為了應付這種負擔，孩子表現了令人驚訝的「彈性」，所採用的策略和承擔的角色，都與完整家庭中的孩子截然不同。根據馬奎特的研究，孩子為了能夠融入父母兩邊的環境，時時觀察父母，行為小心翼翼，變得成熟，像個「小大人」。家庭裡面的角色翻轉。完整家庭的父母會保護孩子，離婚父母則自身難保，也造成孩子繞著這兩個世界轉個不停。很多研究中的孩子變成父母的保護人，讓父母放心，感覺孩子依然愛他們，常用的一種方法就是幫父母安排盛大的生日慶祝會。

哈倫的故事便印證了這種情形，我遇見他時他28歲，父母在他12歲時離婚。離婚前父母曾分居過幾次，父親總是外遇不斷，母親終於受

不了痛苦。由於哈倫的一個哥哥罹患亞斯伯格症，另兩個哥哥年紀較大，在上大學，留在家的哈倫便擔起安慰母親的任務，他關心母親勝過自己。當他看到母親情緒崩潰的時候，會趕快照顧哥哥，讓哥哥不要煩母親；母親需要發洩的時候，哈倫就是傾訴對象，不過他不喜歡聽母親生氣抱怨父親。這樣經過數年，父母終於離婚，哈倫也繼續當乖孩子。他的成績受到影響，但哈倫很聰明，不太唸書也能過關，畢竟家人排在第一位。

哈倫快30歲的時候，大部分同齡朋友都已成雙成對，他也與女孩約會一段時間，她會愛上他（畢竟，他總是表現殷勤，是很好的傾聽者），然後他會發現一些不完美的地方，用個藉口打發她分手，同樣的情形一再重複，可愛的女孩一個個傷心欲絕。多年以來，哈倫都是帶著母親去看醫師，安排阿姨、舅舅與母親聚會，哈倫就像膠水，把家人聚集在一起。母親罹患癌症的最後，他交往了一個女孩，終於覺得自己自由了，可以過想要的生活，於是他娶了女孩，還好在母親過世以前，有看過他未來的妻子，這對他來說意義重大。

父母離婚的孩子儘管有兩個家庭，在馬奎特的研究，他們依然感到孤獨。「要提出一個父母離婚孩子所共有的經驗，那麼就是孩子心中的孤獨感。」在她的研究中，這些孩子認為「小時候我總是很孤單」，人數是完整家庭孩子的三倍。離婚讓孩子變得要靠自己。由於父母想要分開住，加上法院限制令和交通不便問題，使得孩子比較無法親近父親。由於父母離婚，他們重新回到單身世界。馬奎特也指出「孩子通常沒辦法接受父母的男女交往，特別是在離婚初期階段。」

但孤獨反而可能是離婚後孩子最小的問題，其他還有綁架等。一個家長未經同意帶著孩子逃跑的可能性，現在全盤納入安置兒童的考量，另外還有「監護」、「探視」等規則，馬奎特將這些字詞都與罪犯和監獄連結在一起。在她書中最感人的部分，敘述了自己13歲時的經驗，當時母親警告她要防止弟弟被繼父綁架，他有一台白色貨車。馬奎特愛

繼父，但卻被告知要小心，保護弟弟。

「不過白色貨車從來沒有出現，幾個月後，我們才知道繼父已經自殺，害怕綁架的心情轉變成悲傷。後來有好幾年，每次我走在馬路上看見白色貨車，心中都會出現災難降臨夾雜高興的複雜感覺，我很想再見羅勃一面，但同時又因害怕而遲疑。」

孩子面對各種不同的指示，會變得不安，只好被迫注意父母雙方偶爾的爭執，夾在兩個世界中建立自己的道德標準和價值觀，成為馬奎特所說的「早慧的偽道德者」。有些孩子會變成道德變色龍，以順應當時環境的期望。有些則會產生極端的宗教、學術或運動標準。有些甚至會操縱操弄，玩弄父母於指掌間，或無視、反抗父母的要求。馬奎特所研究的父母離婚孩子，比完整家庭的孩子，價值觀更可能與父母差異很大。

馬奎特的發現，促使離婚的父母想要問：「那麼，離婚如何安排對孩子最好？」她的回答是：「我在研究中的所有發現，以及我自己的生活經驗，所得到的結論是，無論什麼情況，孩子最好還是和父母一起住在同一個家裡。」她承認，高度敵意與暴力當然會導致離婚，「但是，」她警告，「近來以離婚收場的婚姻，也就是三分之二的婚姻，其實都屬於低衝突。這些遭遇困難的婚姻，最有希望為了孩子而得到挽救和力量。」

「為了孩子」這是一句不討喜的話，「為了孩子」而維持婚姻已然是老派思想，因為「自我實現」凌駕於「責任」之上。夫妻共同度過煎熬，牴觸了一般人所接受的觀點，認為不快樂的父母會使孩子不幸。「為了孩子」而努力，表示質疑孩子的恢復力，不信任孩子都具有適應變化的能力。但正如我們所見，大型研究顯示，孩子會因父母離婚而遭受各種負面影響。為了孩子的福祉而維持婚姻，或許是已婚夫妻最重要的承擔，為了孩子的未來。

美國認證社會工作師伊麗莎白・喬伊・拉莫特著有《克服父母的

離婚：五步驟獲得快樂的關係》（Elisabeth Joy LaMotte ,*Overcoming Your Parents' Divorce: 5 Steps to a Happy Relationship*），書中假設讀者感情生活的混亂乃源自父母離婚。[20]畢竟，整個離婚產業賴以維生的方式是抹除夫妻關係，因此污名不斷。

拉莫特認為，父母離婚的孩子，成長過程中最麻煩的問題是對感情承諾的恐懼。書中對此情形有一些可愛的描述，例如「選糖果不要蘋果」，表示應急的湊合不見得對你好。「租房不買房」表示不對某人進行長期投資。拉莫特女士的解決方式是，運用自己的成熟，去分析伴侶對你父母離婚的經驗和感受，找出你自暴自棄的原因，藉以修正。[21]她的終極發現是，藉由從伴侶的角度完整了解離婚，可降低對於承諾的恐懼，使得長大成人的你繼續前進。

如果你還沒離婚，還有機會避免孩子一輩子的自暴自棄與婚姻問題，難道你不願為他們這麼做嗎？但不要為了孩子而咬緊牙關忍受痛苦，更要為了你自己，讓婚姻站穩腳跟，孩子才能有所依靠。

離婚與孩子的未來

馬奎特的研究描繪了一部分父母離婚孩子所遭受的心理傷害。但除此之外，父母離婚還會影響孩子的健康、學業成績、職業生涯和經濟成就。

在2011年保羅・阿瑪托、珍妮佛・肯、史賓塞・詹姆斯（Paul Amato, Jennifer Kane, Spencer James）的文章「重新思考所謂的『好離婚』」[22]，將研究結果統整如下：

鑑於孩子需要穩定才能茁壯成長[23]，在短時間內各種改變的累積效應，增加孩子面臨各種問題的風險。儘管在父母極力支援之下，即使孩子並無產生顯著的臨床疾病，離婚仍會造成孩子長期不快樂、混亂和痛苦。[24]

關於離婚有一些對孩子所造成的傷害，特列舉之：

更可能吸菸：男性在18歲前父母離婚，有39%較多吸菸的可能。女性在18歲前父母離婚，則有29%較多吸菸的可能。這些數據已經過控制篩選一般與吸菸有關的因素，例如教育程度低、低收入、焦慮和憂鬱、童年創傷諸如父母毒癮或童年生理虐待、性虐待或情緒虐待。[25]

更易罹病：父母離婚與孩子生病顯著相關。[26]

數學能力和社交能力遲緩：一項2011年的大型研究，追蹤兒童自幼稚園至小學五年級時期，發現父母離婚的孩子在數學和社交能力方面落後同學，而且也有焦慮、壓力和自卑傾向。[27]

高中更可能退學：加拿大一項研究，追蹤1984年出生的9,403名兒童，發現孩子在18歲之前父母離婚，高中畢業的可能性明顯降低，而且父母離婚時孩子年齡愈小，愈不可能完成學業。[28]

更可能成為少年犯：一項明尼蘇達的研究，少年犯罪是否來自基因（「先天」）或父母離婚（「後天養育」），包含406個無親緣與204個有親緣家庭，結果發現這些離婚家庭中的青少年，更容易受到他人慫恿的影響。[29]

更可能生活貧窮：2014年美國有34%兒童在單親家庭中生活。[30]根據麥克蘭那與桑得福的研究，離婚後非貧窮母親和兒童的收入下降50%。「由於單親媽媽工作不穩定，這些孩子持續經歷經濟上的不穩定，造成親子關係也隨之緊密或疏離。」[31]

更可能離婚：尼可拉斯‧渥福爾2005年的一本書，《認識離婚週期：父母離婚孩子的婚姻》（Nicholas Wolfinger,*Understanding the Divorce Cycle: The Children of Divorce in Their Own Marriages*），檢查兩個大型數據庫，發現親子兩代之間的離婚週期關係：「許多家庭不止有一個孩子，在離婚的家庭中長大的孩子，更有可能結束自己的婚姻。」[32]

更可能自殺：對4萬9千人次進行人口普查，經控制主要變因的數

據分析顯示，父母離婚使子女嘗試自殺的可能性增加14%。此外無論是否離婚，父母酗酒也會影響子女自殺率提高了85%。[33]

更不可能提高收入階層：「離婚特別會造成兒童的流動性傷害」，一項在2010年大規模長期研究的結論，發現最低收入階層三分之一的孩子，「只有26%父母離婚的孩子成年以後移動到中間或前三分之一收入，相較於父母維持婚姻的孩子為50%。」[34]

離婚對孩子所造成的傷害後果清單還沒結束，但我在此要調和一下這些壞消息。其中許多研究所依據的數據是來自於2、30年前，需要更新。現在離婚的父母比較會以創造性的方式安排孩子的監護時間，而治療師、律師也積極營造離婚父母間可行的關係。

但在經濟上，離婚畢竟會帶來巨大打擊，而低收入家庭更會遭到雙重打擊。「婚姻結束時，過去家庭用以建立財富的方式，現在以相反作用榨乾銀行帳戶，」琳達‧偉特和瑪姬‧蓋勒格於《結婚案例》（Linda Waite & Maggie Gallagher，*The Case for Marriage*）書中寫道：「為保持同樣的生活水準，兩個家庭需要的錢比一個家庭多，在生活型態上約多需三分之一的收入。」[35]

自我定位

離婚迫使中低收入家庭要分割有限的資產，所以夫妻雙方和孩子拿到的會變少。例如夫妻通常會將房子出售並對分售金，每個配偶各得一半，卻失去居住的地方。首先你告訴孩子父母要各走各的路，然後奪走孩子和家人一起居住的房地產，一個定義為家庭的地方。房子代表的意義是定位安全感。離婚以後孩子除了傷心損失，還要去適應兩個變小的住所。

孩子總是對自己從小生活的房子具有美好回憶，即使父母失和也無妨。由於三分之二離婚夫妻進行「低衝突」生活，大多數孩子仍喜歡自

己的家。即使在不幸家庭，孩子仍會在家裡找到自己的庇護位置，一個舒適區。有個12歲的女孩會坐在媽媽的大衣櫃裡，聞著媽媽香水的芬芳，心裡覺得很安心。有個9歲的男孩在後院挖了一個大洞，蓋上夾板和落葉遮掩。即使是幼兒，在自己的臥室裡甚至床鋪上，由於是平時睡醒熟悉的地方，仍然能夠感受到父母的關愛。離婚時的大拍賣，將全家一起生活的美好記憶一併賣掉了。你盡可告訴孩子大家還是一家人，你對孩子的關愛比從前更盛，但賣掉自己的家、孩子的避風港，卻破壞了這些保證。

對於成人來說，住在一間房子裡4、5年，可能只視為人生一段短暫插曲，但對於小孩來說，4、5年已是他們人生極大的比例，因此成人必須注意房子對孩子的意義。你可能只認為房子是可分割為兩半的資產，但無論是否離婚，賣掉房子都會迫使孩子進入創傷的轉變期。從前關於家庭的美好記憶，都受到離婚所帶來的痛苦與破裂影響所污染。還有倉促搬新家的混亂，成人很少有時間想要為舊房子悲傷，孩子卻會很傷心。

我永遠不會忘記我的客戶阿曼達，結婚7年，律師丈夫有了新愛人，於是「拋棄」了她。兩個人的兒子傑西6歲，正上一年級。阿曼達一直是個家庭主婦，丈夫的離婚協議把房子留給妻子，另負擔子女撫養費和贍養費，所以阿曼達可留在傑西唯一熟悉的家裡，街上有朋友，可和隔壁的狗玩，不過她一想到丈夫把現在的女友帶到家裡，甚至大膽用夫妻兩人的臥室約會，極盡骯髒污穢，她想到就發瘋。房地產市場正在復甦，儘管她現在澈底擁有房子，卻不得不搬家。

阿曼達聘請房地產經紀人的朋友，他建議她進行幾處房屋修繕，刷新油漆，前院換新的花，阿曼達都照做。然後，她逐一審視家裡的物品，選擇哪些要打包。真是精神折磨。她最喜歡的物品有很多都是結婚禮物，但她一再對自己說：「我必須繼續往前走。」當傑西走進餐廳，阿曼達已經堆起幾堆物品，有的要捐到慈善商店，有的要送給親友，有

的要保留。

「你怎麼要把我的維尼熊盤子送人？」他想知道。「我喜歡那個盤子！」

阿曼達想起3、4歲的時候，傑西怎麼也不吃綠色蔬菜，但用維尼盤子裝就吃了。「你現在是大男孩了，可以用像媽媽的大盤子。」

「我還沒有很大，還可以用維尼盤子！」傑西抗議。然後他看看另一堆，發現了感恩節用的大盤子。「我都從那個盤子拿小雞腿！你不能把它送人。」

「太重了，不能帶走。」阿曼達回答。

「不，不會。我來帶。」然後她必須一一向難過的兒子說明「放棄」其他物品的理由，因為幾乎所有物品都是來自這個帶給傑西安全感的家，他全都想保留。

幾個月後，她在我的辦公室涕淚縱橫地描述這段情況的時候，我了解她的悲傷。現在她住在租來的房子裡，不再那麼寬敞，也不符合她的品味。到這個時候，除了盡力整理變小的家，處理離婚事務，其他也無事可做。傑西的新房間是運動風格，有足球和棒球，但他在週五和週六晚上到父親家裡住，週日晚上回來，他有時會不知自己身在何處。

阿曼達如今後悔當初把房子賣掉，後來房地產市場起飛，如果當初不是在情緒刺激的衝動下，售價絕不僅如此。但更重要的是，現在她也發現搬家對傑西的傷害。雖然週末還是必須往返爸爸的家，但搬家卻造成他每天晚上都必須重新適應。除此之外，他離開朋友很遠，從前他去朋友家玩，朋友父母會順道監護孩子。阿曼達變得要開車送傑西上學，放學他則坐公車回來。但現在她在找兼職工作，搬家造成她接送孩子變得更加困難，不過更嚴重的是看見傑西覺得孤單困惑。

為了盡量減少對孩子的干擾，有些離婚的父母犧牲自己，想出一些有創造性的居家。其中代表性的是2003年《華爾街日報》上面我一直提到的一篇文章：「琳達·史都華（Linda Stewart）離婚的監護權協定，

人們看見離婚造成有孩子的家庭出現一些常見的困難，其中一點就是孩子必須在兩個不同家庭之間來往的例行公事。但造成這種情形的是父母，而不是孩子。」[36]

琳達和前夫兩個人都到一直以來的密西根老家分別輪流各待一週，沒有輪值的時間，父親便住在附近的汽車旅館裡，而母親則在附近農舍租了一間房子。雙方都承諾會盡量維持這種安排，直到最小的孩子上大學為止。「如果這對我來說很難，那麼孩子被迫整理行囊，換桌子寫功課，沒有朋友來玩，豈不更難？」史都華女士說。

這種安排被稱為「育雛」（birdnesting），因為就像撫育幼鳥一樣，親鳥將幼鳥留在窩裡，輪流飛出去捕捉昆蟲。由於有愈來愈多的夫妻嘗試合作、調解離婚，尋求低衝突方式來照顧後代。在一些案例中，離婚的父母甚至為了孩子仍居住在同一屋簷下，只不過分別在房子兩端。

以好萊塢為例，「廣告狂人」演員安妮·都德克（Anne Dudek）便與前夫馬修·海勒（Matthew Heller），還有葛妮絲·派特羅與前夫克里斯·馬汀，都進行「育雛」實驗，並引起媒體關注[37]。不過由於費用昂貴，加上需要雙方合作無間，很少有夫妻能夠為了長遠的未來而堅持到底。大多數情況下，這種情況是在賣掉房子或其中一方再婚之前的過渡時期。

不過，還是有家長決心要做好。2005年《舊金山紀事報》描寫了羅勃和朱莉·克里斯曼（Rob and Julie Chrisman）兩個人結束11年婚姻之後，以「育雛」方式扶養兩個孩子4年。[38]律師為兩人擬定好一份共享房屋涵蓋各方面的合約，從房子開銷到個人衛生，鉅細靡遺。

「人們說，『你們為孩子做的事真偉大，換了我是做不到的。』」朱莉指出。孩子也發覺他們的居住計劃很特別。13歲的羅比說鄰居「離了婚，真的什麼事都互相看不順眼。」因為對方爸爸偷偷回來幫孩子做鬆餅，結果媽媽就去申請禁制令。10歲的瑪麗說，「她去朋友家看見別人一家團圓和樂，覺得很懷念。」不過羅勃和朱莉優先看待孩子的需

求。羅勃說：「我們把個人生活拋在腦後。」朱莉補充說：「如果我想再婚，我不會重蹈覆轍。」

不過這種方式對孩子也有潛在的缺點。如果離婚狀況慘烈，共享房屋頻繁接觸的問題可能再次點燃怒火。如果一切相安無事，由於父母同居一個屋簷下，也可能會造成孩子以為父母有會復合的假象。另一個值得關注的是，由於父母會盡力滿足孩子的需要，孩子會覺得自己「擁有」家庭，產生特權的感覺。

這個方式總共要負擔三個房子，成本太高，另一個以孩子為優先的生活方式是父母離婚後搬到彼此附近居住，有些甚至只隔一個走廊。一個對加州1980年代中期離婚夫妻的研究，發現父母搬得離原來家庭距離愈遠，與孩子的接觸也愈少。[39]因此想要最大程度參與孩子生活的父母，都意願支付接近孩子的額外費用。

賽斯・李維（Seth Levy）和吉娜（Gina）離婚後，他勒緊褲帶，用銀行職員的薪水在克里夫蘭街距離原來大房子不遠處再買了一間房子。儘管他不滿吉娜得到了房子，賽斯決定自己的第一優先是他三個兒子。他想要孩子知道離家不遠處有一個庇護所，大門隨時都開著，因為他沒辦法接受吉娜的新丈夫和他們的宗教傾向，所以想盡辦法要發揮自己對兒子的影響力。

最大的兒子康納15歲，個性最認真內斂，他接受了父親提供的機會，幾乎每天下午放學都會過來到賽斯安靜的餐廳做功課，遠離吵鬧的弟弟們。

賽斯已經想好錦囊妙計。每當康納過來的時候，都會先吃一些點心，披薩或冰淇淋等。此時賽斯一定會和兒子坐一會，聊聊當天發生的事，也分享自己的趣事，然後晚上還會打電話給另外兩個兒子。他與康納在一起的時間，不僅激發了兒子的宗教興趣，也讓所有兒子都知道，爸爸總是在身邊。

不過，即使父母住在同一個社區，來回住對孩子也不是易事。漢

娜‧瓊斯‧勞倫斯（Hannah Jones Lawrence），年近30，擔任網站品牌主管，她回想自己從前往返在紐約西區大道和93街媽媽的公寓，和爸爸西86街的家之間。「有時我真不敢相信自己竟然有這種行程表，」她說。「週一三我會在媽媽家，週二四到爸爸家，如果週末要跟爸爸，過了週五六我就要在週日回到媽媽身邊。」聽起來像父母爭監護權大戰後的典型五五分協議。但這個方式雖然保證了勞倫斯能夠得到父母雙方的撫慰，最後她還是受不了而抗議。高中畢業時，她告訴父母：「我受夠了，請不要再讓我過這種生活了。」[40]

克麗絲蒂娜‧吉帝（Cristina Gitti）和馬提歐‧伯洛葛納（Matteo Bologna）除了搬到附近做鄰居，還進一步一起住在幾年前買的透天厝裡，只是一人住一層。結婚時，這對夫妻和兩個女兒一起住在頂樓，把下面兩層租出去。離婚後妻子繼續留在三樓，前夫則搬到一樓。協議經過4年，如今兩個女兒一個12歲，一個8歲，背著背包上下來回，相安無事，沒有輪到值勤的那一方家長如果想要見女兒，只需事先打個電話即可。[41]

所以最大的問題是，父母面對這些複雜而開銷大的生活安排，是否能夠互相協調，彼此和平共處。既然如此，為何父母不能恢復關係？難道他們不應該因為保護孩子的天性和財務問題，重新互相關愛對方，像他們當初決定要結婚一樣？

「孩子的恢復力」：無情的藉口

市面上有許多書籍幫助孩子度過父母的離婚，我掏出手機拍攝我家附近圖書館架上的這些書，兩三張照片都拍不完，足足拍了四張。這類書籍中無論作者風格、專業背景、個人哲學都各有不同，但卻殊途同歸，有一個共通的主題：離婚不可避免地會傷害你的孩子，還好孩子有恢復力。

遭受家庭重大衝擊的人，事後努力恢復原狀，有誰會爭論這種情況

是否叫做「韌性」？麻煩的是，這個詞代表不費吹灰之力，就像橡皮球天生具有彈力，能夠恢復原狀。不過這種情況不會發生在經歷離婚的大人和小孩身上。或許人們能夠存活，但從此一切便再也不同。

「我們累積6年數據，研究父母離婚後的孩子，發現其中的四分之三發展仍在正常範圍內，顯示孩子的確具有堅強的韌性。」海瑟靈頓（E. Mavis Hetherington）描述自己關於離婚的長期性研究。[42]事實上，她提出「韌性課題」綜結25年研究的終極結果，得到令人欣慰的發現。她觀察到「在發展中似乎有一種強烈的『自我糾正』傾向，努力適應和積極面對所面臨的挑戰，父母離婚的孩子也一樣……。畢竟，適應是人類生存的核心。」

有什麼選擇？活下來，或者……？

是的，根據海瑟靈頓博士評估兒童福祉的研究，有四分之三直接受到離婚影響的孩子，最後落在「正常範圍之內」。不過她也說：「回顧，許多父母和成年子女形容離婚是他們生命中最痛苦的事……。」遭遇劇變，誰又能期望恢復到什麼事都未曾發生過一樣？

賓州大學「正向心理學」大師塞利格曼博士（Dr. Martin Seligman）率領「賓州韌性計劃」（PRP），號稱「世界上研究最廣泛的憂鬱症防治計劃」。然而聽起來韌性似乎只是為了學生福祉所必要的「應對能力」之一。PRP並教導樂觀、現實論、彈性、自信、創造性思考、決策和放鬆。[43]

換句話說，如果你強迫孩子接受離婚，然後強辯「孩子的韌性可以克服傷害」，就是做了兩個沒有事實根據的重大假設：（1）所有孩子都具有各種恢復的能力；（2）在父母離婚過程中，你的孩子每每都能在遭遇挫折時發揮這些能力。

但是，如果孩子尚未發展這種複雜有用的能力呢？有些人天生具有這些能力，有些沒有。有些人是在氣氛低落悲觀的家庭中長大，有些人天生具有憂鬱氣質，還有些人適應了厭世的文化。我們是否也假設這些

孩子是「有韌性的」？說「孩子有韌性」表示忽略許多孩子沒有韌性的重要事實，因此才會需要塞利格曼博士的計劃。

好消息是，孩子是會學習的；PRP有證據顯示，韌性是可以教導的，只要將消極模式轉變為積極模式即可。但即使孩子已具備樂觀健康的態度和能力，克服憂鬱，離婚仍會造成打擊。這是因為離婚的現實無可避免是負面的。盡一切努力求最好結果是一回事；活在幻想世界中又是另一回事。

我在研究所期間在加州大學洛杉磯分校評鑑研究中心工作，協助規劃四年級學生的一個課程，稱作「聰明心智探險」（Heart Smart Adventures）。我們的目標是提高「自尊」，當時這是教育界最主流的行話。「聰明心智探險」拿到經費，是因為我們想教育孩子所缺乏的能力。不過問題出現了，如果孩子需要大人教導他們自尊心還有PRP的其他許多價值和技巧，我們怎麼能假設當遭受生命中最重大的巨變，超乎他們所能控制，而所有孩子都還能發揮韌性，迅速恢復？

韌性是一種高尚的美德，但正如希歐里（Anthony Scioli）博士所指出，韌性的基礎是希望。[44]希歐里博士說，希望來自「依附」或關係。[45]當父母離婚，無論他們多麼強烈堅持自己對孩子的忠誠和關愛永遠不變，但孩子所觀察到的卻恰好與這些保證相反。孩子看見迄今為止生命中的兩個支柱，媽媽和爸爸兩者之間的依附已經喪失。無論你的藉口編得如何美麗，溫柔告訴孩子「媽媽和爸爸不能在一起，所以要分開生活」，或「媽媽和爸爸不再相愛，但我們永遠愛你」，或「媽媽和爸爸都想要有自己的家」，都傳遞了同樣可怕的訊息：媽媽曾經愛爸爸，但現在她已經不再愛爸爸了。接下來，她可能不再愛我。

當你搬出去，分割財產、斷絕關係、週末交換孩子監護權，每一次的變換，都是離婚過程中不斷重複上演的事。孩子一再親眼看見父母不相愛的證明，時時刻刻的憤怒、悲傷、惡劣情緒，即使孩子能夠與父母雙方皆保持密切關係，當父母任一出現公事公辦的無情或冷漠，孩子總

是第一個先知道。

　　希歐里博士說，為了有希望，孩子也需要有駕馭感，覺得能夠掌控自己的世界。[46]但當父母離婚時，每天的慣例被打破，再也無法預期，整個世界不再熟悉，牙刷不知道在哪裡，睡醒在一個不熟悉的地方，把過夜的包包裝滿，種種都在提醒孩子，父母破碎的愛。孩子生活中充滿了雙重性：父母家裡各有一套睡衣，兩邊鬧鐘聲音不同，床的方向也不同，種種都打擊著孩子的希望和長久以來的韌性。

　　離婚可能是孩子最不能夠忍受的無法控制情況。耳朵聽見的是安慰，體驗卻截然相反。父母告訴孩子：「我們永遠都是一家人。」孩子卻明白「無論你有多麼希望我們在一起，共同解決問題，但我們不會」。媽媽說，「你很堅強，處理的方式太棒了。」實際上卻令人感覺悲傷、軟弱、忽略。這種不協調感更增添了痛苦。

　　因此滿嘴都是「正向」訊息，反而適得其反：「哎，媽媽認為我很堅強。我最好繼續保持，別叫她失望」。

　　希歐里博士寫道，希望的第三個條件是「相信自己沒有陷入困境，能夠走出去」。在離婚困境中，孩子將不得不「面對負面情況，堅持正向想法和感覺」，這種努力甚至成年人都不容易達成。18歲以下的孩子只能任意父母安排這種蠟燭兩頭燒的生活，無法「脫逃」。

　　康士坦斯《良性離婚》後續作品《還是一家人》（*We're Still Family*）其中有一章是「培養韌性」，作者指出離婚時，父母的需求和欲望遠勝於孩子。「除了極度衝突與虐待的婚姻情況下，孩子都會想要與父母同住。」[47]因此她建議父母首先要建立支持性的共同養育子女關係，「培養」孩子的韌性。換句話說，最好盡量模仿一般的雙親家庭。其次，如果父母想要盡量降低接觸機會，以避免衝突，可以進行「平行養育」，雙親雙方分別建立正向的關係。這種方式「對於孩子和父母都比較困難」，不過是「比失去雙親其中一方好一點的解決方案」。第三種選擇則比較普遍，通常是由母親擔任「堅強、積極反應、愛護」的主要養育

者，但如果媽媽在壓力產生之下不能獨力做到，無法照自己的意願盡可能堅強、積極反應、愛護子女？最後手段則加入祖父母、朋友和繼父母為「緩衝」。

不過我有疑問，這些「緩衝」的人實際上是否真的會使孩子堅韌。「韌性」在字典中定義為恢復原始形狀、復原，或從不幸逆境或疾病恢復的「能力」，代表韌性來自於內在，在逆境產生之前早已存在。孩子和青少年正處於塑造自己人生觀和應對能力的時期，不能期望他們面對過去生活結束之餘還能迅速恢復。

確實，孩子與生俱有氣質[48]和「能力」，有些能夠應付父母的離婚。根據孩子從前在家中的角色和個性，人人處理危機的方式都不同，最後每個孩子都會以各種不同的能力駕馭生活，但如果你將這種生存力稱為「韌性」，等於是將自己對手無寸鐵的孩子所造成的巨大破壞，所作的一個逃避藉口。

我嘗試以「剝洋蔥」的方式解說孩子的韌性，讓你對孩子心靈的溫柔有所了解和感觸。離婚無法汲取從前不知道的韌性，子受到離婚的衝擊，產生傷口，變得沒有把握，導致可能喪失恢復力。即使你強詞奪理，堅持所有孩子都能從離婚的打擊中恢復，但你憑什麼也這樣要求你的孩子？韌性需要希望、力量、樂觀。研究顯示[49]，孩子的世界崩潰了，造成許多孩子不但不能恢復，反而相反地出現憂鬱症。

父母離婚？令人憂鬱

在政治正確的努力下，為避免個人決定過於「武斷」，學界進行了大量的研究，希望能夠得到離婚並不傷害孩子的結果。至少就長遠來看。至少當離婚後父母在一起的時候。至少如果孩子從前的家是「高衝突」家庭。至少……。

不幸的是，這些數據經過各種角度進行分析，但結論總相同：無論評估結果多麼成功、令人滿意，父母離婚的孩子遭遇的確都比健全家庭

的孩子還要不幸。當然，大多來自破裂家庭的孩子都能平安長大，有些甚至因父母離婚而發憤圖強。這些「正常發展」的孩子，儘管有過去，卻仍能創造自己幸福的生活。他們能夠理解並克服困難、悲傷和不愉快記憶，但無論如何，背後的辛酸總是無法抹除。

關於離婚，書本中最老生常談的是「當生活給你檸檬，就做檸檬汁。」作者拉蒙特在《克服父母的離婚》（Elisabeth Joy LaMotte, *Overcoming Your Parents' Divorce*）一書中，甚至想要說服即使長大成人仍在受苦的孩子，「可能的好處是因恐懼親密關係，而延後婚期承諾」。是的，加很多糖。

你在讀這本書，因為「生活」還沒採收你樹上的檸檬。你有能力維持孩子的世界完整無缺，為孩子保留最基本的優勢，這是確保孩子福祉最有力的方式。

來自破碎家庭的孩子最後獲得成就，你會說他們受益於父母離婚嗎？是否有離婚能夠讓孩子保留所有完整家庭的優點的方法？如果是高衝突、毒癮或虐待的婚姻，孩子的確是與沒有暴力和毒癮的家長在一起比較好。但所有父母離婚的孩子與完整家庭的同儕相較，都會受到缺點所困擾。

朱蒂絲‧華勒斯坦（Judith Wallerstein）對131名兒童以及他們的母親59位和父親48位，進行了長達25年的研究，得到了一些令人沮喪的結論。她的研究遭到批評，因為她所追蹤的家庭沒有全國代表性，但豐富的數據資料仍然提供令人感嘆的重要教訓。「離婚第一代子女在離婚文化中成長，他們的生活史，告訴我們不可忽視的真相，」她告誡，「所傳達的訊息很尖銳、明確，與許多人心裡所想的相反」。當父母宣布離婚時，孩子變得「驚訝又生氣，害怕被父母遺棄，也擔心自己是造成父母離婚的元凶」。在研究定期訪談中，絕大多數孩子告訴華勒斯坦博士：「他們的世界愈來愈像他們所最害怕的，後來成為一個牆壁漏風的『家庭』，家裡多了父母的新對象或繼父母，這些新關係對家裡任何

人都不容易。」你幾乎可從字裡行間聽見她的嘆息,「但父母離婚的孩子受害最大卻是在他們長大成人之後,開始尋求愛情、親密性關係、承諾,離婚的負面衝擊便會顯現。」

跨越30年的研究,證實了父母離婚會增加青少年罹患憂鬱症的可能性。一些研究指出,這是由於孩子從雙親家庭變成單親家庭,財力降低所造成的效應。其他研究則指出,年幼的孩子由於必須面對共同監護的分裂生活,因此更可能罹患青少年憂鬱症。事實上,2004年美國心理協會統整所有研究,指出「雖然想要將影響離婚子女的諸多因素一一分離並不容易,但研究已確立他們比一般完整家庭的孩子,更具高風險的適應問題。例如,離婚孩子的經濟安全感較低,學業成就也較低,較常喝酒抽菸,年輕人的就業率亦較低。」[50]

孩子的兩面生活:你這一面

孩子覺得在父母兩邊來回居住,世界被撕裂,父母也同樣痛苦。1987年《華盛頓州子女撫養法案》取代了離婚後的「監護」與「探親」,以進步的「撫養職能」結構和「居住安排」,為每場離婚量身訂做「撫養計劃」,旨在降低衝突。十年後美國最高法院所委託的研究,透過重點小組蒐集了施行「撫養法」的家長,揭開了家長在離婚後的生活。[51]

如果你是在華盛頓州離婚的家長,生活將依據法庭頒布的時間表。想像一下法庭限制你與孩子在一起的時間,規定每週幾日和「特殊情況」相見。參加1997年研究的家長,不僅在撫養計劃上簽字,還在不同程度上協助設計。然而家長依舊不斷遭受挫折和情緒的痛苦折磨。

我認為一位家長猶豫是否該離婚,多參考前面離過婚父母的經驗,這是有益的。如果你決定離婚,很快就會受制於「系統」。華盛頓州研究的作者黛安・黎(Diane Lye)博士指出:「父母應付『系統』心力交瘁」。一位女性回憶,嘲笑自己從前的天真:

一天我收到這封信，又是另一份表格。每次法院送來什麼東西，總是讓我立刻陷入混亂。我想又是前夫，你知道他總是搞我。我打開信，卻看不懂，上面寫著婚姻解除，要約見法庭執達員。我嚇到了。這些東西和婚姻有什麼關係？我想要離婚，我不知道法庭執達員是什麼。我覺得最好去法院想辦法弄清楚。所以我打電話向公司請假，請一整天。那天晚上，我恢復思考，發覺是輪到我去簽名。不過離婚就是這樣，一堆文件使你處於無法思考的狀態。

離婚過程中，配偶會收到一包資料，包括撫育計劃表。習慣動手作的人會以為這只是一份普通的文件，又不是什麼人生計劃表。一位女性還在廚房桌上填完。有請律師的人毫無頭緒，不知怎麼安排才最好。

如果你要律師幫忙，律師費就會上漲。「與律師共同協作的重點小組參與人（華盛頓州研究），多報告律師費很高。」黎博士說，「有些報告（1999年）的數字是1萬至1萬5千美元，為了支付法律費用而出售房地產、汽車、船隻等資產。」一位家長指出：「我把孩子的大學學費都用來繳付法律費用。」還有兩位父親因此破產。

除律師之外，法院往往還需要額外費用，「包括育兒班、調解、撫養評估，並督察居家時間。」參加人提到費用原因是為了安排或「不爭奪」他們想要的撫育計劃，還有一些人以為會得到更好的判決，「但大多數家長都對民事司法系統產生負面態度，寧願永遠上不了法庭。」

家長回想爭取與孩子相處的討價還價，尤其是付更多撫育費以爭取更多監護時間。大多數夫妻得到的結果都是「每隔一週」，並以「主要居家父母」（取代「監護人父母」的新名詞）在週間和隔週週末照顧孩子；「非居家父母」則是隔週週末和週間有一天可以和孩子在一起。你願意接受這種安排嗎？

其他父母也不願意。有些人評論道：

說實話。我們都希望有更多時間和孩子在一起，但你不能什麼都要。這是離婚的一部分。你必須面對現實。

週三拜訪真的太多了，我看見他們第二天的樣子，孩子都精疲力盡。輪到前夫的週末，孩子總是累壞了。所以我真的覺得隔週週末就夠了。

隔週週末爛透了。整天都在開車，又不是真的和孩子在一起。只能說是去看看孩子。

當然我要反擊。律師說我可得到隔週週末，我說「不，她隔週週末，孩子和我住。」

華盛頓的父母雖然「極少」有共同等分孩子監護時間的計劃，有些父母還是想要：

50 / 50 對分的限制是不公平的。他們說只有在沒有衝突下才可以，但婚姻結束時總是有衝突。這表示一個家長即可否決。而且女性根本不必去要求，因為法庭最可能判給母親。

有些則不想要：

我不想要50 / 50對分，我兒子需要待在一個地方，他媽媽做得很好。隔週帶小孩又不能真的擔任家長職責。

主要居家父母傾向於為孩子做大部分的決定，這也激起了意見分歧。

他從來沒興趣。我想要讓他一起來看看托兒所，他卻說，「你決定吧。」現在他會突然有興趣嗎？

（共同決策）是個笑話。有時她事後才告訴我。

這是我們唯一爭執的事。孩子跟我住，我不想讓決定這件事增添麻煩，也不想受惠於他。所以我會獨自做決定。

撫育計劃完成、簽署之後，你就必須每天活在計劃中，這是現實。黎博士發現，根據不同條件，父母可分為四種風格：靈活追隨者，緊密追隨者，絕對追隨者和抵抗者。放鬆的父母，關係良好，可靈活處理事務。另外三種人的生活則比較⋯⋯複雜。

她不是故意搞砸的，這太複雜了，我們都很忙。她一直打電話給我，說孩子應該在哪裡。還好全部都有寫下來。

她就一直念叨那件事。幾週前，我有幾張（水手隊）免費入場券，位置很好，下午的比賽。所以我打電話給她，看看能不能帶孩子去。我說可以用週日下午跟她交換，反正她不可能白送我幾小時，我也不可能求她。我說會在輪到我那個週日早上早一點帶孩子回去。但是不行喔，就是要照計劃執行，我們必須遵循這個計劃⋯⋯我打賭他們根本就沒事幹。

我每週五都帶孩子去超市購物，一年來他都沒出現過。前夫他們知道我們在什麼地方做什麼，我不可能假裝在購物。孩子心裡很難過。

白紙黑字根本就不值得。前夫有權威問題，他不會遵守任何規則。他想帶兒子回來才會回來，每次我都在想這次他是不是就不回來了。

另外每天都有不同的問題，擔心前任的生活方式會影響孩子，接送，依照計劃執行的費用。現在你們可能忙著處理婚姻的問題；撫育計劃會讓你們面臨新問題。

別誤會，她是個好媽媽，我只是覺得她沒有設立好榜樣。每次我過去，都有不同的人在那裡。喔，人是不錯，我沒說什麼。大家都很愉快，她總是介紹我，一起聊天。但每週人都不一樣。我不在乎那些人是

誰，長什麼樣子，只是這不是年輕黑人女孩的好身教。

我拿到一間房子和一輛車，對孩子是好地方。但他還像個大學生一樣，和一堆人住在公寓裡。我知道那裡有女人，不是個孩子去的好地方。

她搬走，所以現在每隔週五，我都要在交通尖峰期塞在橋上。所以有時沒辦法，我遲到，她就生氣。她一直威脅不願意等我。當然，週日晚上橋上沒人，換她開車過來。

感覺我們好像把所有的時間都花在車上，當然有說話等等好事，不過這不是真的和孩子一起過生活，只是一直在開車。

如果撫育計劃不奏效，或其中一位家長覺得不公平呢？幾乎所有重點小組成員事後都有調停，不過那些混亂局面又是另一回事。

我不知該怎麼做，怎樣發起糾紛調解？我不知道該打電話給誰。

調解要兩個小時，她沒興趣。

我在房裡坐了3小時，問到別人都煩了。沒有談判，他們只是不斷告訴我「這樣做」，所以我放棄了。要是上法院就好了。

你和孩子的生命將受到某位法官的裁決所限制。一些重點小組的父母會將法庭授權的計劃表貼在電話旁或冰箱上。黎博士說，「有些父母把翻爛的厚重影印計劃表文件，帶去給重點小組看，想問怎樣能拿到副本。」畢竟，這些文件上面的規則，控制的不僅是父母，也是孩子的生活。

大多數考慮離婚的人都想要自由，希望未來能脫離無聊、壓迫、敵對、貌合神離的配偶。如果你的配偶離婚就露出這些特質，一旦脫離你的批評和影響，很可能會繼續甚至變本加厲。你的離婚判決使得他是你執行撫育計劃的搭檔，你不但不能脫離這個人，而且還和他綁在一起，

受到你們簽署的法律協議所限制。

如果這不是維持婚姻避免離婚的好理由，那是什麼？

「雙親特權」

或許你聽過學生抗議「白人特權」，白人自認應該享受經濟和社會優勢，只因為膚色。一向發言精闢的丹尼斯・普拉格（Dennis Prager）以透徹的觀點指出，一個人與生俱來的最強大「特權」與種族無關：「如果你是由父母共同撫養長大成人，就比許多美國人更具有特權，而不是人種、民族或性別，這就是為什麼黑人雙親家庭的貧窮率只有7%」，而白人單親家庭貧窮率卻有22%。他總結：「很明顯，決定性『特權』在於雙親家庭。」[52]

家裡有雙親的家庭還具有另一個有力的優勢。在一個親生（或收養）核心家庭中，雙親與孩子的幸福滿足有很深的聯繫，會共同合作，決定孩子所追求的活動和興趣。但離婚之後父母不再做這些決定，也不具有改變決定的彈性，而是由法院接管。「法官根據慣例決定父母離婚的孩子該在哪裡上學、上教堂、上醫院，」維吉尼亞大學心理學教授羅伯特・艾默里（Robert Emery）說，他也是離婚調解員。

結婚時，雙親共同塑造孩子的價值觀和經驗。例如，我自己的三個孩子還小的時候，丈夫和我根據家庭和孩子個別的需求，決定他們的教育。不同時期，有在家自學、公立學校、家教或猶太學校。我們選擇家庭度假和週末郊遊，我們讓孩子去別人家住宿，學期接近結束時，我們會和孩子討論夏令營地和出遊的選擇，依照我們的財務狀況，訂定行程表讓孩子有事做又開心。

但如果你離了婚，不再有共同的決定。孩子也不是由某一方家長來決定，而是受制於法官依據「孩子的最大權益」所決定的法律協議，這是簽署離婚文件的結果，你和配偶不見得願意。若父母意見相左，有時法院會「折衷」處理。父母若能夠達成協議而不經過法官，艾默里博士

說，「父母可達成協議，例如，如果雙方未來無法達成協議，可讓撫養協調員為他們做決定。」[53]

我想說：「誰會想要這樣？」如果你愛孩子，你會希望法官或「撫育協調員」來決定孩子的養育方式嗎？或在最好的情況下，你會想與離心離德的配偶和目前雙方律師，經過激烈爭執，自行弄出一份讓孩子執行到成年的東西嗎？如果你有多個子女，你覺得簽署一個無法隨著子女成長和個人差異而進行調整的計劃，心裡舒服嗎？

你和前任之間的關係離婚多年後不會太和諧，所以無法進行共同決定。華盛頓州撫育計劃研究發現，「雖然75%家長都能夠達成共同決定的撫育計劃，但大部分卻因相處不良而無法確實執行。」即使制定計劃比較自由也無濟於事。「大約20%撫育計劃缺乏具體的分時行程，細節留待父母決定，有研究稱這種方式為『衝突處方』。」[54]

具有「雙親特權」的孩子由帶他們到世界上的父母所撫養，傾注最大的投資和關愛，因此孩子終身受益。家庭維繫在一起，每個孩子都能夠在堅實的基地發展。如果你和伴侶的關係歷經艱辛甚至心痛，但仍選擇克服困難，等於提供孩子安全感，使他們可專注於前途。

不僅如此，你和伴侶也受益於「雙親特權」。還記得孩子誕生時你所感受到的喜悅，奇蹟般的感覺？來自於愛的新靈魂，賦予他們生命，能夠得到滋養和保護這份珍貴禮物的機會，令人感恩。與你一起創造孩子的另一半，不僅因離婚而切斷聯繫，也破壞了你決定和影響孩子發展的能力。

父親的重要性

你是父親，還是捐精人？

在這個年代，你不需要結婚才能當爸爸，只是結婚和捐精大不同。長時間在家持續陪伴孩子，或是完全不照顧自己孩子，甚至渾然不覺一夜情造就了一個新生命。你是屬於哪一種情況？

如果你和配偶、孩子住在一起，參與每天的例行公事、生活的高低起伏，真實地與孩子互動，言教也身教，你將對孩子具有影響。另一方面，如果你總是缺席，沒有和孩子在一起，讓別人幫你養孩子，孩子雖可打電話叫「爸爸」，知道你愛他們，但你的角色會變得完全不同。

既然可以五五對分監護權，其他時間又可利用視訊通話軟體，為何還要堅持痛苦的婚姻？兩個顯見而重要的理由：為孩子好也為你好。

如果活在1950年代甚至60年代，我們會設定爸爸的職責是養家活口。孩子準備上學時，爸爸會跟他們打招呼，然後出門工作。媽媽會照顧家裡，或許穿著襯衫洋裝和高跟鞋，圍著圍裙做果凍。

事實上，我自己的媽媽就是這樣的女性，只是沒穿高跟鞋。她會陪我們孩子走路上學，我們手裡拿著鐵午餐盒，放學的時候她會準備好兩塊餅乾和一杯牛奶，在家裡等我們回家。她會做晚餐，古早日子裡，你需要的「蛋白質」通常來自牛絞肉，「澱粉」是義大利麵或馬鈴薯，還有罐裝或冷凍蔬菜，當然還有很多鮮奶。

生活就像經典的電視情景喜劇一樣，直到通貨膨脹促使物價全面上漲，婦女運動敲開了就業機會，抹除了妻子工作的羞恥。我的二戰退役父親很自豪能夠養家活口（在國家失業辦公室工作），但不斷上漲的房屋稅終於榨乾了家裡的存款。還好那時我媽可以找祕書工作，不覺得丟臉。

現在大多數家庭中，婦女收入已成為經常性開支如醫療、托兒、牙齒矯正、網路服務、電腦雲端備份、多台手機等必要的部分。許多新企業都會從你的家庭預算中每個月固定扣除費用，如：家庭保全系統、衛星電視、健身房會員，這些付費服務，使你能夠得到信用評分，再購買其他服務。1960年，70%家有18歲以下子女的已婚夫妻依靠父親一個人的收入，只有25%夫妻雙方都有收入。但到了2012年，變成60%的夫妻都有收入，只有31%的夫妻生活依賴父親收入。[55]

如今媽媽的工作對家庭生活的重要性變得與爸爸一致，因此父親的

職責何在？榮譽何在？家裡為何需要父親？熱戀和激情所促成的婚姻，隨著孩子來臨而澆熄[56]，留下兩個沒有差別的人。派對結束。

太多夫妻在後女性主義時代認為丈夫並不是特別需要的，離婚率從1965年每千人2.5對，到1980年上升到每千人5.4對[57]，離婚率的增長充分證實缺乏父親會傷害孩子。事實證明，父親提供的不僅僅是上超市多個幫手，還是孩子價值觀和未來抱負的共同塑造者。孩子不僅從家中父親的身上學習如何做父親，更會學習如何做丈夫。

我們看見父母離婚的孩子，在婚姻的組成和維持上所面臨的問題。兩個特別的人結婚，產生了獨特的氛圍，使得孩子蓬勃發展。父親有著至關重要的雙重角色，一是養育子女的職責，一是提供男性的榜樣。

白金漢在文字優美的著作《無父的美國》（*Fatherless America*），描述對於父親的角色和期望，包括擁有「嶄新而進步的男性氣概」的「新一代父親」，「不怕展現情感……沒有性別歧視」，「父親是親子關係構成的一半，不受主觀性別區分或社會角色限制的扭曲」。

寫得非常好。但白金漢指出，「許多父親的新榜樣，是建立在詆毀或忽視美國歷史中父親的意義。事實上，新父親的許多理想形象，明顯基於貶低我們自己的父親，」相對的，社會則接受女性主義者對於兒童需求的華麗詞藻。「新父親榜樣的本質是否定社會角色具有性別，」白金漢博士解釋，「但根據定義，父性是具有性別的社會角色。除去性別的父親（否認男性在家庭生活中的所有性別角色），就是否認父性是社會活動，其他才可能是所謂的新父親，但美國已經沒有父親了。」[58]

所以，各位爸爸，你必須肩負起唯有雙親才能提供孩子的完整家庭。所謂的雙親家庭或許有各種近似組合，但都無法與直系血緣的自然優勢相比。領養家庭是由兩個慈愛、有責任感的人撫養孩子，算是親密無間，但有時家庭內外相關人物的緊張會浮現，隨孩子的成長會出現相貌與撫養人不同或遺傳基因特徵的差異。家庭成員的關愛也一樣會緊張，但原本的完整核心家庭，仍然最能為孩子提供身體健康、學業成

就、職業成就、心理健康和幸福婚姻。

　　與孩子的母親維繫婚姻，是送給孩子最好的禮物，也是對自己的回報。住在與孩子一起成長發育的家裡，有機會灌輸孩子正確的價值觀，讓他們看得見你的觀點，繼承你的志向。這樣不僅永遠受益，也時刻享受歡樂，笑聲和榮耀，一家同心，夫妻同心。觀察孩子所做的聰明、可愛、早慧的事情，了解孩子。

　　孩子隨時可以接觸到爸爸，這是很好的改變。保持婚姻是送給孩子的禮物，孩子的存在使你與妻子同心，這是你的回報。你選擇履行承諾，練習愈多，承諾便愈堅實。保護孩子免於傷害，你學到要先為別人著想而非自己。放棄自己的安樂，選擇對孩子負責、值得倚賴；你的目標無私、利他，成為一個成熟有愛心的人。

　　每個家長都承認，養育子女是一種耐心的自我教育。在自我優先的刺激下而自大傲慢，進而產生煩擾和憤怒，唯有耐心是自傲之解藥。當寶寶需要換尿布，當孩子膝蓋受傷，當6歲小兒不過肚子咕嚕幾聲便嚷著「餓死了！」你必須把孩子的幸福放在自己的快樂之前。隨著你的慈愛智商增長，生活體驗更加深了孩子和家人的愛，最後你也變得幸福。

　　與孩子的母親維繫婚姻，最重要的或許是永遠陪伴。正如伍迪・艾倫（Woody Allen）所說：「有在場已經是80%的成功。」[59]沒陪著孩子怎麼當父母。通訊軟體讓遠離家庭的士兵能夠在執勤時保持聯繫，但卻無法產生擁抱的感覺，也不能伸出手臂把哭泣的孩子抱在懷裡。當你從家裡搬走，同時也剝奪了自己養育的角色，孩子的童年記憶轉眼便消失。

　　雷伯恩（Paul Raeburn）用一記響亮的「是」回答了他的書名《父親重要嗎？》（*Do Fathers Matter?*）。他講述自己年輕時在第一次婚姻中初次擔任新手父母的經驗。他早起去報社上班，工作到下午6點半，「只有一點時間能和孩子說說話，讀本書給他們聽，他們就要上床睡覺了。」目前的婚姻，他和妻子「都在家工作，可調整自己的行程，和孩

子有更多時間相處。」雷伯恩承認,「知道我的參與是件好事,我很高興,但這不是我要和孩子在一起的原因。這樣做是因為我願意。」[60]

隨著性別角色的融合,守在家裡的父親不再感到羞恥,人們反而希望「我也想這樣」。浪漫喜劇電影(Rom-coms)中總是有爸爸感動落淚,妻子認為他好可愛。雖然這種極端並非常態,男性卻得到自由,可以承認:孩子很有趣。而不僅僅是和孩子滿屋胡鬧,研究顯示,父親和孩子玩鬧可使孩子「聰明、情商高、可愛、得人疼、有品德、身體健康又快樂」。[61]

如今男性在平凡家務中取得快樂,已經蔚為流行,做早餐、接送孩子參加活動,還有換尿布。看看以父親為主的育兒部落格。我朋友布魯斯‧薩倫(Bruce Sallan)在妻子棄他而去後開始寫部落格,接著製作廣播節目「老爸觀點」,他樂在撫養兩個兒子,也樂於談論分享,因此放棄好萊塢製片人的工作,成為全職專業父親。[62]

除非很少見的母親拋家棄子,父親一般至多只會得到孩子一半的時間,從此每天的日常慣例和生命的自然流動,都會受到中斷和干擾。離婚後你和孩子在一起的時候,總是缺少媽媽,是家庭照片中消失的幻影。

白金漢撰寫20世紀初民俗學家的研究[63],關於新幾內亞的托伯利安島(Trobriand)居民,他們相信母親懷孕是外來神靈所致,丈夫從懷孕開始便藉由與妻子的接觸來形塑孩子,頻繁性愛以灌輸孩子「成長活力」,孩子出生時抓住孩子,給孩子命名,送孩子寶石禮物,並溫柔地寵愛孩子,孩子斷奶後便與父親一起睡。托伯利安人相信,這樣的無微不至的關懷,會塑造孩子的靈性,使孩子的肉體酷似父親,鞏固親子永遠的關係[64]。我們也一樣了解言行塑造孩子的力量,我們因親子關係而成為更好的人。

今天父親婚後的角色更加願意付出,與孩子的聯繫也更緊密深刻。完整家庭的父親每週照顧孩子的時間,從1975年的2.7小時升至2011年

的7小時，超過兩倍（同時母親8.2小時大增為14小時）[65]。這告訴我們孩子在家庭生活中更受到重視，或是因為結婚年齡延後，父母已有存款與事業基礎，孩子不再是負擔而是獎勵與關注。

但同時，父親不與子女同住也增加。2010年，27%父親不與孩子同住，當1970年離婚率剛開始攀升時只有14%。其中22%父親每週看孩子幾次，29%每個月看孩子一到四次，21%每年只看孩子幾次的也不少，可悲的是，還有27%一整年都沒看過孩子。[66]

那麼電子通訊如何？現在人人都有手機，想必也會傳訊息給孩子，視訊聊天或打電話？有41%不與孩子同住的父親每週至少有數次，但仍有31%每月「低於一次」，更少的次數則沒有記錄在研究類別中。[67]

與孩子同住的父親，無論是主動或被動，都較常參與孩子的生活。其中94%父親「每週至少數次」在家裡和孩子吃飯，相較於不與孩子同住的父親只有16%。63%父親在家會協助孩子家庭作業，不與孩子同住的父親只有10%。93%父親在家「每週至少數次」會與孩子談論當天的事，不與孩子同住者為31%。

你怎能完全放棄做父親的機會？想像在生命的盡頭，你回頭看，你會希望你多做一些努力挽救婚姻，才不致錯過孩子短暫珍貴的童年？或是你們婚姻的分岐過於巨大，覆水難收，無法共同歷經家庭歲月？

「不幸家庭」與「不幸婚姻」

在《何時該離婚》（*How to Know If It's Time to Go: A 10-Step Reality Test for Your Marriage*）一書中，本巴赫博士（Dr. Lawrence Birnbach）與海曼博士（Dr. Beverly Hyman）分享一些問題讓你評估自己的婚姻：「我有沒有盡全力挽救婚姻？」[68]我認為這是最該考慮的問題，特別是有孩子的家庭，更要盡一切努力來挽救婚姻。

本巴赫博士和海曼博士也問：「你的不幸家庭是否影響（孩子的）學校表現、行為和自尊？」一個「不幸家庭」怎能不影響孩子？但父母

之間的相處可以最低限度的影響孩子，至少別傷害孩子。孩子有自己生活的世界，只要一切穩定，需要時父母隨時在身邊，就算父母之間沒有愛，孩子發展也無礙。許多人成年人以後不記得父母之間的感情，卻能想起家庭功能完整無缺。

「不幸家庭」表示每個人都身在衝突之中。如果媽媽吼叫，每個人當然都會緊張，但媽媽叫是因為校車來了孩子還沒準備出門，或是爸爸晚上沒回家和別的女人在一起，兩者是不同的。一場「不幸婚姻」卻可能是「一個充滿愛的家庭」，父母之間相處的一言一行並非都會決定整個家庭的幸福快樂。

莉安的媽媽是四年級老師，父親是每天朝九晚五的保險理賠人員，兩個人都會做家務。她記得母親老是對父親生氣。他下班不回家，沒打電話，也會忘記回家路上順道做好他答應的事。同樣的，父親也抱怨母親亂七八糟，家裡一堆報紙、衣服沒有摺好收好、打毛衣的針掉在地板上。不過莉安卻幾乎沒有聽過他們吵架，她還有三個兄弟，家裡總是吵吵鬧鬧，這就是他們的家。

她從沒想到父母會離婚，她進入大學安頓在宿舍裡之後，他們就離婚了，莉安的世界也崩潰了。四個孩子一起想要說服父母解決問題，去做心理諮商，請家庭幫傭，想想家庭對所有人的意義。不過沒有用，房子賣了，父母分手，父親再婚，母親依然埋怨父親所作所為。莉安對他們的離婚總是無法釋懷。

當父母叫孩子一起坐好，宣布離婚，很多孩子都會嚇到。莉安雖已長大成人，仍震驚於父母在經歷這麼多事情之後還是要分開。不過很多愛孩子的父母都盡力保持婚姻衝突不張揚，「不在孩子面前爭吵」是相當普遍的信念。有些案例中父母仍會表達婚姻的不滿，甚至讓孩子看見打架，不過孩子似乎覺得這樣很正常。其實這些都不是使家庭分離的理由，反而該去面對不健康的婚姻互動。

不幸的是，那些聰明好意的朋友和治療師，卻鼓勵「銀髮離婚」現

象。共同撫養家庭的夫妻最後決定要離婚。就像莉安的家，通常夫妻其一仍享有自由，另一位則孤單無援。

質疑離婚的「光明面」

一旦木已成舟，父母離婚了，受到影響的每個人仍必須繼續前進，接受關係破裂，尋找方法宣洩、治療或恢復，為此許多作者都提供一些有用的方法。

辛德爾（Max Sindell）在2007年畢業於約翰霍普金斯大學之際，出版《光明面：父母離婚的生存術》（*The Bright Side: Surviving Your Parents' Divorce*）一書，以親身經歷提供青少年指導。[69]他自己父母還有一些親戚都離婚，書中彙整「小祕訣」清單和生存建議，其中有許多不應該發生在孩子身上的情況，例如怎樣隻身在陌生機場中找到方向，與可能變成你繼母的陌生人見面，如何在兩邊不一樣的家過生活。

引起我興趣的是書名叫做《光明面》，就像大多數離婚療癒書一樣寫滿驚人的經驗，提出越過這些困難的建議，以免造成永久的創傷。辛德爾把離婚的「黑暗面」統整為六個無法逃避的事實：

- 你永遠不會再只有一個家。
- 你父母會吵架。
- 你會知道一些父母的事，但你寧願不知道。
- 你會常搬家。
- 你父母會失去朋友。（「記住，你是世界上對他們最重要的人，……你比其他人更能安慰他們。」）
- 你父母的錢變少。

這份悲哀清單後面跟著是有一絲希望的「光明面」：

- 你會到更多新地方。
- 你會更獨立。（「既然父母不能隨時照顧你，你會開始照顧自己。」）
- 你會學到怎樣搭飛機（一個人）。
- 你會遇到很多沒看過的人。（繼父母、新的兄弟姊妹、新的姨媽姑婆、新鄰居，所以你會學到很多東西）。
- 你可提供資源，成為其他孩子的老師。
- 你會深入了解人與人之間的關係（例如，如何不表現出來）。

　　我覺得「光明面」怎麼看起來和「黑暗面」沒兩樣。「你開始照顧自己」？「到更多新的地方」令人有不祥預兆，是新的兄弟姊妹他爸的房子，律師辦公室，還是治療師候診室？其實把這些光明面融合在一起，就變成一個：「你『會突然長大成人，失去孩子的純真無邪。』」我與丈夫麥克合著的書《搶救童年：保護孩子免於失去純真》（*Saving Childhood: Protecting our Children from the National Assault on Innocence*）[70]，認為童年很寶貴的，不過濫交、沉迷性愛、小大人、學校、家長和媒體騙走了孩子特殊的想像、探索時間，孩子缺乏責任感，也沒有發展空間。大人病態地想要自己的孩子早熟，「準備好」面對這個「無法逃避」的「現實世界」。急什麼呢？為什麼要把孩子提早推入青春期，在他們生理還不成熟的時候就進行性教育？為什麼要讓孩子學會相愛的人可以不再愛了？

　　是的，孩子會適應環境，發展新能力、新認知，從長遠來看，離婚可能不至於影響孩子的成功和成就。但孩子還未長大離家，離婚會掠奪孩子的三種權利：安全感、希望和樂觀，減損孩子面對世界挑戰的能力。需要修補關係的父母，會以孩子的福祉為中心。試著軟化對配偶的想法，可挽救孩子的生活。從這個動機出發，可使你們夫妻重新點燃愛情和浪漫。

婚姻問題在孩子的時候

但在某些情況下，或許是孩子引發了離婚的想法。克莉絲汀的女兒艾美還小的時候，人們對亞斯伯格綜合症知之甚少。艾美的人際關係有過動傾向，在學校往往也是老師的眼中釘。學校等單位認為艾美心智不成熟，需要自制和紀律，使得克莉絲汀為了孩子疲於奔命。

醫師診斷艾美為注意力不集中症，通常發生在不聽話的孩子身上，克莉絲汀為了維繫學校、醫師處方和艾美行為的三者平衡，投入了一場沒有間斷的戰鬥。學校最後表示無法讓艾美待在一般主流教育環境，於是把她換到特殊教育班上課。

艾美的爸爸格拉漢也無能為力。他當然愛她，但其他兩個兒子帶來的回報比這個令人尷尬的女兒更多，艾美不會回應他的注意力和關愛。克莉絲汀為了幫助艾美而心力交瘁，格拉漢卻退縮。艾美的需求導致夫妻離心離德，最後造成格拉漢覺得自己對妻子可有可無。

艾美17歲時終於得到正確的診斷，但格拉漢和克莉絲汀已經變得貌合神離。他們發覺需要重新修補關係，於是參加教堂主辦的週末婚姻班，說出彼此心裡話；格拉漢覺得克莉絲汀在為艾美努力期間，自己被排除在外。他承認建起一道牆，不用面對艾美和克莉絲汀的拒絕，才不會覺得自己受到傷害。你不能說艾美是他們夫妻婚姻的「問題」，她只是個孩子，需要大量時間和精力照顧。但格拉漢煩惱於艾美的病況，造成他不願意與克莉絲汀一起幫助女兒。同時，克莉絲汀負起對艾美教育的責任，她感受到格拉漢對責任的反應，因此獨自出發上戰場。

本巴赫和海曼博士討論「孩子行為不良」（How Children Falter），描述當父母相處不睦，孩子就會行為不良，父母守著一個「不幸家庭」，會造成孩子的悲哀。確實如此。作者進而探討孩子變得憂鬱，為引起父母注意，表現不良行為，就像一根「避雷針」，或者產生習慣性恐懼，像個「哭鬧的嬰兒」。在有壓力的環境中生活不愉快，令人厭煩，但想像在這種情況下父母又離婚，這些孩子當然會出現不良行為。

當然，「高衝突」家庭自然帶給孩子更大的風險，若這種衝突是連續而漫長的，還會造成一定程度的不和諧，影響孩子遭到忽略。齊琵告訴我，她家人總是大吼大叫，因為和祖父母一起住，祖母常會對祖父和齊琵父母吼叫，他們也吼回去，想必誰看到他們一家人都會覺得齊琵父母應該已經離婚了。[71] 但這就是他們家的風格。互相叫罵，聲音拔高，故意丟不會砸破的東西，就是這一家平時的溝通方式。他們相親相愛，沒有懷疑。

大多數家庭目標都不在於毀滅，只是現實中難免會有意見不和的時候，即使家裡再安寧，有些孩子還是會失控，出現問題。父母都知道，養孩子沒有保固。

但當父母的混亂確實對兒童造成壓力時，他們應該離婚嗎？除非是無藥可治的毒癮或改不了的虐待，離婚反而會讓孩子問題變得更加嚴重。認為要離婚的原因在於，父母爭吵會造成孩子的問題，離婚使雙方停戰，孩子便能恢復。但夫妻停止爭吵，修補婚姻關係，孩子應該會恢復得更好更快，因為這樣可以避免離婚所增加的額外創傷，孩子也不必因共同監護時時跑來跑去，或不得不與單親父母住在一起。

當然，孩子遇到麻煩時，解決辦法會更加複雜，不如父母搬走、「親吻和解」或隱藏問題那麼簡單。家長必需要改善溝通，找出導致爭吵的主因，並與孩子更加維繫關係。爭吵通常不是真正的問題，夫妻一方或雙方都願意放下，展現足夠承諾的意願，為彼此的感情而努力，不退縮。

在本巴赫和海曼博士請夫妻考慮關係失和對孩子的影響，評估離婚之際，似乎假設夫妻雙方無法控制、降低或解決問題，好像「不幸家庭」是一種永久狀態。但如果你像我一樣曾和許多結婚許久的人談過，你會聽見他們都曾經歷過婚姻不睦、壓力、煩惱，甚至憤怒，認為當時的關係是「不愉快的」。但同時他們也認為，他們的「家庭」與婚姻是不同的。

即使父親的夫妻關係並不順遂，仍可從孩子身上得到許多快樂，期待下班回家看見那些天真愛搗蛋的小臉。母親可能會一時受到工作繁忙所困，而無暇理會婚姻，但仍會繼續履行對孩子的承諾。伴侶的人生可能會出現挑戰，例如毒癮或精神病，影響到婚姻，不過困難亦使得夫妻能夠一心。有些婚姻本身可能並不順利，夫妻之間出現痛苦的分離（例如外遇），但家庭的基石，也就是夫妻還有孩子的連結，卻依然存在。

孩子是問題的解答

父母的問題經常使孩子受苦，孩子會為家庭、父母甚至自己製造問題，但另一個可能：孩子可直接或間接為父母的不和諧，提供解決方案。

這種情形會出現在幾個方面。首先是正向的影響。當父母之間出現問題，但卻能從孩子身上得到喜悅，這就是使他們在一起的重要源頭，可進而改善夫妻關係。他們可能會開玩笑說，小喬瑟琳畫的弟弟好有趣，或是帕布羅又學會一個很難的宇宙天文單字，彼此深覺驕傲。他們很高興參加派翠夏的足球比賽，和其他父母一起為孩子歡呼，就像其他夫妻一樣。這些事都無法消除夫妻私下的不和諧，也無法解決財務或性關係問題，但孩子創造了與其他人的連結，夫妻被視為一體。這些「外界眼光」鼓勵並期望夫妻能過著長久穩定的生活，當夫妻愈這麼做，生活便愈長久穩定。

最重要的是，一個男人和一個女人在一起，將一個或更多獨特的人帶來這世界，孩子體現了夫妻兩個人的結合，在家庭中的分量甚至超過夫妻。夫妻之間一旦產生情緒，自戀和急切就會將他們擄獲，變得憤怒、不和諧，導致削弱彼此連結的最好機會。孩子是永久的連結，傳承夫妻的結合，永不磨滅。

「為孩子不離婚」並非自虐。父母這樣做，應該受到讚揚，因為他們將孩子的未來放在自我舒適之前。不過更好的是「為了家庭在一

起」。家庭是珍貴而獨特的組合，由父母的愛所創造。「為了家庭」自然必須包括創造家庭的婚姻。父母「為了家庭」在一起，也會像孩子一樣受益於關係的延續。因此目標應該是這樣：每個家庭成員，不僅個人蓬勃發展，身為家庭有價值、受尊重的一分子也一樣。如果沒有，就需要外界協助。

對家庭的榮耀和共通利益，使得父母在一起，但也可能因此不幸。嘉莉和喬爾的例子，他們兒子的高中打電話通知，兒子在疊羅漢時跌倒，手臂摔斷。雖然夫妻經常吵嘴爭執，但兒子從手術室出來時，由於對兒子的愛，兩人都趕到了醫院。

孩子知道父母會陪伴在他們周圍。有時孩子會故意學業成績退步，促使父母同心協力幫助孩子。或許孩子不見得知道自己是故意而為，但孩子也學會自己一生病，家人便會回應。在某些情況下，孩子會假裝生病或出現心理症狀，引起父母的共同關注。

另一方面，孩子可直接影響父母願意克服困難，加強婚姻關係。孩子成年以後可以運用自己看治療師或專業心理人員的經驗，將這些技巧運用在幫助父母。一項研究發現，孩子在學校學到「改變推動者」的技巧，可回家幫助母親改變不良的飲食習慣。實驗顯示，這些孩子是改變因子的母親，結果比對照組減輕更多體重，也進行更多體能活動，顯示不僅孩子會向成年人學習，成年人也可向孩子學習。[72]

當然，父母的心態必須開放。我看過太多的情況，成年子女去見父母，想要為父母的關係困境提供和解之道，乞求他們能夠改變。這些人告訴我，父母等到最後一個孩子長大成人隨即離婚，讓他們覺得曾經幸福的家庭其實是假象。有些夫妻即使現實生活中偶有溫暖歡笑，也會將彼此的關係全都視為「婚姻困難」。父母不要總是將注意力放在那些所謂婚姻不幸必須咬緊牙關面對的問題，或許能發現離婚無法解決所有問題。在許多情況下，問題都在於父母的態度，而不是每天家庭生活的現實狀況。

離婚傷害的擴大

傷害你所愛的人

太多進入婚姻的人想「我們的世界只有兩個人！」這是泰勒‧康諾利（Tyler Connolly）唱給他當時妻子丹妮爾的歌：

我們背對著海洋，

世界只剩下我們兩個人，

眼裡什麼都沒有，

寶貝，只有你和我。

並不是。當你打算離婚，你寧願覺得背對著海洋，也不想要兩個人在此時此刻互相抵抗。但你的確有一整群人對你的婚姻很重要，甚至是關鍵人物。正值此「世界只有我們」的時候，你不顧自己對這些人所造成的痛苦和悲傷。事實是，你不但拋棄了他們，還順便忘記你對他們的倚賴。你是否真要疏遠和傷害你生活中的重要人物？

線上社群網路：快樂人際關係還是離婚大門？

你的父母、阿姨叔叔、兄弟姊妹、同事朋友，所有人都陷在 FB 和 IG 的網路裡面轉個不停。你有一大串照片、評論、連結、生日通知，讓你時時刻刻和其他人連結在一起。當你更新狀態時，發現竟然有 8 百

個「朋友」回應？心情不好時所發的推特，隨後幾天不斷轉推回應，維持數週，在你的社群世界中不斷增生悲傷和疑惑。不太熟的親友分手了，這些消息像迴力鏢一樣，不斷暗地鼓勵你也要離開。

近年來最重要的科技發展可謂是智慧型手機。當你排隊或百般無聊的時候，裡面的遊戲App、臉書、推特夠你消磨幾分鐘。低頭看手機的人經常在街上撞到柱子和路人。如果在一群人之中發出「叮」一聲，就會看見好幾個人伸手去找手機，看看是不是有什麼訊息。高級餐廳中伴侶安靜地坐著，大拇指都在桌子下方滑動。即使在現實中與真人面對面，我們也習慣優先處理虛擬的社群網路。

多數人用社群網站分享可愛或快樂的東西，當你的婚姻正在崩潰，社群網站也是一種很簡單的發洩方式，但這麼做只會增加憤怒。塔芙瑞斯在經典著作《憤怒》（Carol Tavris, *Anger: The Misunderstood Emotion*）中，指出表達得愈多愈憤怒。[1]愈是沉浸在煩惱中就會愈憤怒。或許發洩使你感覺良好，但「你雖覺得舒服，並不表示健康。」研究此主題的布希曼（Brad Bushman）博士發出警告。[2]

「在網路上發洩的風險特別高，《華爾街日報》記者伯恩斯坦（Elizabeth Bernstein）提出警告。「由於我們常在自己家裡的床上穿著睡衣使用手機或電腦，誤以為是私人環境，手機也隨時在我們身邊，只要情緒一上來，就可能隨時利用工具宣洩，等安靜下來才發現已經來不及了。網路上人們只需按下分享即可散布，然後又有人分享，再分享。」[3]

英國一家大型家事法律師事務所Slater & Gordon注意到「認為社群網站是離婚原因的人數逐年增加」，因此委託進行了2千名已婚受訪者的民意調查，結果令人震驚。

· 14%的人因配偶在臉書、Skype、Snapchat、推特、WhatsApp的活動而考慮離婚。

・近四分之一因使用社群網站，每週至少爭吵一次，17%説每天都因此在吵。

・爭吵的最主要原因是與前任，私下發送訊息，發布不適當的照片。

・15%認為社群網站對婚姻有危險，最大的威脅是臉書，緊隨在後則是WhatsApp、推特、Instagram。

・10%承認他們隱藏自己的照片和發文，不讓配偶知道；8%承認有祕密的社群網站帳戶。

・五分之一受訪者表示，發現配偶臉書有怪異之後，會擔心關係。

・14%懷疑配偶不忠，會檢查配偶的帳戶。

・三分之一表示不讓配偶知道自己社群網站密碼，不過有58%知道配偶的密碼，但配偶不知道這件事。[4]

2010年美國婚姻律師學會（American Academy of Matrimonial Lawyers）內部調查，強調社群網站嚴重導致離婚。總括而論，AAML成員中有81%表示過去5年來他們所負責的離婚案件，從社群網站上面蒐集到更多證據。而且66%受訪律師表示，證據來源首要為臉書。[5]

2014年有一個比較科學的研究關於社群網路怎樣危及婚姻，發現無論就個人或全國層級來看，使用社群網站與較高的離婚率都有關。[6]控制主要變因之後，可預期的發現是，隨著全美國臉書使用的上升，離婚率也跟著上升。就個人層級的研究，「顯示較頻繁使用（社群網站等）會出現婚姻品質下降、婚姻不幸福、婚姻關係有過問題、考慮離婚等正相關反映。」

其他調查為何社群網站會破壞婚姻的研究表示，社群網站太過吸引人，過度的使用會產生心理疾病。2011年統整的研究報告，指出全世界3.5億人口有「臉書上癮症」，[7]與配偶不認識的舊愛在臉書上保持聯繫與友誼，會引發嫉妒，造成不信任和監視的惡性循環。

由於臉書用戶可進行各種搜索選擇（按名稱、地點、工作、大學、共同朋友、電子郵件等），提供「你可能認識」的建議，並允許有多重身分，可促進有心人不貞。臉書提供許多溝通管道，更容易欺騙配偶。

社群網站提供離婚的支援。訊息選項（狀態更新、留言板、收件箱消息、聊天）會促使他人鼓勵你的離婚決定。同時一項研究發現，每天幾次使用臉書可為結婚或同居提供一半的情緒支持。[8]

社群網路的好壞在於怎麼使用。除了導致你的婚姻問題，也可將你的婚姻問題傳播給你所關心的人，降低他們對自己婚姻關係的信心。

敵人還是朋友：只想幫忙

海瑟和梅根自小學以來就是最好的閨密，家裡只隔三條街，兩個人如影隨形，女童軍、夏季社區游泳隊、國中當保姆、高中啦啦隊，她們什麼事都一起做。

海瑟是黑髮美女，梅根是金髮女郎；她們拚命想當雙胞胎，大家都覺得很好笑。後來兩人一起上華盛頓大學，也進了同一個姊妹會。她們果然永遠是好朋友。

沒什麼好驚訝的，學校裡有31個兄弟會，卻只有16個姊妹會，所以兩個人很快有男生獻殷勤，交了男朋友。海瑟和凱爾在一起，兩個人看似不太登對，女生活潑外向，男生安靜理性。但兩人似乎很互補，因為都來自當地的幸福家庭，個性很合。他們的相處關係節奏輕鬆，每週的團體活動都固定約會，生活簡單順心。梅根則沒有固定交往對象，每次都只維持幾個月的聯絡，直到大四遇見崔維斯。崔維斯計劃上法學院，他正是梅根所想要的對象。

兩對都相處融洽。梅根和崔維斯先結婚，是海瑟與梅根的媽媽一手計劃的。那是個美麗的一天，最後新人夫妻開車在五彩禮炮響聲中離開，凱爾帶海瑟到一旁求婚，一年後，大家回到相同場地，進行第二場婚禮。

崔維斯開始上法學院，同時也為財務規劃公司工作，梅根開始為一家網路行銷公司工作，兩人過著Y世代生活，買了一套公寓，週末與海瑟、凱爾一起到附近山上或酒廠小旅行。

　　海瑟和凱爾在西雅圖西邊買了一棟需要略加整修，可以窺見普吉特海灣（Puget Sound）美景的房子。海瑟有教師執照，在離家半小時車程的學校教二年級，凱爾用繼承的財產買了一家酒吧，開始釀造啤酒。

　　一個週三，海瑟剛從學校回家，接到一通電話，至為震驚，梅根歇斯底里地說崔維斯走了。「我從沒有想過他會離開我，」梅根大哭。「我告訴他，我愛他；我告訴他，他要什麼我都答應，但……。」她哭得說不出話來。海瑟趕到梅根家，看見朋友躺在沙發上，睫毛膏染成一片變成熊貓眼，眼眶泛紅。

　　「他不接我電話……」。

　　「怎麼回事？」海瑟問道。

　　「我有男朋友，被他逮到了。」她又哭了起來。海瑟嚇呆了，她不知道自己一輩子的朋友會不貞。一切都沒有預兆，他們總是輕鬆談笑。

　　「那麼，妳準備怎麼做？」海瑟問。「妳不能再和那男的見面了，他是誰？」

　　「我同事的兄弟，他幫我處理派對……我不是故意要這麼做，我不是故意要毀了我的婚姻……。」啜泣變得更大聲。

　　海瑟永遠不會對凱爾不貞。梅根怎麼可能這樣做？但一輩子的好朋友必須幫一把，那就是在必要的時候挺身而出。她去浴室打開熱水，擰了一條熱毛巾，拿給梅根。「拿去，擦把臉深呼吸一下。」

　　經過兩個小時，聽見一些非常「有趣」的故事，海瑟明白了梅根對達斯汀所感到的吸引力。她聽見崔維斯有些晚上要讀書，放梅根自己一個人，但梅根沒想過自己是在玩火嗎？而且那又不是一夜情，而是持續了一個月。

　　「我一直在否認，」梅根說。「我知道我被吸引，但就好像在玩在

假裝一樣。畢竟，我整天都在創作，想像力是我工作的一個工具。」

海瑟心想：「是喔，達斯汀真是一個好工具。」但她說，「我知道妳不是故意的，我知道妳真的愛崔維斯。」

海瑟去外帶一些中國菜，她們一起用筷子吃完，她告訴梅根自己絕不會不管她。然後她們一起馬拉松式地看完電影《老爸老媽浪漫史》（*How I Met Your Mother*），就像回到10幾歲一樣咯咯發笑。梅根在沙發上睡著，海瑟安靜道別，開車回家，剛剛經歷的晚上簡直像一場夢。

凱爾在家裡等她，樣子很不高興。「一小時前我接到崔維斯的電話，」他皺起眉頭說。「他告訴我梅根做的事。我不認識她，她怎麼能那樣做？」

梅根的錯誤行為不僅破壞了自己的婚姻，也使海瑟和凱爾選邊站。海瑟努力想要幫助梅根度過困難，凱爾則與崔維斯一樣震驚難過，這場危機影響的是兩對夫妻。

崔維斯睡在朋友家兩週，梅根每小時打來電話他都不接，也不回覆她的訊息或臉書。從前他一心一意信任梅根，現在則所有未來都充滿疑問。

凱爾安慰朋友，無視海瑟催促應該給梅根機會。凱爾想，如果自己和崔維斯互換立場，海瑟萬一也這樣對他，他一定轉身離開。梅根外遇，表示任何事情都可能發生。下班以後崔維斯開始在酒吧出現。梅根請海瑟晚上去陪她，說她不想獨自一人在公寓。梅根一個月的外遇，使得四個人的關係破裂。

友誼的忠誠度很寶貴。當朋友需要我們，我們支持他們往任何方向前進，即便此路不通，但這樣的支持對所有人都是不利的。在一場離婚中，我們支持朋友、同情朋友，有時我們的支持是不智的，有時我們的同情是違反現實的。當朋友遭受痛苦，有時你不加以判斷，反而等於在為朋友的破壞、不公平、殘酷等所作所為背書。由於你沒有作為，放任這些事情移動隨時間和空間震盪，沿著路徑破壞了所有親友的關係。

離婚會傳染嗎？

社群網路會傳播「社會傳染病」。例如，有個女孩懷孕了，影響她最好的朋友也懷孕，[9]不過，當有人結婚，影響的不僅是個人朋友，而是更大的族群。[10]如果有人離婚呢，離婚會「傳染」嗎？答案是肯定的。

離婚對朋友影響極大。一項大規模的研究做了30年定期訪問，結論是，受訪者如果之前有一個朋友離婚了，等到來做訪談的時候，他們的離婚可能性是一般人的270%。」[11]看看朋友網站，同一批研究人員發現，如果朋友圈裡面有人離婚，圈子中其他人的離婚率可高達75%。這種影響還會繼續向外擴散，傳給朋友的朋友，稱為「二度分隔」，縱使並不認識離婚的那對夫妻，也有33%的離婚可能性。

海瑟和凱爾是梅根和崔維斯的「一度分隔」，狀況頗危險。由於好友之間對於忠誠度的態度不同，對情緒的抑制會迫使好友之間的關係出現裂痕，特別是如果最後梅根和崔維斯離婚了。這四個朋友的故事，代表世事無常的一個悲傷例子。

一個著名的報紙專欄「請問艾美」（Ask Amy）曾經回答過一封信，標題是「朋友離婚鬧得很大，大家都很痛苦」，可能就是海瑟寫的：

親愛的艾美：

我們夫妻關係很好的另一對夫妻最近分手了，因為女方多次不忠於丈夫。他們的離婚衝擊了我們一群好友，打擊很大。

對方丈夫向我們吐露心聲，他搬到附近住。妻子搬走了，大學同學都變成拒絕往來戶，她不再信任我們。我們自小就是好朋友，近來這些令人羞愧的事讓我很痛苦。

後來因為第二個女兒出生，我們辦了一場聚會，沒想到變成一場大亂。由於擔心喚起痛苦和尷尬，我只邀請了對方丈夫，沒請他妻子。

當她發現自己被排除在外，她非常憤怒，她要當面對我說，把心理的怨氣都吐出來，開始數落童年心裡落下的疙瘩，說我們都錯怪她了。

我說我愛她，我們是朋友，但因為她前夫也在，如果她來大家都會不舒服。怎麼說她都沒辦法接受。我承認，我仍然對她的不忠行為和過去一年左右她不再關心別人而感到憤怒。我沒有想叫她閉嘴，但我的確覺得很疲倦、困惑，我太累了。

我要怎樣才能不帶批判去面對她，同時又能維護我的友誼和家庭？

——哪裡有錯的朋友

你會怎麼回答？我覺得「哪裡有錯的朋友」所表現的態度是德蕾莎修女的仁慈，即使是童年玩伴，我也無法忍受對方「令人羞愧痛苦」。我看到她寫「不帶批判」的時候，很想用力搖她的肩膀說：「批判是好事！」

艾美的回答更是模糊：

親愛的朋友：

當妳忙著批判的時候，無法傳達不帶批判的態度。我不是說妳的判斷力有缺陷，但妳更應該做的是要注意跟隨妳的判斷。所以我的基本建議可總結如下：耐心等待總會有收穫……。你們兩個老朋友應該要更有耐心，等待一切塵埃落定。

友誼中大部分的問題都需要耐心，互相理解，問題大多都不見得有對錯，因為怎樣選擇都會有人支持或反對，所以不需要批判。但這個問題卻不是！習慣性欺騙配偶是錯的嗎？如果你沒受邀參加人家女兒出生慶祝聚會，是錯的嗎？你的老友只是想不讓客人想起痛苦回憶，你卻把錯都怪到她身上，是錯的嗎？拜託！

選擇不要去批判，本身就是一種批判。你如果決定不要批判，等於是讓朋友隨意任自己的情緒主宰決定。請記住，在浪漫關係、婚姻和離婚，情緒凌駕理智。任憑朋友屈服於激情陷阱，等於是忽略了友誼的責

任。你沒有對一個你所關心的人在失去平衡時施以援手（失去平衡意思是以情緒作判斷而非理智），你閉上嘴看著她失控。

如果你朋友堅持你的行為萬惡不赦，隨便她。但如果她試圖想要你也失控，儘管你很痛苦，她也想要你饒恕她的行為，此時你需要作出判斷。首先，請坦率面對朋友，就像你希望一個真正的朋友對你坦率一樣。其次，如果離婚具有傳染性，你必須戴上口罩，喝檸檬茶，隔離不滿病毒。如果「哪裡有錯」的童年好友想要有人陪伴她的悲慘，請這位尋求建議的朋友選擇退出，你沒發現自己已暴露在離婚病下嗎？

避免暴露的方法是與你所想要學習的對象在一起，強化你所想在自己婚姻中培養的價值觀，最重要的是要堅守自己的伴侶！由你自己的價值觀和行動開始抵制離婚。「社交能力較好的人，可選擇較好的婚姻，也可獲得更多的友誼支持，」社會科學家羅絲·麥德莫特（Rose McDermott）寫道。[12]反過來說，「那些支持友誼的網路，也可能容易使個人熬過不可避免的婚姻壓力，避免婚姻破裂。」[13]

先前研究顯示，社交圈由婚姻堅實的夫妻組成，夫妻無論結婚多久都比較不可能離婚。[14]「婚姻關係良好的人，也具有堅強支持的友誼網路，反之亦然。」麥德莫特博士寫道。正如關係有問題的夫妻會影響朋友的婚姻，堅實、幸福的夫妻卻可提高朋友的免疫力。

友誼的外在動力

友誼很複雜。哭泣時朋友會支持你，不過朋友也會無動於衷，還有一些朋友的需求，可能剛好與對你最適合的相反。

假裝你是史蒂芬妮，她結婚3年的丈夫蘭迪突然離開。你沒有答案，他只是「不得不走」，現在你一團糟。你給五位可靠的閨密傳訊息，你們每年都會聚在一起兩次，享受「女孩時光」，其中兩人是高中同學，兩個是大學室友，還有一個是大學新生時一起在夏令營打工的同學。她們是你最好的朋友，為了你今晚都拋下一切幫你度過災難。大家

聚集在你家客廳，枕著墊子靠枕，飲著畢安娜帶來的紅酒。

貝琪，這個高中同學沒結過婚，父母在她6歲離婚：「史蒂，這不是世界上最慘的事，你健康又聰明，你有一個好工作。很多人都離婚，現在這種事很普遍。你很幸運，沒有孩子，否則麻煩可大了。但你看看，你很自由，婚姻和離婚久而久之會變淡，開啟新的生活！」

畢安娜在酒廠工作，和貝琪合租一間房子：「你根本不必和任何人談你的婚姻。你很漂亮，有很多男人可以選。我會教你怎樣在網路上約會，不必擔心風險，也不會被怪人跟蹤。結婚簡直浪費你的天賦！你很幸運，你會看到更廣闊的世界！」

瑞秋，史蒂芬妮的大學室友，她和男友提姆同居4年，經常抱怨男友不願求婚：「史蒂，妳結婚的時候太年輕，不能指望蘭狄恩定下來，他跟妳結婚時才21歲！我知道他為妳神魂顛倒，妳的感情生活愉快，但男人終歸是男人，遺傳天生傾向就是無法地久天長。提姆說結婚時代已經結束，男女關係每天變換。這是真的，想一想，任何人隨時都可離開。」

夏令營助手同事薇洛結婚3年，10月剛離婚：「沒錯，蘭迪只是露出真面目，這幾年他假裝愛妳，有一天他卻這樣背棄妳？怎樣的卑鄙小人會拋棄妻子？怎樣的混蛋假裝沒事然後突然給妳一巴掌，妳這個把一生獻給他的人？現在妳知道永遠不能相信他。就算他沒有在外面胡搞，妳也不知道究竟怎麼回事，萬一他以後又這樣對妳怎麼辦；他終究會離開的！」

最後塔拉說話了。她是個社工，婚姻差強人意，想要買房子：「好吧，也許我們不知道他是怎樣的混蛋。我的意思是，也許他私下不快樂很久，只是不想讓妳難過，史蒂芬妮。也許他終於受夠了，為自己而離開。妳個性有點強勢，史蒂芬妮。妳知道我們愛妳，但……妳必須站在他的立場想，他離開一定是因為什麼理由。」

五位真誠的朋友提出撫慰，想要讓史蒂芬妮振作起來，卻沒人建

議她要維繫婚姻。沒人說應該重新建立關係，應該要了解蘭迪離開的問題，修復婚姻。大家的想法讓史蒂芬妮只能接受蘭迪的離開，蹣跚前行，倚靠她們的支持肩膀。

但貝琪當然記得當時自己的父母離婚，她是怎麼過的：情緒緊繃、搬家，離婚後例行公事，每隔一週換地方住。她的世界滿是同車的兄弟姊妹，還有課後安親班的朋友，大家都來自父母離婚家庭。她學會接受，建立自信，努力長大成人。因此她認為離婚是婚姻的一部分。史蒂芬妮應該要像她一樣習慣就好。

畢安娜渴望找到男朋友，她陷入約會 App 的混亂之中，以為只要接觸的人夠多，有一天會適合的對象。她得到許多讚美和追求者，滿足了她的自我，不要虛度青春。現在是該停止約會的時候了，是的，她享受各種冒險。她的單身生活有豐富的誘惑（與謊言）經驗。

瑞秋心中很希望能和史蒂芬妮一樣，她因為愛情一直和提姆同居，但不明白如果提姆也像她一樣愛自己，為何不願意結婚？為何不願意給她最想要的婚姻，結婚的安全感與共組家庭的信心？拿出戒指吧！但她無法說服提姆，只好寧願擁有而非失去。至少只要在一起，還有機會可以改變他的想法……所以只能受他的觀點：婚姻不必要，事實上也不自然。

薇洛心中每次想到小嬰兒，就會覺得沒有安全感。她原本沒有任何質疑自己堅實的婚姻，但她一想到以後的責任，就會覺得很無力。她總是害怕丈夫有一天會離開她，這種恐懼來自於即將成為新手媽媽的緊張感，擔心自己會束手無策，沒辦法自己照顧嬰兒。她是獨生女，沒有照顧小孩的經驗，害怕自己沒辦法應付。因此史蒂芬妮活生生的遺棄遭遇嚇壞了她。

塔拉的工作是對社工對象同情關懷，她對蘭迪感同身受，因為她自己的婚姻也缺乏成就感。她曾多次想要離開，但總是做不到。她覺得特別難過，因為身為治療師，她應該知道怎樣修正自己的狀況；應該知道

要與自己相信妻子的好丈夫溝通，而不是默默忍受。她希望她能有蘭迪的膽識。

傾聽朋友質疑婚姻的建議，感謝他們的關心，但要小心偏見。朋友的回應受到個人狀況與生活經驗的影響。在我們的拋棄式婚姻文化中，大多數人不是自己曾經離過婚，就是親朋好友離過婚。媒體文章總是報導離婚後的種種怪象，而不是婚姻的問題或決定離婚階段的事。想想你看過幾篇是關於「為孩子與前任和睦相處」或「離婚後重回職場」。一旦你脫口離婚，朋友就會紛紛說出她們心裡的想法。

在一個多數人都接受離婚文化中，想要尋求重建婚姻並不容易。朋友的職責是依照你的想法安慰鼓勵你。如果你離婚，朋友知道怎樣協助你，卻不清楚該怎樣幫助你的問題婚姻復原。請小心好意的朋友！

離婚是家族的事

「自從我自己的孩子上大學以後，我就想要孫子，一直等到55歲才有第一個孫子，所以我當然會寵！」卡門堅決的說。「然後我有了10歲的米亞、8歲的卡蜜拉、5歲的馬提歐，拿什麼來我都不換！」她把手機上一堆孩子笑著的照片展示給我看，公園、在海邊木棧道上吃棉花糖、娃娃博物館。「在我幫忙看孫子的日子裡，我帶他們一起出門，一對一。不過自從我兒子女兒離婚後，我幾乎沒再看過他們，他們就像買賣馬鈴薯一樣被帶來帶去！」

她沉默地把手機放回包包。「星期天是我們的家庭日，教堂結束後，大家都去公園吃一頓豐盛的午餐，」卡門解釋。「男孩玩接球，我們姊妹抱著孫女……已經長大的抱不動，我們就幫她們綁辮子，做指甲，有人開始彈吉他。」但現在家裡的寶貝孫子都沒了，和孫子媽媽的家族在一起。

「離婚？誰想得到？我知道孩子有時相處不融洽，但我丈夫總是說他們會解決的。上帝把他們聚在一起，自然會幫助他們的問題。」卡門

眼角閃著光芒。

「現在我認為他們不會解決問題了，兒子離婚已經一年了，他上週日帶來一個不錯的女人，她自己有兩個孩子。大學畢業後，我的兒子拿到碩士，開始在社大教歷史。我為他感到驕傲，但沒想到他會離婚。我告訴他我好想孫子，好想他的妻子莎拉，從前我把她當女兒，真心待她。但現在我連打電話給她都不行，我現在覺得失去了她和我的孫子。」

夫妻離婚時，夫家和娘家分別成為資源，拖著包袱有地方可去，約會時有人可幫忙照顧孩子。無論受傷抱怨，都可以得到無條件愛的支持。成人的父母只要健康，都會假設自己爸媽會一直保護自己，一直到死。

但老人家的孩子離婚了，他們身為祖父母的角色只能任人處置，再也不受控制。他們想要看孫子，要由監護人來決定，他們就像孩子一樣，變成離婚連帶的傷害。有時候他們不太容易接受。

根據 Divorcesource.com 報導：「大部分祖父母、外祖父母都希望法院能給他們經常探望孫子的權力，希望能安排時間。因此自然產生非父母監護權問題和祖父母、外祖父母的探視權。與其他離婚相關問題一樣，關於祖父母的監護和探視法律，各州不同。」[15]祖父母的權利包括監護權（當父母不能也不願接管）和探視權，因此可制定時間表。但如果鬥氣的妻子不讓孩子去拜訪祖父母，有時唯一的選擇是打官司。

Divorcesource.com 繼續說明：

當祖父母為了獲得探視權而上法院，一般自然會認為兩家家庭成員之間必然是敵對的。假使雙方沒有敵意，便沒有法院介入的必要，這是合理的想法。歷史案件充分表示，即使祖父母確實得到探視行程的安排，對方父母也不太可能遵守法院命令。雖然祖父母有權執行法院命令，告對方藐視法庭或要求監禁，不過如果真的這麼做，反而會更增加雙方的對立。法院經常會加以考慮，認為這種情況只會增加孩子的壓

力，因此違背了「最高利益」理論。[16]

換句話說，法庭並不見得會支持受到疏遠的奶奶。不過是想要有機會見見孫子，可能就會被視為對孩子的福祉有損。

祖父母和外祖父母，受到子女離婚和無法探視孫兒的雙重打擊，但大家似乎認為，他們應該在一旁默默支持就好。俗話說「血濃於水」，即使孩子是婚姻中的背叛者或施暴者，父母也會支持孫子（因此疏遠受害者）。

下面的真實故事震撼了當地的小社區。羅絲和喬爾住在離希薇亞和克莉絲特多弗一兩公里的地方。他們經常帶著年齡相近孩子一起外出，每週都會嘗試新餐廳，或是共赴欣賞歌劇、爵士俱樂部、電影等。他們享受彼此的親近，但喬爾和希薇亞卻開始調情。他們起初只是私下挑逗，後來發展到白天見面。克莉絲特多弗首先注意到，希薇亞在打電話安排兒子生日派對時，卻咯咯發笑。他知道自己的妻子，明白有些事不單純，於是與她對質。他無法忍受自己的妻子與好友出軌。

希薇亞和喬爾的膽大包天，造成兩個家庭的破壞，影響到六個孩子。天真無辜的羅絲不敢相信丈夫竟然會做這樣的事。克莉絲特多弗得知真相以後，立刻僱用私家偵探盡力挖掘內幕，並將證據拿給羅絲看，喬爾的謊言使她心碎。

兩對夫妻分手後，喬爾帶著包袱到父母家，住在小時候的房間，連著著獨立的出口，與主屋分開（包括兩間客房，其中一間就是喬爾一直睡到高中畢業的房間，後來雖然他離家仍維持原貌）。父母對兒子可恥行為感到震驚，但覺得有義務支持他，因此等於被迫忽視羅絲和喬爾15年的相處。他們喜歡羅絲，喜歡孫子，但他們不會拒絕兒子來家裡避難，為兒子而失去其他家人，這個後果只能說令人遺憾。

喬爾住在父母家不用房租的房子3年。離婚後7年，希薇亞和喬爾終於各自結婚。克莉絲特多弗對前妻和朋友都懷有恨意，他們製造的爛

攤子，也讓上一代受苦。喬爾的父母知道善良的羅絲，因丈夫的欺騙、不負責任而患有憂鬱症，但他們不能背叛兒子，也對自己掩護兒子的行為感到尷尬，因此不能聯絡羅絲。

史蒂夫‧薩勒諾（Steve Salerno）在《紐約時報雜誌》上分享了自己身為一個祖父的故事。他回想那一天，他26歲的作家兒子奎格在看一張孫女蘇菲亞的照片，是由妻子凱西所拍。孫女在公園裡凝視著相機，周圍沒有別人。「她18個月大，身旁垂著兩隻胖嘟嘟的手臂，站在橡樹影子下的綠油油草地，遮住她的腳踝……。」

那是一張「我沒辦法裝進箱子裡」的照片，引發了他的憂思，敘述著祖父母的失落：

當時我們不知道那是最後一次看見蘇菲亞，那天下午她媽媽帶著寶寶離開奎格。奎格告她綁架女兒，她打出王牌卡，首度承認我兒子可能不是蘇菲亞的親生父親。一個月內DNA檢測不配對的結果，證實了這件事。當時奎格的前妻決定既然蘇菲亞是她唯一與奎格的連結，她就要從此與我們不相往來。她與我兒子的關係總是無止盡的爭吵，就像我與自己的兒子一樣。雖然凱西和我總是相處融洽，但如今她指責我們在法律上偏袒。就這樣，一切都結束了。在法律上，因為她媽媽不願意，我們誰也沒有權利去看蘇菲亞。[17]

兄弟姊妹、繼父母、親朋好友

兄弟姊妹的婚姻狀況，會影響你自己的婚姻狀況，反之亦然。如果你有離婚姊妹或兄弟，你的離婚可能性是22%。[18]但如果你有夠多兄弟姊妹，還可以避免離婚。2013年的一個大型國民研究樣本，經過教育、種族、年齡、宗教和單親或雙親撫養等各種控制變因，發現大家庭（4至7個孩子）的兄弟姊妹，比那些1到3個孩子的家庭，離婚率較低。作者推測，由於大家庭成員多，彼此溝通的經驗，提供了解決爭執的實

際演練。[19]

離婚使家庭複雜化，由於法律的結合與分離，家人會愈來愈多，因此必須練習解決爭執的方法。另外還需考慮同性戀、同居、非婚生子女、離婚後再婚等所帶來的複雜輩分關係。

我的女兒最好的朋友是奧莉薇，她是女兒優秀的高中老師布萊特女士的小孩。奧莉薇家有6個兄弟姊妹，她家人很歡迎所有朋友來家裡玩。有次我們全家去度假，也邀請奧莉薇，看見她們家人之間相處愉快，關係緊密。後來女兒高中畢業，奧莉薇沒有直接上大學，而是參加國際仁人家園到宏都拉斯協助蓋房子。奧莉薇關心社會，她計劃取得社工學位。

不久，布萊特女士宣布自己是同性戀，因此想要離婚。孩子們驚慌失措，卻能從容應付。父親早知道會這樣，只是想要盡可能延長家庭生活。於是房子賣了，收益分成兩份。兩個最大的孩子已經成人，媽媽與愛人（另有5個孩子）結婚，找到新教職工作，和3個最小的孩子搬到別州去住。

突然之間，奧莉薇的大家庭規模又翻了一倍。一次布萊特女士與新配偶邀請兩家所有孩子一起慶祝復活節，奧莉薇說，「媽媽的房子感覺像個旅館，不像一個家。我們之前早已習慣了混亂，家裡每個人早上都從一堆白襪子各取一雙，像這樣的事等等，不過相較之下還是不一樣，因為我只認識這裡一半的人，卻要對待每個人都像家人一樣。真的好尷尬。」

你不想讓自己生活簡單嗎？

的確，人們不會為了避免日後關係的複雜混亂，而得到啟發，決定修補婚姻。家庭變成大雜燴，往往是被別人的決定所迫。但值得思考的是，配偶頻繁的離婚、同居又分居，使得人際關係日益複雜。如果關係的不可預測，造成你覺得面對一些前任、繼父母等一長串關係名單會覺得不舒服，你會與這些不見得關係長久的人物親近嗎？你會對父親的

新妻子、女兒和孩子投注關懷嗎？還是不再關心以免日後徒勞無功？由於不知道關係會長久還是短暫，因此變得不再忠於任何人，以免受到傷害，造成家庭和群體關係變得冷淡。

《紐約時報》有一篇專欄文章，小說家安‧派契特（Ann Patchett）描述丈夫和她一起主持年度聖誕節前夕派對，希望家中不同派系成員能夠聚集在一起，暫時停止爭執。「因為我很小的時候父母就離婚，父親一遇到我母親態度就很差，我覺得自己好像是把節日辦得像瑞士停戰區一樣，」她解釋。「你可以看到母親、父親、繼父母、祖父母和繼祖父母大家同處一室，祝福大家聖誕快樂，不必像一個瘋子一樣，為了家人團聚，開車全國到處跑。」

你可以理解她的難處：「當然，這對我來說並不難，因為我住在納許維爾，父親和繼母住在加州，還有那個我認為是繼父的人，他是我母親的第二任丈夫，他們住在德州，還有他的4個孩子，其中2個關係與我還算親近，只是住得很遠，不過我要說的是，聖誕節前夕對我來說，真正的複雜的問題並不是因為大家都住在不一樣的地方。」

雖然不知道這一大家族其他的事，不過猜得出問題似乎不在地點，而是離婚。

她母親的第三任丈夫終於提出抗議，來年他再也不能接受這種討厭的派對，這個計劃便瓦解了。「原來大家都痛恨這個聖誕節聚會，勉強來參加是因為他們想這是正確的事，應該要做。」派契特終於承認。「現代家庭就像一條黑暗扭曲的河流，我只能說我已經盡了力，努力以我認為的方式航行。」[20]

像派契特母親的第三任丈夫（有3個孩子）和派契特的丈夫（遇見妻子時還有青少年期的孩子）一樣，終究需要有人出來停止這件事。但與其抗拒關係陌生的無意義氛圍，產生社交壓力，為什麼我們每個人私下也好、公開也罷，對於製造更多家庭關係的婚姻，拒絕產生偏見呢？與曾經相愛的人道別已經夠糟，結束一場有孩子的婚姻更會導致永久的

後果。婚姻愈複雜，愈令人困惑，關係也愈不親近，我們更不會互相關心。這是新的一夫一妻婚姻制度所帶來的產物。

即使對旁觀者來說，你的離婚也有影響。研究學者凱莉斯汀・格林（M. Christian Green）寫過關於離婚「旁觀者效應」，這個名詞是為了回應1964年紐約市吉諾維斯（Kitty Genovese）謀殺案所創，當時據說有38位目擊者看見事發卻對尖叫聲視而不見，不想牽涉進入。你的婚姻，親友不想介入，寧願選擇袖手旁觀。離婚夫妻的兄弟姊妹、朋友、親戚的藉口是，婚姻是私人的事。「然而這種預設的私人關係，已證明具有更廣泛的影響⋯⋯對於旁觀者的觀點、決定和選擇。」格林女士寫道。[21] 即使你與一對離婚夫妻毫無關係或關係遙遠，離婚除了會影響他們，也影響你的價值觀和婚姻關係。

職場的悲嘆：同事與離婚

離婚破壞性的波浪，向外傳播到工作場所的同事身上，同事對婚姻的負面態度也會影響到你。《華爾街日報》「工作與家庭」專欄作者蘇・席蘭伯格（Sue Shellenbarger）報導瑞典在2001年對3萬7千名員工的研究，探討同事對彼此婚姻的影響。研究人員發現「如果辦公室所有同事都是異性，離婚率風險會比同性提高70%，令人吃驚。至於同事是單身或已婚則沒有影響。」

即使與同性一起工作也可能造成婚姻危害。「如果所有同性同事都是單身而非已婚，離婚風險會上升60%，或許是因為單身者的生活成為榜樣。」席蘭伯格寫道。

離婚在職場是具有傳染力的，就像在朋友之間一樣。「一個已婚者如果有三分之一異性同事近期離婚，則自己離婚的可能性高達43%，相較於近期沒有同事離婚的情形。」所以你的離婚傷害的不僅僅是你和家人，還有同事。

席蘭伯格引用一位丈夫說的話，他自從妻子開始到醫院工作後，

失去了20年來「可信賴的妻子」:「我認為職場工作關係密切的人們之間,會產生一種興奮情緒。」紐澤西有一位生產督導以意志力抵制一位英俊同事的調情,「老實說,有一種快感,讓你會期待去上班,特別注意那些語言暗示和淘氣的表情。」解毒的方法很明顯,就是與配偶一起工作,這樣可降低離婚風險至50%。[22]

　　有一個重要的訊息是:與伴侶保持關係緊密。夫妻接觸愈多、交流愈多,彼此的價值肯定愈多,關係愈堅強。

第三部

所有（錯誤）理由：
回答離婚的爭議

離婚是必要的時候：
怎樣知道離開的時刻到了

毒癮和酒癮

在某些情況下，需要立即離開婚姻，特別是有任何身體虐待、持續的情緒虐待和未經治療的毒癮和酒癮。前面我提過，只要有任何暴力相關行為，都應立即撥打家暴熱線。如果對於人身安全有疑慮，寧願過分小心也不要後悔莫及。並諮詢專業人員關於離開的注意事項，避免離婚所可能引發的憤怒火花。

如果配偶拒絕承認或治療上癮，也可能是離婚的理由之一。德州奧斯汀研究所2014年進行了一項對4千名離婚者的調查，23%表示離婚原因是酒精或毒品藥物的濫用。[1]上癮具有遺傳傾向，許多軟弱的人需要醫療干預並持續提醒，避免復發（常見於任何上癮症）。強烈的欲望推動人們上癮，導致上癮者產生各種非理性、欺騙的行為，甚至失去理智，不再關愛或為伴侶考慮。

上癮者堅持戒癮，最好的動力是來自忠誠伴侶的關愛支持，但即使如此也不見得總是能拯救婚姻。蘭斯是一位腎臟科醫師，因背部受傷，開始對止痛藥上癮。他用妻子和孩子的名義開藥方，後來繼續用岳母、兄弟姊妹的名字還有其他人，他覺得沒有人會查到。當然，終究還是東窗事發，失去醫師執照。妻子梅西和3個分別是14歲、16歲和17歲的兒子感到震驚，但他們發覺蘭斯生病了。蘭斯離家到一間兩百多公里外的康復之家休養，進行停藥和強化治療，每天還要與其他醫療專業人員

進行數小時的團體治療。

兩個月後，梅西和兒子們歡迎蘭斯回家，他開始參加戒酒無名會，而支持他的妻子則加入戒酒無名會的家屬支持組織，每天開會。白天她在一家女裝店擔任管理工作，蘭斯則在家盯著60吋電視看好幾小時。他從不談康復之家的經歷，但短短兩個月已使得他變得與家人不熟悉，成天昏昏沉沉，因為失去醫師工作而喪氣。

不過梅西並沒有因此而停止閱讀任何與上癮相關的資料，她想要成為最能支持丈夫的妻子。後來她讀到遺傳與上癮有關，因此提醒蘭斯注意家族背景，並督促他前去治療，兩個人依然是夫妻，但轉眼存款就要用盡。

蘭斯從康復之家回來4個月以後，一個星期六晚上，兒子們都到朋友家去了，梅西問蘭斯要不要去看電影：「你想要看驚悚片還是喜劇片？」

「事實上，我不想和妳一起去看電影或做任何事，我一直想要告訴妳，我認為我的需求在這場婚姻中無法得到滿足，我想離婚。」

梅西不敢相信。除了工作，她整個人生投入到丈夫的復原之中。難道她在他進入康復之家的時候還不夠堅持支援丈夫嗎？還是不夠努力照顧他們的家？還是不夠忠誠向兒子們保證爸爸會渡過難關？

她每天都參加戒酒無名會，想要得到幫助，才能進一步幫助丈夫。

「我們要怎麼做才能解決這個問題？」梅西懇切的問。

「什麼都不能。」

「我們的婚姻出了什麼問題？」她哀求，儘管她知道兩人已有兩年沒有性生活，她歸因於藥品和康復之家的創傷。她想或許他有陽痿，不過他拒絕看醫生的建議。

「什麼都沒有。我尊重妳，但我不再愛妳了。」他裝好行李箱，說他會聯絡。「你要去哪裡？」她拜託他說。

「一間旅館。妳可以告訴兒子。」

她回過神來回答，「不，你去告訴他們。我不懂你為什麼要這樣做。」

沒有回應。就這樣「一刀兩斷」，澈底改變了梅西的人生。蘭斯沒有告訴她什麼原因，想必在康復之家的日子，讓他終於能做一些事來表達自己的不滿。自從他離開康復之家，一直在為離婚這一刻做準備，轉移財產。梅西後來指責康復之家就像「希臘旁白歌隊」（Greek chorus）唱出蘭斯的心事，他才會離開。

事情無疾而終。蘭斯離開不久，便先發制人與牧師談話，後來當梅西去見牧師，詢問如何能夠恢復婚姻的時候，牧師卻回答：「妳很幸運能擺脫他。」

到了治療師面前，答案也是一樣的。「他沒有回來的希望。」她告訴梅西，只是不能透露太多。

梅西和蘭斯的情況複雜，因為圍繞著兩個因素，藥物濫用以及擺脫一切奔向完全不同生活的欲望。他撇下一切，但還留下一半的衣服，告訴梅西他們捐給慈善商店。兒子們極為震驚，梅西一蹶不振，大兒子只好忍著難過做飯照顧兩位弟弟。

如果你和有某種上癮症的人結婚，你並不孤單。婚姻的衝突糾纏著美國1千至1千3百萬酒鬼、上癮者、藥物上癮者。美國藥物濫用研究所報告指出，[2]「根據2010年全美藥物使用與健康調查結果，估計有2百40萬美國人過去一年內曾非經醫師處方使用藥物，也就是平均每天都有約6千6百位加入行列」。2010年美國約有8百76萬人非為醫療目的濫用藥物。[3]

當濫用問題威脅你的婚姻，其中很大程度決定於上癮者自己的行為。上癮者可能真心希望改變，然而衝動卻會受到控制。在這種情況下，你必須權衡經驗與可能性。配偶無法堅守解決上癮問題的計劃，因為上癮者會想辦法滿足自己，也可能無法提供你應得的尊重和關愛。戒酒無名會英文網站上的家屬留言板充滿關於「離婚如何進入我們的恢復

過程」等尖銳的證詞：

即使你知道離婚對大家都是正確的，過程仍令人心痛（我懂）。真的好像死過一次。如果你決定離婚，黯淡的日子不可避免。對於選擇不離婚的人，我也告訴他們要調適自己（而不是改變伴侶），保證會過得比較幸福快樂。

我也想過如果我要自己一個人睡覺，要住在哪裡，要租公寓或買得起房子嗎，沒有丈夫怎麼過日子，以後怎麼能和其他男人在一起，他的家人會怎麼想，他們會恨我嗎？最重要的是，我所深深愛上的那個令人傾心的男人，我怎麼可能說走就走。我們曾經一起歡笑、支持我、愛我、鼓勵我、送花使我驚喜的男人，我無法想像沒有他的日子。

但，他出現了新的人格（酒醉），我再也不能忍受。我想念那個我所愛的男人。但，我也想念過去的我，想要喚回我的生活，恢復自信……所以，等到念想成真，誰知道我的感覺會怎樣。

有個簡單的建議不是離婚，而是在離婚之前先考慮離開，兩個人分離一陣子，形式很像但並非永久，最好是一次一整天，整體來說會有比較好的結果。[4]

正如這些貼文所顯示的，酒精和藥物濫用往往會使上癮者的個性變得更糟糕，轉變成為一個認不出來的、不可理喻的伴侶。這種情況深深提醒了我們，即使是在這樣嚴峻的狀態下離婚，依然會造成重創，也提醒著我們，沒有人能夠真正去控制另一個人；或許會有影響，但無法控制。有時好意和努力都會失敗，有時方向錯誤甚至變成去改變另一個人（不過這可以是退縮的合理化解釋）。上面引用的最後一篇貼文，提出了一個取代離婚的重要選擇，夫妻彼此先脫離情緒的控制，然後再逐漸還原婚姻。婚姻仍然保持，只是分離一段時間，這是一種明智的過渡期選擇，彼此依然互相依賴，但各有各的復原途徑。在上癮者重新獲得力

量，變得清醒之際，夫妻和解的大門是開放的。

在一些案例中，不管你做什麼都無法說服、哄騙、操縱、帶領、懇求或以其他任何方式去改變配偶決心離開的意志，但一些案例用一兩種方式即奏效。不要害怕，請嘗試所有可能的方式，找到適合你與伴侶觀點和經驗的正確方式。這是你的婚姻。

另外，「操縱」這個字一向具有奸詐狡猾的邪惡意義，我們會認為「操縱」的人不僅自私，還會對他人造成負面影響，但我們也可以操縱人事物往有益的方向。每個人每天都在操縱自己和別人的環境，這是我們「贏得朋友和影響他人」、塑造事物的力量，也是創造力、創新的核心，我們可以「操縱」人事物，變得更好。

談到你的婚姻，其他人可能會避免做個人判斷，但你沒有選擇。事實上，你的婚姻日後會發生什麼，是由你來決定。你有資格和權力去判斷。就算證據微弱，你也有權力相信婚姻。無論你說什麼，都要相信其他人會點頭贊成。接著明確尋求目標支援，重建你的婚姻。

社工師蘇珊・皮斯・加多是《今日心理學》（Susan Pease Gadoua, *Psychology Today*）的作者，她曾敘述上癮對婚姻的破壞性效應：

由於所有上癮症都會愈來愈嚴重，如果沒有協助，上癮者與配偶只會落入不幸的深淵。這種狀況雖然看起來有各種方式可以預防，例如康復之家、十二步計劃等，但上癮者首先必須主動要求協助，才能停止自我破壞的行動。

但上癮這種疾病，會告訴上癮者自己沒有病，不像癌症等疾病，會喚起病人的生存本能，上癮反而會要受害者死掉（俗話說，不死也會去半條命）。[5]

因此上癮者的離婚是無可避免的：

· 拒絕承認自己有嚴重的濫用問題，並抵制諮詢或治療。

· 承認問題，但不會讓你干擾或做任何事。

· 常復發或不遵循治療、不自制，過程可能需要幾年，不斷在遵守和再犯之中循環。很多時候，上癮者生活在證明自己失敗的預言中。

情緒虐待

身體虐待相對容易辨識。我在前面提過，任何擔心自己安全的人，都應立即諮詢家暴輔導員，以決定可使自己與孩子免於危險的最審慎方式。情緒虐待可能與上癮同樣具有破壞性，甚至更加無孔不入，卻更難發現。情緒虐待並不總與造成身體虐待的憤怒，同時伴生。憤怒可能是殘忍行為的動機，但也可能存在於其他各種情緒和原因。

葛列格裡·詹茲在《治療情緒虐待的傷痕》（Gregory Jantz ,*Healing the Scars of Emotional Abuse*）定義情緒虐待為「一個人故意脅迫另一個人，扭曲受虐者的自我認知，使得受虐者願意受施虐者的控制。」[6]

「虐待關係比較是一種對待你的態度，而不是因意見不同而偶發的生氣、激動。」派翠夏·伊凡絲於《言語虐待的關係》（Patricia Evans ,*The Verbally Abusive Relationship*）書中寫道。她描述「權力統治」是用來支配和控制的策略。雖然有時女人會自責，認為選擇這種類型丈夫的人是自己，但作者觀察到，虐待並非一定可以預測。女人可能會選擇親切、細心的追求者，但——

如果男人相信「現在」他具有某些資格和特權，感覺優越，如果表現弱點和溫暖則屈居下風，表現自己的感情也是軟弱的，他天生要做女人的主，沒有責任建立和維持關係，應該成為女人關注的中心，女人本該回應他所有要求，但男人對女人的態度和待遇卻會變化。[7]

可悲的是，女性往往相信，只要足夠順從或取悅男人，就可以停止憤怒和羞辱，但虐待行為的根源經常是根深蒂固的內在問題，妻子無法接觸。

情緒虐待的徵兆是什麼？

· 你開始懷疑自我價值，甚至質疑自己應該得到更好待遇的可能。
· 你開始認為配偶的羞辱可能是對的，自己很難在對方面前抬頭挺胸。
· 你無力表達自己的感覺，身體各個部位也有疼痛、疲倦等明顯症狀。
· 你注意到自己行為的改變，想要避免情緒爆發，變得小心翼翼，避免對方不喜歡的話題或人物。
· 你擔心報復而隱瞞配偶一些事物或訊息，數週或數月生活在恐懼之中，成為你生活的常態。

這種生活方式令人無法接受。請打家暴熱線，每個地區都有專門人員在等待你的電話，告訴你接下來可以採取的步驟。把你可能得到的支持列出來，例如朋友的住家、可以幫忙帶孩子的家人。註冊一個沒人知道的電郵帳戶，盡量多存一點錢。一旦你決定要離開，請保持堅定，你要保護孩子和自己的心智。

什麼時候該放棄

有時與伴侶的生活，經過多年消耗產生質變，令人折磨痛苦，婚姻必須要結束。人生難免不如意，但離婚的未免也太多。

配偶急躁、不切實際的期望、不能容忍，這些情形與我們的離婚文化共謀策劃，使原本有效的關係似乎更加壓迫，令人難以忍受。

幾年前，《紐約時報》開始連載一個「曠男怨女」的專欄，描述夫

妻的婚姻如何開始與結束。為什麼報紙想要刊登一個關於失敗的專欄？或許是讀起來有趣，使婚姻無趣的夫妻對自己的情況感到安慰。但無論如何，每個故事都顯示了一些導致離婚的缺陷特質，似乎證實了托爾斯泰在書中開頭對安娜卡列尼娜的觀察：「幸福的家庭都是相似的，不幸的家庭則各有各的不幸」。

但如果你閱讀這些故事，你會好奇為什麼缺陷必須是致命的。

拉姆和芭芭拉·山繆結婚時，一個35歲，一個23歲。拉姆是木匠，他失去第一任妻子後不久便再婚，與芭芭拉維持了20年的婚姻；而芭芭拉也曾經有過一段短暫婚姻，但沒有孩子。

他們在一個聚會中相遇，她受到他「美好的南方口音」所吸引，「他們談論音樂、政治和種族關係（他是非裔美國人，她是白人）。」

「她很可愛，美麗來自於內在。」拉姆回憶。

芭芭拉說：「他英俊高大，我愛他的手。他的皮膚很漂亮，是桃花心木色。」

他們討論關於婚姻「很長一段時間」，在一起3年後，芭芭拉懷孕，他們結婚了。親人起初「猶豫」，「擔心」種族混合，但夫妻倆說服了大家。

經過17年，兩個兒子結婚，他們面臨艱難的時刻。拉姆的親密家人死於C型肝炎，拉姆也是帶源人。芭芭拉的作家事業正在擴展，四處旅行。她不在家的時候，拉姆發生外遇。

拉姆聲稱離婚完全是自己的疏失。芭芭拉表示異議，「他需要我，我沒陪著他。迷失方向的時候總是會誤入歧途。」

他們嘗試了幾個月的治療，但沒有修復缺乏的信任，「結局很清楚，她愛他，但他們的方向不同，她想。」拉姆明白妻子所受的傷害：「你不明白信任多麼重要，直到信任不存在為止。覆水難收。」引發離婚的是一個外來事件。911事件，世貿中心塔樓倒塌，造成芭芭拉想要離婚。「我看見人們在紐約所經歷的，我知道我也能夠承受。」

他們想起當時對離婚的反應。她覺得「彷彿生命已經結束」，他則覺得「有罪、害怕」。他不想失去家庭，兒子也希望父母能夠在一起。離婚後數月，拉姆回家鄉聖路易斯參加葬禮，遇見舊識，重燃愛火，他再婚了。過了不久，芭芭拉也開始約會。

離婚後10年訪談二人，問他們會有什麼不同做法，拉姆說：「我不會外遇，不值得。心裡還是難過。」他依然想念她。芭芭拉則希望能縮短分離時間，她承認：「與他相遇，有了孩子，兩個人所分享的白天和夜晚，無數的交談，使我的人生更加豐富、深刻和廣泛。」

拉姆給別人的建議是「堅持下去，不要輕易離婚，寧願妥協。不要違背婚姻的誓言。」芭芭拉說，「不要太早結婚、要說實話。你開始說謊第一次，事情就會開始崩毀。」

當然，就像其他健康的人一樣，他們離婚後都各自前進，如今已與他人關係密切，顯得滿足。身為局外人，永遠不可能清楚別人婚姻的內幕，但這場婚姻是否真的問題如此嚴重，非要拆散家庭？兩個人至今依然每個月說幾次話，也與對方家屬保持聯絡。」我感覺他們的故事苦澀中帶有甜蜜，不是嗎？[8]

我讀了這些分手的故事，覺得很明顯，這些「曠男怨女」只要有決心，就能解決婚姻的問題。例如亞力克，他是個搖滾音樂家，辛西亞是個神經科醫師家也是個鍵盤手，她去應徵他的樂團。「她白天在醫院上班，晚上就和他一起演奏，家裡總是音樂繚繞。」5年後兩人結婚了，再過5年女兒茱莉亞出生，「女兒是我們的暢銷金曲。」亞力克滿懷驕傲。

他們的財產從來沒有共有，事事「分攤帳單」，但「亞力克說他很不好意思，自己的收入從來不曾接近妻子的。」亞力克暗地裡累積了大筆負債，辛西亞不得不幫他還債，於是兩人開始吵架。他們試著進行婚姻諮商，然後分居，又為了5歲女兒復合，但一年後又分手。辛西亞由於工作壓力大，想要旅行，卻因亞力克「金錢、飲食習慣和生活混亂」

感到困擾。第二次搬出去以後，促使亞力克「面對自我的問題」，他「付清債務，兩人分擔照顧孩子」。

文章並沒有解釋他們為何正式提出離婚，但有一個調解人參與。「簽署離婚書後，他們去吃午飯。」據辛西亞說，「我們仍然相愛。」

她說她懷念結婚。「人們說『現在你可以去尋找一生摯愛，但我想我已經找到了。』」問及亞力克是否早該離婚，他說：「除非是在生孩子之前。」「我們已經竭盡所能，但愛使你變得盲目，無視那些危害婚姻的行為。」辛西亞補充。9

愛使你變得盲目，並導致離婚。讀過他們的故事，我發現許多怨偶都會去做婚姻諮商幾個月，但後來卻沒有加以運用。我敢說，那些也去諮商然後認真實行的夫妻，很少進入怨偶行列。

什麼時候應當放棄？

- 當你被一個「砍你一刀就跑」的人拋棄的時候，對方從不回電，單方面執意離婚、財產分割，為自己安排未來的居所。
- 當你多次急切嘗試，想要和對方坐下來討論分隔你們的問題，卻只得到抗拒或漠不關心。有用的談話通常需要誠懇傾聽，清楚伴侶的想法和感覺，妥協並願意改變。
- 當你寫信和電郵來表達這些想法和提議（間接溝通有時比較好），對方卻反抗或沒有反應。
- 當伴侶拒絕你的婚姻諮商建議時，或只是認為諮商是為離婚做準備，無意解決問題。
- 當你自行前去諮詢，開始改變自己的習慣，特別是可能造成離婚的習慣，這證明了你認真想要重振婚姻。如果為改變付出時間和感情，但伴侶卻遠離，可能是離開的時候。

如果你的婚姻符合一到數個判斷標準，你可能只能選擇離婚，因

為婚姻關係不能只有孤單一人。不過事到那種程度至少需要數月甚至數年。如果是你的伴侶想要離婚，請尋找並發掘問題。如果提離婚的是你，請注意你會把經驗帶入到下一個關係。如果你未能解決婚姻問題，日後同樣的問題還是會再度發生。

一個可以考慮的決定

理學家布魯斯・德曼（Bruce Derman）專長為「在離婚過程輔導、協助夫妻，以建設性方式幫助全家」；而家庭治療師溫蒂・葛瑞森（Wendy Gregson）則提出了八個問題，幫助你決定是否「做好離婚準備」。[10]以下列出他們的問題以及我的回應：

(1) 你對伴侶有感情嗎？……如果有，最好優先努力修復你們的關係，而不要決定離婚，以免失去的感覺壓垮你，離婚後變得比現在更糟。

我同意德曼和葛瑞森，關於你對伴侶的所有溫暖或感傷的感覺，可成為解決婚姻問題的跳板，他們很正確，與其後悔一輩子，不如盡一切可能和解。

我永遠忘不了一個悲慘的案例，有控制欲的丈夫終於聽見妻子的聲音，她堅持要去做輔導。像其他許多類似的丈夫一樣，他堅持自己沒問題，全都是妻子的問題。她懇求了幾年，最後終於離開。她是一個甜美、可愛的女人，與控制者（覺得自己是受害者）的不幸婚姻結束後，一個一直喜歡她的人，帶著善良和同情的態度和她在一起。由於受到欣賞和尊重，她感到愉快，陷入戀愛，在離婚一年後再婚。

控制者丈夫不甘示弱，在網路上認識新對象，很快結婚，這段婚姻維持不到一年便告終，這時他意識到自己的自私和自尊，造成他失去了好女人，孩子們也恨他。

激烈的離婚來自配偶之間深厚的感情，尤其是怨恨。我發現這種感情的消退，至少需要兩人關係一半的時間。所以就算你覺得已經自由，在離婚很久以後，依然會一再回顧這段關係。

（2）你真的結婚了嗎？……如果你沒有在婚姻中發展真正「我們的」關係，此時你不是要學習如何建立關係，就是要承認你從來不曾真正擁有過婚姻。

既然你已經結婚，難道不該優先把「我們」放在第一位？「我們從來沒有真正結過婚」這句話真是合理化離婚的經典。不要上當。

（3）你真的準備離婚嗎，或只是在威脅？……德曼和葛瑞森寫道，凡是爭吵白熱化、失意挫折、操縱對方、配偶經常威脅或是認真考慮要離婚都會使問題變嚴重。如果你準備離婚，可以老實說：「我想要關閉人生的一個章節，我心平氣和，面對事實，這段婚姻關係我已無能為力。」

威脅離婚雖非真心，但無意中會啟動自動毀滅模式，愈演愈烈。「我想要關閉人生的一個章節」這樣說對可以探查自己內心深處真正的感覺，如果你發現反對或遺憾的感覺，請大聲說出口，其實你還沒有準備好結束；只要伴侶在一起，婚姻關係都會有互動。

（4）這是一種基於自我意識的真實決定，還是一種情緒反應的決定？……情緒化的決定不長久，無法解決根本問題。因憤怒而離婚，離婚後依然憤怒。

我要再說一遍，戀愛、婚姻和離婚，情緒凌駕理智。邏輯上，人們應該能夠解決問題。根據你對婚姻的長期投資，離婚還會對你的健康、財務狀況，尤其是孩子造成危害，因此邏輯告訴你，應該要在一起。試試看這個練習：假裝你是個完全客觀的觀察者，與家人沒有感情聯繫，你會如何看待這場婚姻，可能

會建議什麼解決方案？

德曼和葛瑞森所說的情緒反應決定，「反應」表示這個決定是對另一個人產生的（而且大多數離婚者的確認為配偶不可改變的個性是婚姻破裂的原因）。然而婚姻本身完全可謂是「反應」，兩個人互相適應情緒和需求，造就了婚姻。或許雙方的不合是因為你缺乏彈性與適應性，對於困擾你的問題，是否能找到一種妥協方法，還是大方放手？在任何關係中，尊重差異都是關鍵。

你的「情緒反應」是否由憤怒驅動，還是更糟糕的報復想法？你的伴侶做了可怕的事，無可推諉。你不能忍受，想要離開。報復永遠會兩敗俱傷的，你是否真的是這樣的人，會基於不成熟的報復慾，做出對生命有巨大後果的決定。

（5）你想要離婚，背後的意圖是什麼？……離婚無力可糾正錯誤或改變人們的心和想法。離婚只能當作外遇，就是結束婚姻，使得兩個人都自由，可以與新的對象連結。

有些人認為離婚會使不重視家庭的前任想念家人，或不回家的父親突然覺得會失去孩子而洗心革面。只能說，想要使冷漠的配偶改變，這是一種扭曲的方式！

（6）你是否已解決了內心的離婚矛盾？離婚的人心裡都矛盾……察覺矛盾，承認自己會因離婚的衝擊而掙扎，不同時候會有不同反應，這是準備離婚過程的一部分。

是的，每場離婚都牽涉各種不同的感情，在某種程度上也會質疑離婚這件事。內心矛盾是探討問題的一個機會，可以釐清你與伴侶之間的分歧。內心矛盾是人性，永無完全消失的一天。想要離婚，你必須知道自己的矛盾情緒顯示的就是想要留下來的想法，這種想法首先值得培養。

（7）你能處理離婚不愉快的後果嗎？……你還沒有準備好離婚，德

曼和葛瑞森表示，如果你沒有準備要改變財務、生活方式、習慣；如果你不能接受孩子的悲傷和憤怒；如果你不能接受不安全感、恐懼和未知；或者如果你不情願在心理、情感和精神上放手。

的確是真的。我寫這本書是為了說明，離婚的不愉快後果極為嚴重，使得離婚這種治療方式往往比疾病本身更可怕。如果你太過依賴伴侶，無法獨立或適應變化，這也是一個待處理的問題，最理想的狀態就是在婚姻狀態下解決。

（8）你是否願意以負責任的成熟態度來掌握自己的生命？……你所選擇的態度將決定離婚的型態。

當一方或雙方都不成熟、不負責，這是婚姻中常見的問題，也是離婚變得混亂和情緒化的原因。離婚使人「硬起來」，必須為自己負責，但經常是不自願的。不過離婚並非唯一的方法。你可以在婚姻中發展能力，變得有能力了解和解決問題。既然離婚和結婚都要努力，何不把力氣用在婚姻裡，不要面對律師、安撫孩子的脾氣，或在離婚支持團體中發洩情緒。

因為你

　　離婚的理由可歸為三大類：「都是因為你」，「都是因為我」，「沒有誰的錯」，不過在接下來的三章我要一一反駁這些藉口。從最常見的開始，指責你配偶有令人難以忍受的缺陷，而這又可分為幾種。

我再也無法忍受你的壞習慣，那只是藉口

　　莉莉和布萊克所面對的是相對還算溫和的問題，兩個人的固執，最後卻演變成離婚的原因。起初布萊克覺得她挺可愛的，莉莉喜歡打扮，總是穿搭得很好看。她很會搭配衣服，青綠色牛仔夾克下是一件黑色T恤，圍著黑白相間的大格子毛披肩。每天早上有1千2百位Instagram粉絲等她發圖。她列名於哈潑時尚雜誌Instagram頂級時尚名單中，飛上枝頭，獲得商家和朋友免費提供衣服。

　　布萊克是一家醫療集團的IT經理，很自豪妻子是美女。莉莉在一家高級化妝品店工作，但實際收入卻不高。他們一起出席醫院相關的慈善盛會，第二天這件事就會透過她的發文傳遍所有的朋友。她真正的熱情在Instagram。

　　但莉莉是個邋遢鬼。她的衣櫃只有半滿，因為大部分衣服在房子裡到處亂丟。她穿過的衣服脫下來便直接丟在地板、餐椅或沙發上，很少整理，不少都需要清洗。她很討厭洗衣服，所以每星期左右就會帶一大袋到洗衣店。

布萊克偶爾會幫忙，從髒衣服堆裡面找出還可以穿的，很多都皺巴巴的。有時她想到新的搭配方式，就會拿出熨斗，滿屋找衣服，簡直要把房子拆了。但衣服堆還是沒整理。

　　布萊克有專用書房，是屬於他的天地，一切都井然有序，桌上只有筆記型電腦。他和莉莉談整理談了兩年。「我知道我不能指望她一下子從一個邋遢鬼變成有潔癖的人，」他就5年的經驗談來說。「我和她一起整理，還請了清潔人員來教她，她丟了一大半衣服，把襪子折成整齊的小球，放在抽屜裡，維持了一週。我們之間沒什麼問題。」

　　不幸的是，她很快原型畢露。「我請了週間打掃，但她不知道該在哪裡放東西，因為莉莉會罵她，叫她不要碰任何東西。」

　　另一方面，他們的接觸卻很神奇。「我和她在一起是為了性愛，」布萊克承認。「我摸著她覺得好舒服，皮膚又滑又緊緻。這是應該的；我每個月要付5百美元給她的私人健身教練。」

　　3年後，布萊克感到氣餒。「我家有一個知名度很高的女神，但我覺得我好像只是在滿足她的習慣。部落格是她的一切，性愛還是很棒，但她並不關心我的興趣和志向。」

　　布萊克威脅要離婚，莉莉只是裝出可愛表情，沒說什麼。「她相信美麗可愛會讓我快樂。我在複雜領域裡，工作位高權重，身邊都是聰明人，莉莉也很聰明，擅於行銷自己，知道怎麼創造個人品牌，卻不懂如何維持婚姻。」

　　那麼最後一根稻草是什麼？「在她一堆衣服開始淹沒我們的床時。對我來說，那等於代表說她的外表和外在比我們的關係更重要，」布萊克回答。「我想找婚姻諮商，請她預約，但她推說太忙沒時間。我想起請過的打掃整理人員，還有她答應卻沒有履行承諾，至少把混亂侷限在一個房間裡。我了解我太有耐心。不過我已經說我要離婚，她卻漠不關心，甚至連諮商預約都不做，那時一切便結束了。」

　　討人厭的習慣是一回事，忽略伴侶的反應又是另一回事。有許多案

例都像這樣，不願意整理衣服堆其實代表著個人的自私自利，這個行為的影響比莉莉的結婚誓言更強。布萊克讓她願意離婚，答應給她5年贍養費，直到她再婚或賺得錢和他一樣多再停止。由於沒有孩子，這樣結束婚姻不會有長期的後果。「她馬上就被搶走了。」布萊克訕笑。「一個大她20歲的人，她當然不再需要我的贍養費了，而且對方要搬到洛杉磯。誰知道，她可能是下一個超模。」

由於配偶難以忍受習慣的挫折，往往是期望未達成的結果，在布萊克和莉莉的婚姻中可以看見幾個。他期望這麼在乎衣服的人會整理，她會知道這件事對他的意義，所以會為了他努力尋求方法，不再邋遢；她會很在乎他們5年婚姻的投入，因此會把婚姻諮商視為優先；她會真誠關心他的所有面向，就像他們充滿活力的性生活一樣。聽起來很合理。

莉莉為了建立自己時尚事業而消耗大量能量，她的確把婚姻的關注放在第二位。她沒有參與諮詢，這是一個強化優先事項的訊息，傳達給布萊克知道。但莉莉也有自己的期望，她期望布萊克放過她的衣服，尤其是他平常根本沒說什麼。她的期望頗合理，畢竟他喜歡她時尚的樣子，對她的打扮一向反應熱烈。他可以請別人來清理。

這是需要結束的婚姻嗎？布萊克是否有正當理由離開？雙方可以付諸更多努力來挽救婚姻。布萊克要求莉莉預約諮商是一種測試，她卻故意沒透過測試，因為她想知道既然諮商有幫助，為何不乾脆拖她去治療。布萊克希望莉莉關心他，莉莉也希望布萊克的關心，但他們兩個人的頑固註定了結局。

在布萊克宣布離婚的時候，她裝出可愛表情，他沒有偏差的接受到她的意思是想要他軟化放鬆，但反而擦槍走火惹惱了他。莉莉總是覺得自己沒有布萊克聰明，她以懇求的表情回應了他的離婚聲明，因為這就是她懇求的方法。他希望她出聲抗議，但她相信她的外貌對他才有力量，不是語言。

教訓：不要玩弄溝通方式。說出（或寫下）你真正的感受，特別

是你想要什麼。莉莉和布萊克不是在一起不快樂，雙方也都渴望對方的喜愛和關注。布萊克平時大多忽略莉莉的混亂，所以莉莉認為這並不重要。然而，如果你問他促成離婚的是什麼，他會說衣服堆。但他卻沒有告訴她，那些衣服象徵著無所不在的冷釘子，讓他的惱怒升高，最後終於爆發是因為預約諮商的測試，她把這個測試轉過來測試他。雙方都覺得是對方促成了離婚。

布萊克和莉莉的離婚並非不可避免，如果你的配偶也在做一些讓你瘋掉的事，你的情況和他們一樣。這裡有八個建議，來自我的研究和實際諮商案例，希望大家不要把一些令人不快的習慣，變成離婚原因。

(1) 定義問題。抱怨通常表示有實際根源。厭惡伴侶的個人習慣，點出這個習慣的存在。莉莉的衣服堆很臭，令人無法視而不見。有時可想像自己是一個客觀的觀察者，或是想像其他客觀觀察者來評估情況，以澄清什麼行為需要修改。定義真正發生的事，以便兩個人都能正確無誤的了解問題的界限。

(2) 可能有中立的解決方案。如果你很困擾配偶擠牙膏從中間擠這件事，可以一人一管牙膏，解決這個問題。如果是比較嚴重的問題，例如習慣性欠債，你可能需要更深入的交談和專業意見。在某些情況下，排除誘惑機會或壞習慣動機，可減少或消除問題。如果你能想出一種創新的方式使雙方都各取所需，就是雙贏局面。

(3) 配偶自己知道習慣差，但需要強而有力的理由去改變。或許他知道自己應該要改變，但當你們面對面的時候，變成一場角力爭奪或尊重問題。大多壞習慣都不是要發展成對人有害，通常只是會帶來一些酬賞，或因懶惰所致。經常習慣性遲到的人，趕飛機的時候會產生腎上腺素快感；在外面超出答應回家時間會令人想起青少年時期刺激的反抗。莉莉的問題很

簡單：她很懶，而且不想費心整理。

是的，甚至爭吵也有酬賞，因為可以獲得配偶的注意力。不過，吵架都會有傷害，如果是小問題，你應該自問：「這很重要嗎？為了婚姻和諧，可以睜一眼閉一眼嗎？」身為成人，你知道婚姻和諧遠勝於短暫的衝突或輸贏。

（4）來吧，說對不起。如果配偶對你做的事不高興，你就要道歉。私下練習以免說不出口，但即使你不同意配偶的立場，你也可以說：「我很抱歉（把問題說出來）造成我們之間產生問題。」莉莉可以說：「對不起，我的衣服堆只是我的『東西』，沒有困擾你的意思。」道歉並不表示問題已經解決，只是你承認配偶的感受很重要。

（5）有改變的意願才能長久。承諾改變，本身即可軟化配偶的對立。然後你們可以討論妥協：「有什麼辦法我們可以一起努力，讓我們兩個至少都能得到一部分想要的？」莉莉可能會保證把混亂控制在固定區域，或每週一次整理衣服。當然，如果你不遵守協議，反而會惡化問題。

（6）把婚姻放進未來展望。如果你重視婚姻關係，請走出自我，使配偶高興。明白生命中的第一優先是婚姻。想想「墓碑問題」，銘文要寫什麼？「最有價值員工」、「最受歡迎的人」、「摯愛的丈夫和父親」或……「她是對的」？美國人把婚姻和家庭視為比職業成就更重要，在一項調查中有84%評論婚姻為「最重要的事物之一」或「非常重要的事物」，有一半的人表示位高權重與婚姻具有同等重要性。[1]

（7）你的期望是什麼？你與配偶都應該自問對彼此的期望，才能準確找出煩惱的根源。莉莉總是邋邋鬼，布萊克知道，但他期望她把衣服掛起來。他期望她能改變，因為一個家由兩個人分享。莉莉從來沒有想過要改變自己的習慣，她不在乎整

潔。當布萊克抱怨，要求她收衣服，她收過一次，然後又回到老路。

這不是亂七八糟的藉口，但畢竟算是一個解釋。布萊克以為自己夠寬宏大量，請人教莉莉整理，但缺乏她的承諾，新法則無法持久。布萊克必須表達希望家裡整潔的期望，兩個人才能腦力激盪，想出雙方都可接受的解決方式。例如家裡多放幾個大籐籃子裝衣服？擬定計劃一起整理衣服？或是僱用家事服務員、天天收拾、洗衣和整理。這是雙方共同的問題，需要共有的解決方案。

（8）運用引言的力量。只要表達正確，無論你說什麼幾乎都可以得到正面回應。在表達不滿意見之前，先想想前面該怎麼引導，讓配偶知道問題從何而來，你的立場應該要誠實，一起解決問題。引言並不複雜，一開始是解釋你為何注意到問題，或你一直在思考如何以關心的方式傳達。不要變得在抱怨，你可以坦率的說，因為你尊重、關愛對方，也希望對方能夠以相同的精神來回應你。如果不太會說，至少可以這樣開始：「我愛你，還有……」而不要說：「我愛你，但……」兩種說法會得到截然不同的回應，你懂。

這些反離婚策略適用於任何你想要把問題怪給對方的情況。請記住這八點，特別是下一章中要繼續說明其他的離婚藉口。

我沒辦法處理你的包袱

包袱是件大事，特別包括三大婚姻破壞因素：小孩、姻親和朋友。

（1）你的孩子正在毀掉我們的婚姻。你會發現「數據」顯示梅開二度結局都不怎麼樣；一些媒體消息來源稱，60% 至 67% 二度婚姻以離婚

告終。[2]但這些爭議數字只會損害希望，造成夫妻對未來不樂觀。心理學家卡爾曼·海勒（Kalman Heller）博士建議：「二度婚姻的數據目前雖然有限，早期調查多為60%起跳的離婚率其實過度誇大，二度婚姻的離婚比例可能並不高於首度婚姻。」[3]在英國，首度婚姻還比二度婚姻更可能崩潰，前面已提過，首度婚姻的離婚率為45%，但二度婚姻只有31%。[4]

然而，當你的結婚對象有小孩，你要承擔的變成一個家庭，而不只是新配偶。每個孩子都變成融入你的生活和靈魂的重要成員，而孩子也必須接受你與你的新權威角色，還要適應你轉移了自己母親的注意力，從孩子轉到你身上。

我可以聽見你說話，關於新配偶的孩子為什麼是「太多的包袱」。

「我妻子把她的小孩優先於我。」是啊，你的配偶認識孩子的時間比認識你要久，血濃於水，親子關係無可動搖，所以要是發生衝突，她一定會與自己孩子站在一起。看看他們共有的過去：你的配偶在前一段婚姻與孩子一起度過，一起歡笑與哭泣，一起分擔壓力，難怪你的配偶把孩子放在第一位。請認同這段過去，欣賞配偶做為家長的承擔，與此同時也與她形成一種不同的感情關係。

「我真的不知道我會介入她的孩子們之間。」這是推托之詞。即使是雙親家庭，你和自己的親生孩子在一起，你也永遠不會知道將會面對什麼問題。還記得「如果生命給你檸檬，就做檸檬汁？」遇到路障擋住去路，處理方式不是等待就是繞過去。結婚是一種終身持續的過程，每天在家都會學習有關配偶和孩子的新事物。你認為自己完美的愛，可以超越配偶與你生活中的所有問題嗎？實際一點，每個人時時都在學習、嘗試、調整；每次的互動都使關係更進一步。

如果你的房子起火燒掉，你會聯絡保險公司決定是否出售或重建，但你不會說：「看啊，現在我有一間燒毀的房子，我還是離開吧。」你為何可以面對各種挑戰，卻不願面對婚姻的挑戰？

「愛令我盲目。」換句話說，你在婚前沒有釐清對方狀況？如今你們已成為一家人，所以你不愛對方或也不遵守承諾，不願努力直到最後一口氣？當你回顧過去盤算要離婚，你必須了解自己傾向於貶低婚姻，你說「我當初急著要結婚」、「我們彼此渴望」，不管你是不是急著結婚，連大腦也失去理智（事實上熱情和性愛的配合是決定結婚的重要因子），你的再婚對象都有與前任愛的結晶，必須接受。所以問題變成，你要如何將這種關係融入新的婚姻組合中。

你覺得這很容易嗎？你的期望只能落空。把問題拆開，一些關於孩子的爭吵會隨時間解決：孩子18歲成年自會離家。有些則是特定孩子或特定型態的問題。請釐清衝突的根源，對症下藥。當你說一般通則「我沒辦法和她的孩子相處」或「她的孩子不喜歡我」或「我們的家庭優先不同」，等於是在一視同仁貶斥你的婚姻。但這是你想要的嗎？

「我們沒辦法協調家庭。」你說的沒錯，協調家庭非常困難。你把一群人放在一套不是他們所選的關係中，每個人都有獨特的過去、個性、思考模式，如前所述，都是不斷演變的。在家中每個人都需要互相形成某種關係，這表示會發生很多事，有很多機會發生誤會、想法不同、怨恨和占有欲問題。

孩子都想得到自己父母的注意，如今父母有了新的婚姻，當然孩子會有所反應。

從相互尊重開始，夫妻都對行為有所期望，但若沒有嚴格規範和懲處，你無法期望孩子守規矩。對任何一對夫妻來說，想要樹立和執行規範都不容易，對婚姻都會造成壓力。美國再婚家庭資源中心網站列出各州的支持團體，各轄區也都有資源。離婚會造成孩子更加流離失所，不但對孩子不好，對父母也不好。

網路支持團體MD Junction有一篇文章提供了一些好建議：

每位家長與自己孩子之間的關係都比配偶強。如果你沒有準備應付

孩子的交戰守則，你只能認輸。現在就來和配偶達成協議，你的配偶是家裡的永久居民，孩子只是暫時過客，對家裡的規則沒有發言權。你和配偶私下為所有孩子訂定相同的規則，包括上床時間、打電話、吃飯、做家事、零用錢、玩具、整理房間、寫作業等。

你與配偶私下約定，彼此永不會在任一個孩子面前有不同意見。如果你必須調整規則或有例外，最好有個好理由，而且要私下進行。孩子們善於在父母的關係中尋找弱點，因此父母最重要的是達成一致協議。[5]

你有所懷疑，這情有可原。混合家庭的確惡名昭彰，但並不像媒體報導那樣離婚率很高。約翰霍普金斯大學社會學家安德魯．切林（Andrew Cherlin）說：「事實上，再婚的離婚率並不高於第一次，顯示許多人的努力成功使第二次婚姻順利。」[6]

（2）公婆／岳父母是造成離婚的推手。配偶除了孩子可能還帶來其他包袱，例如他們全家。根據德州奧斯汀研究所研究離婚的原因，15%離婚者表示為「配偶家庭問題」。[7]谷歌搜索「公婆／岳父母介入」有50萬個搜尋結果，這個話題也是專欄作家最喜歡的話題，表示真正問題是嫉妒的媳婦或女婿，解決辦法必須來自其介入的長輩這一方。

一篇網路文章「新婚夫妻專家」指出「婆婆介入的十大徵兆」寫得無心卻令人莞爾。當然，所有的錯都是婆婆的錯：想要掌控妳的婚禮，覺得自己是妳最好的朋友，想要一起來度蜜月，介入妳與丈夫的爭執，幫你整理房子洗衣服，要求妳給他們時間母子相處，使你們內疚，把妳丈夫養成媽寶，甚至想要搬過來和你們一起住。[8]

事實是，婆媳關係是由兩個人所組成。凡事先來後到，在你出現之前，婆婆與自己兒子已經建立了關係，要將這層關係擴大到媳婦的過程緩慢，尤其當婆婆的世界因為退休或守寡受到限制更是如此。

我記得第一次與我丈夫的媽媽見面，我覺得他們之間的關係和睦，雖然我有點不舒服，但我將她視為孤單、聰明、洞察力強的一位女性，

身為一位生化學家與教授，她的事業令人印象深刻。除了每天打電話和她說話，我真的不相信我竟然做了很多額外的事。除了抱著同理心站在她的角度，我還主動和她交心。進而影響我丈夫麥可和其他兄弟姊妹都與媽媽變得愈來愈親近。婆婆大多真的不是兒子婚姻的威脅，只是想要調整自己的失落感（自己兒子變成別的女人所有）以及面對未來的不確定性。

《華盛頓郵報》專欄作家卡洛琳‧哈克斯（Carolyn Hax）收到一位好心但神經大條的婆婆來信，讓我們看見會發生什麼問題：

> 我惹得媳婦非常生氣，但我其實不太知道究竟怎麼回事。我媳婦是個家庭主婦。有一天我兒子想慶祝爸爸生日，於是決定和爸爸兩個人單獨去爬山，媳婦慷慨答應自己在家照顧小嬰兒。我想，這真是一個絕佳的好機會，我們婆媳可以好好聚一聚。
>
> 我建議我開車過去幫她，她說那樣「不太好」，搪塞給我幾個理由。我考慮了一下，覺得其中一些我是可以處理的。
>
> 好吧，我還是過去了。但當我出現在他們家，兒子和媳婦都驚訝不已。讓我很失望的是，媳婦看到我竟然哭出來，跑出房間……。最後她恢復正常親切的態度，但感覺有些距離。我很高興見到孫子，但我覺得他們沒那麼愛我，也不太需要我。
>
> 我做了很糟糕的事嗎？我不懂問題在哪裡，該怎麼修正呢？我不想成為「那種婆婆」。——想要親近媳婦的人 [9]

哈克斯女士不是治療師，她的回答一開始是這樣：「問題在於妳完全漠視媳婦的意願，只因為妳想要過去。」然後其餘部分要求婆婆完全無條件的道歉，還要送上實際的禮物，表示「我很抱歉」。這篇文章下方有1千8百個評論，顯示這個主題激起讀者特別強烈的情緒。其中讀者用得最多的字是「界限」，成人訂了界限，其他成人必須遵守，不然

也可以討論，然而一旦認同就必須加以尊重。

（3）你朋友是造成離婚的元凶。如果你所謂的「太多包袱」是指配偶一直以來的好朋友，你可能要想想問題是否來自你的嫉妒。如果丈夫對朋友忠誠是問題，你可以完整表達你的擔憂，然後便放手「以退為進」，這樣的效果可能最好，由他來決定是否要改變關係。

不過，如果朋友過度介入你們的婚姻，你會比較需要用更積極主動的方式來解決。

羅伯特和克莉絲特與3個年屆青春期的孩子一起住在加州山景城的公寓大廈住宅裡面6年，隔壁公寓搬來一家人，兩家孩子年歲相仿。孩子們在學校認識，不久對方的父母卡爾和史黛拉請他們過來玩。

「我覺得很高興能獲得邀請，」克莉絲特回憶，「但我去的時候覺得不舒服，他們給我們喝馬丁尼，羅伯特有點喝醉。我不太會喝，但對方夫妻很明顯認為那是一種生活方式。」

羅伯特和克莉絲特會和全家一起吃晚餐，但卡爾和史黛拉卻經常邀請他們過來喝雞尾酒，孩子只能自己找東西吃。「下班以後喝幾杯，這樣經過幾週，一週還三次，我開始產生壓力，」克莉絲特說。「我不喜歡看到羅伯特常常喝醉。但如果我們不去，他們好像很難過。」因此，在這種微妙的壓力下，羅伯特和克莉絲特的「不那麼快樂的時光」漸漸變成負擔。

「我開始意識到，卡爾和史黛拉對我們家不是什麼好影響」，克莉絲特說。「我建議跟對方說我們很忙，但那時羅伯特很期待這種週末小狂歡，所以後來我就一個人留在家裡，羅伯特卻不願放棄與這對夫妻的友誼。」

克莉絲特的妹妹建議她向史黛拉解釋不願參加的原因，以及喝酒對自己家庭所造成的影響。「我鼓起勇氣，由於史黛拉和卡爾總是形影不離，我便打電話給她要求私下談話。她說，『為什麼不跟羅伯特過來，我們可以晚點再說？』所以我一時激動，告訴她所謂小飲幾杯酒卻讓我

丈夫變成酒鬼。把話說這樣死，真是大錯特錯，」克莉絲特發覺。「史黛拉生氣了，她說羅伯特是大人，他們喜歡有他陪伴，別管他們的閒事！」

克莉絲特很鬱悶。「我毫無轉圜之地，只有祈禱聖母瑪利亞，拜託事情不要變得更糟。」顯然祈禱得到回應。「簡直是奇蹟，羅伯特和卡爾吵起來，後來卡爾和史黛拉又去參加侄女的婚禮，不在家兩個星期。」彼此隔離一陣子，加上吵架鬥氣，使得友誼終結。「那是我們生命中最糟糕的3年，」克莉絲特承認。「這些『朋友』差點毀了我們的婚姻。」

克莉絲特選擇保持沉默，造成損友長時間毒害她的婚姻。如果能及早提出有力的干預，可減低痛苦，使婚姻穩固。當外人介入與配偶之間，無須忍讓，婚姻的親密關係才是你的第一優先。

你不再對我有吸引力了

「都是因為你」清單列中的下一個藉口是關於個人。從前她很可愛、她過去有一副好身材、一張甜美臉蛋、她笑得傻傻的。很有意思，大多抱怨肉體吸引力的都是男性，但偶爾女性也會怪罪是丈夫變得不一樣所以離婚。

蒂拉是一位忙碌的家庭主婦，有兩個兒子和兩個女兒。4個孩子都很喜歡踢足球，蒂拉擔任志工教練，但結婚15年，她的體重漸增，現在她出門前只會很快照照鏡子看看臉，覺得身材很難看。

蒂拉是我所舉辦工作坊的8位女性成員之一，旨在解除有關節食的束縛。小組成員列出第一份清單，幫助發掘問題：「當你緊張、無聊或難過時，你會吃東西嗎？你覺得自己暴飲暴食很羞恥，不想讓人知道嗎？」當大家都在填表格的時候，蒂拉卻開始輕聲抽泣。聚會結束，我們私下談話。「不好意思，我有點無法控制，」她開始說，「只是我丈夫才剛告訴我，既然我沒辦法好好保持身材，要是我還有一點尊重，他想要離婚。我們有4個孩子，是我們的一切！但丈夫卻因為我變得更

重，想要毀了孩子的生命。我人變心沒變，為什麼他看不見？他總是和兄弟在一起！」

她的丈夫連恩想要她瘦下來好幾年了。她試過書裡的每一種節食法，都沒有堅持下去。「我沒辦法，」蒂拉悲吟，「我就是想要吃東西，特別是有壓力的時候。吃完我又恨自己。你是我最後的希望。」

同時，她也很害怕。她簡直可以說是肥到流油，連恩也快一年沒有碰過她，兩個人沒有性生活。她不在乎，因為她很害怕他觸摸她的皮膚，她知道沒有性愛生活代表他已下最後通牒。

多年來，我幫助過上千個節食失敗的人，和她們一起努力。這些人飢餓的時候新陳代謝燃燒的燃料很少，但吃下的東西不見得少，維持身材苗條更加困難。蒂拉知道自己有這個問題。我估計大約有70%女性和半數男性即使身材看起來不錯，也受到我稱之為的「肥胖心態」之苦。他們每天所吃的東西會使他們產生內疚和擔憂，壓迫他們每天的生活。蒂拉知道連恩不覺得她有吸引力，這件事比身上的肥肉還要沉重。

外表或飲食問題最早來自媽媽、文化、好心提醒的醫生，或者雜誌上的一篇文章，或者13歲時體重計上顯示的數字。我們吸收各種「權威」的宣告，關於我們應該看起來是什麼樣子，應該吃什麼，而不是孩子自然的表現，餓的時候吃，吃飽就停，而是在食物好滋味以外加上各種關聯性。「盤子吃乾淨，非洲小孩都吃不飽！」「碳水化合物對你不好」、「早餐一定要吃；晚上8點以後不可以吃東西」、「生菜不算正餐」、「你媽煮這麼累，一定要吃」、「你胖了1公斤，晚飯別吃了」、「等下打甘藍菜加蛋白粉瘦身果汁」。

這麼多的東西在你腦袋裡轉啊轉，來一盒冰淇淋吧，這就是蒂拉的生活。「不久之前，我去超市回家，開車路上彎進公園停車場，吞了一盒冰淇淋。幸好我車上有放一根湯匙，」她破涕為笑。

但現在她正遭受痛苦的折磨。一個妻子生了小孩以後變胖，她想要減肥，卻落入一再成功、失敗、重新開始的惡性循環。丈夫變得不耐

煩，雖然也想要支持妻子，然而妻子的重複失敗使他受挫。不過丈夫同時也變胖，卻沒有受到責難。隨著妻子的焦慮升高，吃的愈來愈多，內疚也愈大。蒂拉開始躲避丈夫，不久丈夫明白她不想要他碰，所以他也識趣的離開，不再多說。他們兩個都想要忽視問題，造成婚姻的熱情喪失，沒有身心交流。連恩告訴妻子，他不需要婚姻諮詢，他需要的是全心全意關注丈夫的妻子，而非棄丈夫於不顧。但他確實需要明白，他們還有一個共通問題是夫妻之間缺乏肢體接觸。可惜連恩指責蒂拉體型大增，降低了愛戀之情。

雖然我們認為婚姻要相互支持、配合，但男性對女性的觀點一向不是那麼公平，男性特別重視女性外表的吸引力。加州查普曼大學有一項研究顯示，男女朋友認為對方外表好看是「喜歡的／必要的」，男性占92%，女性占84%。80%男性及58%女性認為身材苗條是「喜歡的／必要的」。[10]如果在約會網站上面女性沒有放個人照片，就不會得到男性青睞。

我們必須了解，食物與身材的吸引力和痴迷，既是生理問題，也是心理問題。既然你曾經有過吸引力，在理解、尊重和柔情之下，你不僅能夠重獲性方面的注意力，還能擴大吸引力的定義。

每個人都在漸漸變老。結婚經過十多年，生了4個孩子，你們的豐富關係隨著時間的連結，形成了深厚歷史，因此關係不僅單純是肉體。當你檢視造成彼此距離的內心問題，這種連結可使你們維繫在一起。例如，蒂拉的自我厭惡迫使她以食物「修正」。來到我的工作坊之後，蒂拉開始將自我價值與腰圍分離。她了解食物並不是鎮定劑，也不是擊垮他的敵人；食物沒有「好」、「壞」之分。她看見她對減肥的強迫症如何使她無法達成其他目標。她一直想要完成碩士學位，學法語，也想到孩子的語言教室做志工，但恐懼和低自尊，使得食物成為祕密支持她的朋友。

慢慢的，蒂拉不再倚賴食物，也不再秤體重，而是享受食物口感和

質地。連恩想孩子，又受不了弟妹同情的眼光，所以在弟弟家裡只待了一週就回家。由於蒂拉變得比較放鬆，他也變得比較喜歡她。

缺乏欲望通常不只是因為配偶的外表問題。不要因為失去肉體吸引力而拋棄婚姻，多注意配偶令人喜歡和欣賞的特質，並同時探討自己的心理。問題根源也許是在你對老化衰弱的感受，因此心懷憤怒不滿，促使你想叫配偶不要靠近。如果你發現性生活無趣或無法滿足，多嘗試各種有趣的方式，增添性生活的變化。

如果你配偶喜歡你，你卻回應「我不再吸引你了」，不僅會澆熄對方的欲望，也是一種侮辱。這是最常見的「砍了就跑」藉口之一，因為受到冒犯的配偶無法回答解決辦法。請尊重你的婚姻誓言，澈底自我探討為什麼你要踩這條底線，還有可能的解決辦法是什麼。

欲望可以因為欣賞而重燃愛火。有一次我演講遇見一位長輩，令人難忘。他撫摸著結縭50年的妻子肩膀，面露愛戀之情，大聲說：「她是世界上最漂亮的女人。」男人的清晰眼光，來自你的內心。

我尊重你，但我要的是不一樣的人

你以為當初你是跟誰結婚呢？你很愛對方，愛到要公開宣告對方就是你的靈魂伴侶，無論人生各個階段，無論怎麼變化你們都會互相扶持。當你說「我需要另一種人」，表示你選錯了對象，或者你才是那個變心的人，你的眼光改變覺得配偶不再適合你。這可能表示你希望結婚的對象一直保持不變，不過如今對方卻往新的方向前進，令你無法忍受。

這是自戀的終極表現，想想看，你可以放棄另一個人，只因對方不完全符合你所喜歡的模樣。

在其他情況下，你絕不會這樣做，只會在你最重要的婚姻關係中這樣做。例如你喜歡你的工作，但有一天你的老闆換了完全不同的人，你會說「我也要走，因為新老闆的領導風格不同」嗎？還是「除非新老闆

像從前一樣，否則我會辭職」？或是「我尊重新老闆，但這個工作環境必須適合我」？當然不會，你會適應新老闆的風格，靈活應變，適應對公司有幫助的新方向。然而你卻對婚姻的變化毫無寬待嗎？

或許這不是真正的問題，只是一個「轉身溜走」的藉口，讓你可以尋找新的對象，無須互相指責。這是卑鄙小人常用的手段。

你不懂得欣賞我

想必你聽過這些老生常談：男人想要什麼？性愛。女人想要什麼？說話。

我諮詢過上百對有問題的夫妻，從臨床經驗中得知，大部分女性想要說的是這兩件事：連結和感情。女人想要知道配偶有什麼事，今天發生過什麼，對所讀的書、新聞事件、喜歡的運動比賽，都有什麼看法。妻子想要知道的並不是內容，而是一種感覺，她想知道對丈夫來說最重要的是什麼，這就是她要的親密關係。

「幸福的妻子，幸福的生活」想要實踐這句格言，請互相欣賞。本書中我囊括了一個實驗，可測試你是否可與伴侶體驗互相支持的關係。這種關係的核心是將欣賞努力化為語言（或其他方式）。這是婚姻的主要好處，你得到一個認同和欣賞的可靠來源。即使沒有，至少也該嘗試。

如果沒有，你可以試試看。很多女人告訴我：「我丈夫不太愛說話」、「我丈夫不善於表達感情」、「我丈夫在成長過程不太習慣聽『我愛你』」。這些藉口讓我想起電影《屋頂上的提琴手》，主角泰維催促妻子承認愛自己，她卻難以啟齒，但經過歌曲的回憶：

25 年來我和他一起生活，
同甘共苦，
25 年來我和他共享一床，

如果那不是愛，是什麼？

她承認，「我想我愛你。」泰維聽見自己朝思暮想的宣告，心滿意足地回答：「我想我也愛妳。」

你的婚姻並不像泰維是媒妁之言。你結婚是因為你有所愛之人。「戀愛」表示人們眼裡看不見缺點，愛慕參雜著欲望。愛激起了對心愛之人的關注和特別欣賞等「婚配儀式」的表現。執迷的結果，造成感情關係變得忽略對方的缺點，放大對方的優點，最後以結婚形式宣告自己的想法，以保持這些感情。但一旦結了婚，許多夫妻會鬆懈，造成從前習慣接受讚美和追求的伴侶，如今雖已長相廝守，卻反而失望。

如果你一邊抱怨「他不欣賞我」一邊想要離開，這可能是一種訊號。通常這是妻子的策略，假裝脅迫所愛的丈夫，想要丈夫有所回應。往往是因為覺得丈夫在躲避自己而拿出的最後手段，有時這種反應是因為懷疑對方有外遇。

如果你想要對方欣賞你，不需要用威脅離婚這種操縱的方法，只要清楚自己想要什麼，更重要的是，以身作則，自己表現欣賞的行為。你想要配偶的關心，主要原因是對愛缺乏安全感，渴望愛情的保證。你可能因為覺得缺乏關愛，熱火慢燉，怒火愈升愈高，久而久之與丈夫產生隔閡。

如果你這樣想，表示你其實不想離婚。你真正想要的是你的人生伴侶認同你，認同你們的婚姻是他生命的中心，就像你一樣。

第13章

「都是因為我」

在這個相對主義的非批判性文化中，人們遲疑表達善意，以免被視為「微侵略」或霸凌，因此我們失去了避免夫妻離婚的有效工具。我並不是要再度質疑人們對於離婚的污衊，而是反過來想要推崇婚姻。真相是，婚姻對人們有好處，可改善健康、創造財富、為孩子提供安全感、改善孤單寂寞。

然而接下來要評估的一些離婚藉口，都是陳腔濫調，顯示婚姻只是儀式中所展現的輕鬆、脆弱情感，沒有紮實的基礎，接下來每一天的相處，彼此都會重新評估。若有一天配偶之一的原始感情衰減，婚姻組合就可能會因了解錯誤而分手。對想要離婚的配偶來說，這樣解釋可以簡單降低反駁和痛苦：「你非常好，都是因為我。」是的，你非常好，但我們婚姻的結束只是因為我。你只要在那裡，不需要任何改變，然後我離開找尋我的需要。以下一起來思考這種逃避之詞的一些常見版本。

我找到了一生摯愛

背叛不一定代表婚姻的終結，除非一方為了追求愛人，拋棄配偶。德州奧斯汀研究所報告提到，離婚的原因有37%為一方出軌，28%的離婚者特別指出對方出軌是離婚主因，只有12%表示離婚原因是自己出軌。[1]

如果你為了愛人離開配偶，請停下來想一想。你知道你的愛人不覺

得搶別人丈夫的行為很內疚（我在此引用的是丈夫離開妻子的例子，當然也可能是妻子離開丈夫），對方對於破壞別人家庭沒什麼同情心，也不會為你的妻子和孩子著想。

你知道你無法控制性吸引力，性的磁力控制了你的力量，使你拋妻棄子，造成永久的傷害。不過你卻不知道，你的弱點何時會再度作用，欺騙你的新對象。

你知道，你可以拋棄人生的巨大投資，在多年來的婚姻中留下背叛污點。你知道你有能力傷害你的孩子。就算你聲稱孩子是你生命中最寶貴的部分，但行為表現卻造成孩子的世界變得天翻地覆，安穩的家一夕變色，迫使孩子要生活在夫妻兩者分離的世界中。

你知道，你和愛人都會受到興奮和新奇的誘惑。外遇令人心癢難耐，是因為偷偷摸摸的樂趣，刺激情緒和生理，獲得祕密的滿足感。一旦回到現實生活，興奮感被監護權協議、贍養費所取代，後面還有一個前妻，變得很複雜，外遇就漸漸淡化成一般關係。

你也學會說謊。或許你從前就知道，只是沒有表現出來，但現在有了婚外情，經過練習精進，欺騙的技巧融入了你的價值觀。

另一方面，如果你選擇回到婚姻，你必須學習謙遜和悔改。你會記得婚姻誓言的神聖本質，也會實踐誠實與透明。你會選擇什麼方向，成為你想要的人？

我不會因為婚姻而放棄

關於婚姻失敗，是否是由什麼特殊的個性類型、道德價值觀或經驗所導致？很多人都這麼認為。但，如果一個人的心理和道德結構的確有礙婚姻，說出「不因為婚姻而放棄」這句話，表示他的配偶關係比良性「過敏」更嚴重，可能有嚴重疾病。

有些疾病的確會產生不當行為，造成婚姻關係惡化。美國紐約史坦頓島大學教授馬克·懷特（Mark D. White）建議，有些習慣欺騙的

連續外遇配偶，即使嚐到惡果，仍無法阻止他們的外遇，這些人都有個性缺陷。「我認為習慣性外遇是個性問題，反映個人決策過程的內在問題，造成這種人反覆欺騙別人。」懷特博士將重犯與單次犯案者人區別開來。「單次欺騙也反映了一個人不好的個性，」他寫道。「但如果只發生一次，從此再也不發生，恢復忠誠的個性，表示只是一時迷惑……。」[2]如果你的配偶反覆騙你，需要警惕、奉獻和治療，才能重建夫妻信任。

自戀症是嚴重的問題，可預期會造成婚姻功能障礙。家庭治療師凱莉爾‧麥克布萊德（Karyl McBride）著有關於離婚自戀者的書，她警告：「他們以魅力和誘惑力開啟一段關係，卻演變成一場情感戰爭。自戀者缺乏同情心，不會對自己的行為負責。」與這樣的人離婚尤其是地獄。「如果你離開自戀者，他們永遠走不出來，會尋求報復。對他們來說，法院系統是最好的平台。令人難以置信。」

麥克布萊德博士說：「你要把自戀視為一種類群性障礙，有些中度患者在協助下可以管理婚姻，但重度自戀型人格障礙者不會求助，也不會反省或注意自己的感受，而是責備他人。他們難以治療，也不尋求治療。若他們要求治療，你只會聽見問題都在別人身上。」[3]你可以看出為什麼這樣的人可能不像「結婚的樣子」。

心理學家蘇珊‧惠特本（Susan Krauss Whitbourne）對於有個性問題的夫妻不祥概述：「若是他們能夠與他人產生親密關係，由於扭曲的自我意識，不穩定的情緒或失控行為，任何長期伴侶都必須願意忍受許多混亂，特別是當生活發生問題，更會使得原本感情和行為都已岌岌可危的生活，變得更加惡化。」[4]所謂「邊緣人格」會對情緒管控不良，有一個相關的專業協會指出，5.9%的美國人一生中有某個時期會出現這種障礙。[5]

惠特本博士寫道，研究人員發現，與離婚相關的人格障礙主要可分為兩大類。第一類是和自戀相似的「戲劇性人格障礙」，其他還包括

「任何時候似乎都會出現誘惑性行為，過度戲劇性，但與他人只有膚淺感情和關係，若自己非關注焦點就會不高興。」第二類是偏執：「他們極度懷疑，因此會突然毫無理由嫉妒起來，」她解釋說。「對於實際或想像的侮辱都非常敏感，很快就下結論認為別人想要傷害自己，兩個主要特徵是多疑和敵意，因此難以接近或相信他人。」[6]

如果你已與人格障礙者結婚，請記住自戀等人格障礙者在某個時期的確能夠做出承諾。但如果在結婚儀式後他們有外遇問題，你的反應首先應該是請醫師診斷，進行適當治療。如果配偶拒絕，請諮詢醫生尋求其他處置方式。不要放棄，與家人、朋友、神職人員等任何可能支持你幫助配偶的人，繼續保持對話。但如果症狀嚴重，離婚可能就有必要。

每個人其實都有怪癖，甚至成功人士或情緒健康者也會有怪癖或高低潮。即使是已診斷為人格障礙者，問題可能會到很久以後才出現，或忍住不發作，然後復原。許多人經醫療可以控制病情，因此不要放棄，想想問題背後的那個人。如果你被心理疾病擊垮，難道你不想要配偶幫助你度過嗎？

只是真正罹患疾病的人，並不會利用「我不會因為婚姻而放棄」這句話來逃避婚姻，這種藉口通常是出現在中年危機，人們想要抓住青春，以為隨便講講冠冕堂皇的話，就可以不必解釋拋棄配偶真正的理由。例如想要遊戲人生或換一個迷人的對象，如此輕鬆一句話就可以讓一個混蛋逃走。如果你的配偶說出這樣的話，請他解釋清楚，檢查他心理在想什麼，你大概會找到一顆自私的心。如果你就是說這句話的人，我建議你可以誠實一點。

我要追尋自我

首先我要說，互相依賴在婚姻中是一件好事，至少你也應該知道可與配偶互相依賴。在其他情況下，例如酒精或藥物濫用，「互相依賴」的意義則完全不同，夫妻的需求是存在於有害的互利共生關係中。對於

健康正常的夫妻而言，婚姻的本質是從互相對立到互相依賴，兩者互補，觀點對照。夫妻分享相同的目標，但彼此提供不同的觀點，以便享有更大的優勢和更廣泛的可能性。在良好的婚姻中，你既可保留自己的身分，也能獲益於配偶的差異。

這種想法其實源自聖經，就像所有事物都是從伊甸園裡開始一樣。你可能還記得，起初亞當獨自在伊甸園裡，根據每種動物最顯著的特色，為牠們命名（例如，亞當以希伯來文「kal lev」命名狗，意思是「全心全意」）。但這些生物無法滿足他對伴侶的需求。所以上帝讓亞當睡著，取出他的「側邊」（希伯來文「肋骨」也有「側邊」之意），區分女性和男性。當他醒來後，出現了具有子宮的「女人」，提供相對於男性不同的創造力，可以創造下一代，以及她的不同觀點。事實上，希伯來語「Adam」亞當的意思是「大地」，而「Chava」（Eve，夏娃）的意思是「生活」。

因此，猶太教聖經《妥拉》（Torah）解釋得很清楚，上帝安排讓亞當能夠瞭解「相對幫助者」（希伯來文「eizer kenegdo」）的好處，在生活中有人提出對立的觀點，使得思考決定時可獲得最充分的訊息。透過整合「相反」觀點，可形成包容性的一個整體。離婚者雖可發展獨特的自我，卻剝奪自己和配偶的這種優勢。多數配偶覺得因為有背後的持續的愛與支持，兩者的自我都分別得到強化。

在穩固的婚姻中，沒有必要因為想要實現自我而離婚。這就是為什麼這種陳腔濫調在暗示婚姻關係中還有其他問題，情況經常是丈夫控制妻子，阻止妻子探索或實現願望。

「控制配偶」的確會造成嚴重的問題。控制者利用一套惡質的策略，來掌控支配別人。夫妻任一方都可能是控制者，不過多為丈夫，就像艾比和丹尼斯的案例。丹尼斯看來是個好脾氣的醫師，但艾比告訴我，他不准她發展個人職業，也限制她與姊妹聚會相處。只准許她照顧家裡，做一些社交活動計劃（很多都是由他們所主持），但如果她沒有

依照指示進行，即使疏失再小，丹尼斯會說「去做裁縫」，表示她要自動到縫紉室關禁閉，等到他覺得處罰夠了才放人。由於壓迫，艾比以偷吃東西來發洩，她可以吃掉一整盒餅乾和堅果。艾比感到內疚，畢竟丹尼斯對她不錯，兩個人的親密時刻也很貼心。不過偶爾她恨丹尼斯也恨自己，因為體重變得愈來愈重，她覺得很糟糕。食物既是她的安慰，也是報復。

心理學家安德里雅・邦尼爾（Andrea Bonior）列出配偶中的控制者，具有二十個特點，包括孤立、長時間批評、威脅、埋怨、有條件的接受、強加內疚、緊迫盯人、嫉妒、良好待遇必須努力「贏得」、貶低配偶的信念、嘲諷、脅迫性愛、壓迫進行不健康的活動力等。其中有許多行為都構成情緒虐待，根據奧斯汀研究所調查，有35%女性認為虐待是離婚主因。[7]

在大多數情況下，若丈夫能提供妻子足夠的愛和支持，妻子可忍受控制欲丈夫的一到三種限制。這樣的妻子經常發現，可藉由朋友與孩子保持完整的自尊。由於妻子大多很清楚丈夫操縱家庭生活的模式，因此可盡量降低丈夫的影響，並最大程度運用自由。

這些策略形成一種具功能性和價值的存在方式，但並不能解決問題。控制一方通常認為任何問題都是另一位配偶的錯，對於調整自己行為的建議都充耳不聞。經驗豐富的治療師懂得應付霸道配偶的手段，不過為了接受治療師的專業服務，必須付費，如此也使得配偶會產生尊重的質疑。

每個人都有資格建立和表達獨到的自我。或許婚姻的最大益處是，一方可以去成就另一方。一方的奮鬥可以由雙方共同承擔，當一方達成期望，另一方也會與有榮焉。我在兒子的大學畢業典禮現場看見一個令人感動的情景。一位美麗的非裔美國女人穿越禮堂到講台前方拿證書，臉上容光煥發，當學校攝影師上前想要拍照之際，她欣喜的丈夫和3個小孩一起加入拍照，孩子們都給媽媽大大的擁抱和親吻；我確定當天的

照片會是他們一生的珍藏。

我不再愛你

對這類「都是為了我」的時尚離婚說詞，最簡單扼要的回應就是「那又怎樣？」

「我不再愛你」似乎無懈可擊，但卻奠基於八個相當荒謬的假設。

· 假設「戀愛」是婚姻所必需的。

· 假設「戀愛」這種感覺必須維持得像剛結婚時一樣。

· 假設離婚是不再愛了的問題解決辦法。

· 假設愛情只有兩種：古早可靠、樸實的「愛」，還有婚姻超級必要的「戀愛」。關愛的感情必須持續，始終如一，絕不可隨時間而改變。

· 假設一個人無法控制自己的感受。但神奇的「戀愛」一旦出現，沒有確切原因，就像一首歌曲：「現在已隨風消逝，消逝，消逝」。

· 將愛情擬人化，有自己的人格。愛情可以和配偶溫暖相擁，像個惡魔盤據在人們內心，但又覺得太久，必須離開。

· 假設「戀愛」一旦消逝，永遠不會回來。

· 最重要的假設是，這不是誰的錯，也不能責怪誰。這就是為什麼這種話有用；它聽起來好像只是在陳述事實。我不再愛你。結束。

如果伴侶對你說出這種話，你可能會要解說美滿婚姻的正常運作。雙方互相承諾，無論感情如何變化，是深是淺，都要彼此組成家庭，共同分享快樂和悲傷，有各種感情和情緒，而不是只有「戀愛」的感覺（形式多樣化）。有時候會爭吵，互相「厭惡」，然後彼此解決嫌隙，恢

復「戀愛」的感覺。有時伴侶面臨困境的挑戰，那時「戀愛」讓位，「可靠」上位。

在正常美滿的婚姻中，會有許多情感共存。在深情的背景下，可能會出現惱怒。有一段時間必須把注意力投注在孩子或生病的父母身上，或某個計劃必須在某個期限內完成（例如寫這本書，感謝你的耐心，親愛的），此時「戀愛」退位。待任務完成後，支持才會讓位給讚美和榮耀。

在正常美滿的婚姻中，夫妻雙方的情緒會互相影響。在我丈夫感到焦慮的時候，我會擔心。在我欣喜若狂時，他也會開心。當浪漫時刻來臨，「戀愛」會再度出現。

當我知道聲稱兩人之間有堅強連結的夫妻，最後卻離婚，總令我困惑。例如舊金山有一位律師勞拉·貝茲倫（Lara Bazelon）在《紐約時報》「現代愛情」專欄中，敘述自己與她兩個孩子的父親離婚，後來發現他們還是可以一起享有快樂假期。她承認，「我和丈夫在短暫婚姻中並沒有好好對待彼此，」她補充，「但我們曾彼此相愛，激烈而絕對。」

她擔心坦承對孩子相告，於是「練習『媽媽和爸爸不再相愛了』這句話。」

「我有一天醒來，發覺那樣說是不正確的。我們彼此之間依然有豐富的愛，只是不得不尊重和接受，這不是兩人從此幸福快樂。」

我必須說明的是，我不能評價別人的婚姻，但這位作者的婚姻似乎並沒有什麼無法解決的問題，因為他們離婚後一起共度國慶假期，「一切順利（我可沒開玩笑），前夫建議不妨多留一天，我們照做了。」[8]

請原諒，我要不客氣的說，「如果後來你做得到，為什麼非要拆散家庭？」有時爭執和撞擊確實會造成不幸生活，但也許這表示雙方都需要一點獨處時間，孕育最新的相處方式，恢復關係，特別是有孩子的狀況。貝茲倫女士後來發現「豐富的愛」依然存在，可是一切已太晚。親愛的讀者，你還有機會能夠重新發掘躲藏在黑暗之中的愛。

「我們兩個都沒有錯」

在我們非批判性的文化中，對婚姻結束最簡單的解釋是「我們兩個都沒有錯」。這是為了解脫婚姻束縛所提出的答案，可以避免產生疑問。沒有誰對誰錯，只是命運乖舛。誰爭辯什麼呢？各位關心婚姻的人們，在本章中，我會解說關於離婚託詞「我們兩個都沒有錯」的四種常見陳腔濫調。

我倆的心已不在一起

美國有六個州沒有採用「無過失離婚」，和平分手。如果你住在這些州，「我倆的心已不在一起」是無法離婚的。但這些州仍有中立的理由，例如「婚姻破裂無法挽回」、「不能調和的差異」、「無法繼續共同生活」，相較於「我倆的心已不在一起」並不嚴重到足以符合這些範圍廣泛的原因。

「我倆的心已不在一起」只會令人打哈欠。每一對幸福夫妻的心一輩子都分分合合，彼此利益分歧又重疊。在孩子還小的時候，父母的注意力轉向孩子的需求；即使在平等主義婚姻中，父母也會分別把焦點放在育兒。誠然，研究通常發現，由於嬰幼兒需要大量的照顧，這個時期也是大多數婚姻最不浪漫的階段。但，這種「心不在一起」的時期，是否破壞了家庭計劃的基礎？

許多年輕人渴望完成教育，建立職業生涯，結婚生子，他們明白

這些努力都需要犧牲和奉獻，經過大量投資才能有豐厚的回報。參與孩子的照顧與關懷，與度蜜月的經歷不同。但父母年長之後，回顧孩子小時候的混亂時期，難免產生不少感傷和依戀。這個階段的婚姻雖然不緊密，卻很堅強。

在這個離婚藉口中所隱含的假設是，「心已不在一起」的人其實說的是單一的個體「我」。每一種關係都是無窮複雜的，不可能只有單一面向，在我自己的婚姻中，「我倆」事實上包括大多數我們夫妻所分享以及沒有分享的活動。在平日工作中，彼此陪伴所度過的時間，比分別單獨追尋自我的時間，還要多得多。丈夫是為廣播節目做準備，我則是在上學（或教書）。在家裡我們可以坐下來共享晚餐（就算是只有一個人在吃東西），然後分別回去個人電腦工作。每天互打幾通電話，轉寄並寫電郵，每次出差和回家時都盡量送行和迎接。我們也享受一些真正獨處的時間，最重要的是猶太人安息日。

當你屬於「我們」的一部分，你與「另一半」休戚與共，對方的一切分享，你都會有所感應。

如果配偶不願意分享，那麼這種「我們」的感覺就會減弱。而且如果一方對另一方的追尋沒有興趣，感覺甚至會消失，無論傾聽的一方對內容是否理解。以兩個我認識的婚姻為例：第一個是嫁給銀行家的妻子她討厭數字，對投資也不熟悉，卻熱切地傾聽丈夫談論當天的工作。第二個是，妻子告訴擔任牙醫的丈夫，她不想聽他說「那些噁心的事」，所以他不太提工作。你覺得這兩對夫妻中哪一對後來「心已不在一起」？

夫妻的親密程度不能以相處時間或肢體距離來定義。遠距的網路交談，雖然千里之外，感覺卻近在咫尺。駐紮在他洲的士兵，藉由網路視訊與妻子談話，分享親密關係。上班的媽媽從網路視訊看見保姆在家裡陪稚兒堆積木，心裡一陣溫柔。

「我倆的心已不在一起」是一個差勁的離婚理由，因為它聽來「過

度撇清，放任伴侶無須負任何責任」。「我倆的心已不在一起」應該改寫為「我們選擇分手」，也就是「這樣做是為了我們自己」。

「心已不在一起」不是一時發想，而是需要幾個月甚至幾年夫妻的離心離德，彼此的忽視最具破壞性。任何關係都需要維護。如果不記得打電話、發電郵、記生日，你就會與朋友失去聯絡。同樣的，如果夫妻不具有共同的興趣或利益，晚上都不用交談就上床睡覺，久而久之也會失去連結。

善於配合的伴侶，有時無意中可能反而促成分離。艾希莉的丈夫克里斯汀是高中數學科主任，他在完成管理碩士學位之際，還要兼任學校行政職，承受不少壓力，她都明白。每天晚上他幾乎不是上課就是在圖書館讀書，也可以藉此避開家裡兩個正值青少年期的兒子與朋友的喧譁。艾希莉的回應方式是完全配合，所以也把自己的時間填好填滿。她每週到花店兼差30小時，並在社區大學上園藝課。

這是個錯誤。克里斯汀的教授要求他協助數學課程計劃，需要額外的時間。這個計劃為期4個月，他是寫作團隊的一分子。艾希莉也跟著做自己的計劃。克里斯汀參加兒子的高中全國比賽和春季棒球聯賽，還在週末和孩子到附近公園一起打籃球，但艾希莉總是不在。等到克里斯汀宣布「我倆的心已不在一起」，距離上次他們獨處的時間已經過了兩年。

但既然兩個人能分開，也可以轉身努力面對彼此。在克里斯汀和艾希莉的例子中，丈夫事實上並不是在要求離婚，而是想要重建關係。「我倆的心已不在一起」這麼說並不代表「一切都已過去」。我在進行婚姻輔導時，發現一種可以恢復戀愛回憶的有效辦法。我要求雙方把結婚紀念冊帶來，或放在平板電腦、記憶體中，讓他們坐在一起看這些照片，描述每個場景的回憶。對大多數夫妻來說，婚禮是他們生命中最快樂的一天，重新回想起當時的點點滴滴，可以激起他們的婚姻承諾。如果過程產生作用，我會建議把一張最喜歡的照片放大印出來，或是放在

電腦桌面當作背景，提醒彼此。

「我倆的心已不在一起」，這句話的回答應該是「我們為何不能回到過去，重新開始？」會說這種藉口的人，其實沒料到會有答覆，但這種人會需要正確答案。

我們不相配

為了揭穿這種離婚藉口，我們先來釐清婚姻。是的，一個男人和一個女人從未見過面或是在別人安排下僅見過幾次面，然後就結婚，兩個人從此被綁在一起度過餘生。他們的個性或欲望、宗教信仰、出身家族等，不見得都能「門當戶對」。這種情況的例子很多，將兩位新人連接起來的主要原因，是親友所熟識的一位介紹人，也就是俗稱的媒人。有時家屬團甚至會從媒人的候選人名單中挑選一位訂婚。你認為這樣的夫妻能夠相配嗎？事實上，這樣的婚姻維持一輩子的還真不少。他們所處的文化之中少有離婚，沒有誇大離婚率的大眾媒體，警告他們結婚以後有一半機率會離婚。但這些人結縭50年並不是因為沒有離婚的選擇，因為離婚不是一個選擇。在媒妁之言婚姻過了很久以後，夫妻之間的恩愛不減反增，甚至可能比經過深思熟慮選擇戀愛對象的夫妻還要更恩愛。

曾於《今日心理學》擔任編輯的羅伯特‧艾普斯坦博士（Dr. Robert Epstein）採訪了70對不同文化中由家族安排的婚姻，發現「媒妁之言的婚姻，夫妻感情似乎會隨時間而升溫。然而在所謂『戀愛結婚』中，男女互相的吸引力是基於熱情，夫妻感情通常在18到24個月後會降低高達50%。」[1]

印度婚姻以媒妁之言為主，離婚率只有驚人的1%，非常低。德州萊斯大學市場行銷教授多拉基亞（Utpal M. Dholakia）20多年前從印度來到美國，他寫道：「即使到今天，我所認識的大部分印度人和印度裔美國人，包括親朋好友、點頭之交，還有我的學生，許多人都受過高等

教育，在西方世界具有崇高地位，他們的婚姻依然不是自由戀愛，而是媒妁之言。」[2]

他解釋，家人都會到處詢問，或是上相親網站搜尋，篩選未來可能的女婿或媳婦。等到條件篩選完成，鎖定一個對象，就會讓這兩位未來的新人在雙方家族安排下相親，然後進行幾次約會，都有家人陪伴。雙方新人若不拒絕，必須在答應這場婚事之後，接下來才可以私下約會。印度一個研究機構IPSOS在2013年的一項調查發現，18至34歲之間的北印度人有74%傾向媒妁之言。[3]

多拉基亞博士說，印度媒妁之言婚姻有三個好處，能夠解釋婚姻的成功。首先，準新人將尋找對象的困難工作，交託給尊敬和值得信任的人，通常是父母和家族長輩，這些人不太容易被膚淺的外表等因素所欺騙。經過事前審查，「共同審視許多特點，如社會地位、宗教、種姓（是的，印度教徒到今天依然重視階級）、教育程度，都要相似相配，這些都是婚姻長期成功的重要預測因子。」

媒妁之言成功的第二個原因是，由於約會見面期間多所受限約束，沒有太多考慮空間。多拉基亞博士說，「媒妁之言所設定的約會模式需要直覺決定，可得到較令人滿意的結果。相對於自由戀愛婚姻，具有漫長而精心設計的約會過程，提供大量的時間和機會，讓人可以審慎評估與約會對象結婚的潛在可能性，結果因為時間拖太長導致對象跑掉。」

最後第三個好處，由於新人對另一半所得訊息太少，印度人結婚時的期待很低，所以也很少失望。「自由戀愛婚姻則剛好相反，經過精心設計的約會過程，往往發展高度期待，我們的文化高度重視浪漫的愛情理想。」[4]

當然，有些媒妁之言不快樂，若在離婚恥辱很強烈的文化中，配偶很可能被迫生活在痛苦中，甚至忍受虐待。媒妁之言澈底失敗的比例不明，但對美國人來說顯然風險過高，儘管實際上相較為低。然而我們可藉此學到重要的一課：「根據多拉基亞博士，人際關係經過系統組織，

可經由個人意願深度承諾，長久恩愛，他認為這種賦權思想可解決許多婚姻危機。」[5]

多年來主持工作坊的經驗，幫助夫妻鞏固婚姻的決定，我發現無論他們相似與不相似，都能創造偉大的婚姻。婚姻起初對相似度高的夫妻可能較容易達成「一致意見」，比「意見相左」更能產生連結。但想想亞當和夏娃，上帝給亞當一個「與他相反的助手」，而不是相輔相成的同性。誰會想要與跟自己一樣的人結婚？多麼無聊。

當然，這樣會產生交易破壞者。一對夫妻原本預期要共組家庭，如果其中有一人改變主意，拒絕有孩子，或者如果一個配偶受到某宗教甚至邪教的限制，可能就會陷入僵局。但夫妻彼此的差異大多都可以彌補或容忍。

「很相配」不見得一定要「完全一樣」，甚至不一樣也沒關係。在某些事上，夫妻意見極度相左，無論同意或不同意都是他們的自由，生活的各種面相自然可以使他們融合。如同媒妁之言婚姻所證明，都是承諾的問題。

我們基於錯誤的理由結婚

這是與「不相配」相關，一個沒有擔當的離婚藉口。你可以說聽從媒妁之言依照傳統與不太熟悉的人結婚，沒有熱烈的感情，所以印度夫妻是因為「錯誤的理由」而結婚？你覺得他們的擇偶標準排除了肉體吸引力，造成性生活不順？你相信適婚年齡並非結婚充足的理由嗎？正確的原因是什麼？

澳洲雪梨的猶太教拉比，阿隆（Aron Moss）·摩斯回答讀者的問題「為什麼要結婚？」指出四個「結婚的經典理由」對於許多人來說已不再適用：

所以我們可以住在一起。這個理由不再適用，因為很多伴侶都沒有

結婚還是生活幸福。

　　所以我們可以生孩子。再說一次，生孩子和做好父母都不必一定要結婚。

　　為了堅實的承諾。這個理由很吸引人。可是結婚以後想要離婚變得很不容易，真是好浪漫。

　　為了使我們的關係變得正式。你可以登報宣布：「我們現在正式在一起。」這樣也可以達到同樣目的。你不需要在大飯店舉辦婚宴就可以有正式的關係。

　　摩斯拉比說，「如今我們結婚只剩下一個真正的理由：結婚之前，夫妻雙方對彼此的承諾，都是一般人的承諾，具有一般人的所有限制。我們不知道未來，我們不知道什麼會變，最後會怎樣，我們還會犯錯。婚姻將承諾的等級提升到一般人限制以外。」婚姻所增添的元素叫做神性。[6]

　　如果你屬於基督徒、猶太教徒、穆斯林等任何宗教傳統，你可能已經在自己婚禮上或你所關心的人身上感覺到這一點。神職者以儀式和信仰帶領一對夫妻簽署的是精神層面的婚姻契約。即使人們沒有什麼宗教信仰，也知道站在眾人面前鄭重承諾會提升關係，為關係投注更深層的，超越我們平時的廣度。

　　曾在婚禮上哭過嗎？那是為什麼？婚禮並不令人悲傷，因此為何哭泣？身為面紙的忠實顧客，我敢說這是因為夫妻的愛情變得影響深遠，意義擴大了。隨著婚禮現場所顯示的強烈意義，即使上帝從來沒說過，夫妻兩人的關係也藉此更具有普遍的情感神聖意義。激發掉眼淚的莫名因素，使得夫妻關係超越了我們有限的領域之外。

　　離婚的託詞「我們基於錯誤的理由結婚」其實指出的並非結婚的錯誤理由，而是錯誤的動機。如果像印度人一樣夫妻離婚率只有1%，你帶著一生承諾進入婚姻關係，步上結婚聖壇，如果有理由反而會成為少

見的背景故事。結婚的原因並不是太重要，重要的是你會盡一切努力維繫婚姻，你會堅持到底，決定去處理兩人之間必然的差異和問題，避免影響平靜的生活，使得憤怒過去，產生解決辦法。

我們由性愛和激情所驅動的文化，鼓動結婚的理由諸如化學反應、性愛配合度、完成學業就職的時機、同居之後的「下一個動作」、懷孕（或一些需要把握時間的理由）等，令人心存疑惑。這些理由是否優於印度人的媒妁之言？從離婚率數字來看顯然不是。

我們有太多爭執

「太多」爭執究竟是多少，這個問題需要不斷重新評估，因為婚姻關係在不同階段，對於爭執主題和次數的演變也不同。獲獎無數的著名美國文學家及批評家史丹利·費許，《爭執贏家》（Stanley Fish, *Winning Arguments: What Works and Doesn't Work in Politics, the Bedroom, the Courtroom, and the Classroom*）書籍作者，本身即在充滿爭吵的環境中長大。「旁邊鄰居說他不必打開電視就有娛樂節目，只要打開窗戶聽我們家吵架即可。」他結婚之後只有一個孩子，「孩子的經驗剛好相反。童年時期她在房子裡從來沒有聽過一次爭執，連大聲都沒有。她所住的宇宙裡沒有衝突（就她記憶所及），後來因為生活中開始出現衝突，變得正常化，反而造成她難以處理。」[7]

費許教授認為，爭執是生活的香辛料，事實上，試圖說服任何人任何事，這種情形都可以說是某種「爭執」。但如果是折磨、破壞婚姻的爭執，不但沒有說服力，也沒有邏輯，只是淪於情緒。費許提出關於爭執的四個「真理」，我將之列舉如下，並加以個人評論。[8]

1. 說話很容易變成爭執，卻不容易擺脫爭執。

有人的確特別容易陷入爭執。費許教授自己的妻子不太可能是候選人，但他承認自己「發出相當的大聲吼叫在我看來就像清清喉嚨」。我

是否可以主張，配偶愈是互相信任，就會對自己的溝通愈有信心，愈能更準確預測反應，進而避免危險？一對夫妻溝通練習愈多，生活中的問題愈容易克服，意見分歧也愈少，頂多只是拌拌嘴、開開玩笑。

有些夫妻的風格就是事事愛爭執，但他們明白爭執不會影響愛。婚姻研究專家約翰・高特曼（John Gottman）稱為「不穩定夫妻」：「他們表達許多負面影響，包括憤怒和不安全感，但沒有輕蔑。他們對個人界限沒有明確標記，逾越情形嚴重。雖然他們必須對自我角色進行許多爭執，在溝通中卻強調連結與誠實。」[9]

就這種夫妻安全舒適的完美關係，若說他們「爭執太多」，只是觀察者自認的價值觀。如果你問他們，他們多半會承認爭執的行為模式，但婚姻卻堅強。

相形之下，有些人的相處風格良好，少有爭執（不過與安寧標準相較只是令人沮喪）。然而環境是可以培養的，我認識一位高挑美麗、相貌年輕的媽媽，她有18個孩子，其中有兩對雙胞胎和一組三胞胎，大家都很佩服，因為她從來不會大小聲。她說話的旋律柔美，舉止甜美可愛，凡是有她在的地方，大家都會不自覺說話動作也跟著溫柔起來。她的孩子是你所見過說話最輕柔，行動最體貼的孩子。巧的是，她的名字是阿迪爾（Aidel），這是猶太人所使用的意第緒語，意思是「有教養、優雅」，在她家裡即使拌嘴都嫌「爭執太過」。

至於結束爭執的困難，凡事總有結束的一天（不過怨恨不滿仍持續延燒至第二天）。有一句格言「不要把怒氣帶上床」還可以約束一些爭執，實際上睡覺除了消解怒氣，還有其他作用。正如人們所說，晨光會使一切看起來更明亮更正向。要是有什麼不愉快，晚上好好「睡一覺」，能夠展開新鮮的視野。

2.爭執大多都不是表面所見的，而是夫妻雙方為了滿足需求的意圖，卻以引發對方負面情緒的方式來呈現。

格鬥競技選手喜愛打鬥，覺得很有活力。不過若是夫妻發生打鬥，內心有其他更深層的需求，這個原則便值得探討。夫妻雙方為了滿足需求的「意圖」，造成他們以拙劣的方式表現，這點我只能委婉的表示不同意。我觀察到，夫妻很少了解自己真正的需求，所以只會嘮叨幾件事，不是真的想要解決問題。以下我簡要列出夫妻平時的爭執重點在於三個潛在的基本需求（雖然都不太成功）：

· 認同和尊重的需求。
· 感情和溫柔的需求。
· 想要與配偶心連心的需求。

爭執再多都只是白費力氣，原本妻子想要丈夫的關愛，卻反而遭丈夫厭棄。想要得到尊重的丈夫，最後得到的卻是貶損。想與丈夫心連心的妻子，丈夫卻變得更加退縮封閉。婚姻變成一場尷尬的舞步：一個前進一步，另一個後退一步；他前進，她退後。同時使得挫折感增長，聲音放大，憤怒升高。

一個建議：寫下以上三個潛在需求，當你覺得怒火上升，趕快想想那三個需求，這樣行動便足以控制住你的怒火。自問「我真正想要的是什麼？」然後把三個潛在需求大聲念一遍。真的，選擇並不難，難的是自己是對的競爭心態使你無法擺脫爭執。但大多爭執都不在誰對誰錯，而是誰的合理需求可得滿足。

3.回頭數落過去爭執的原因沒有用。

爭執只會愈爭愈烈，前面的指責和怪罪會成為後面控訴的架構。所以，是的，你絕不能「走回頭路」（特別是重提那些攻擊和招認的話）。

縮短爭執最好的辦法就是讓步。這樣有什麼錯？第一個說「對不起，你說得對」，可以停止冰冷爭執。我見過一個聰明的配偶使用這種

方法，他在爭執間突然說出這句神奇的話，不過深陷爭執的人無法控制怒火，無視對方的道歉，只是繼續爭執。於是這位和平調解人總共重複道歉三次，才讓對方理解沒有繼續爭執的必要。

說出去的話，潑出去的水，憤怒使你失去判斷力，後果既已造成，很難「回頭」。你聽過「管好你的舌頭」這句話，但就算你知道，想說的話很刺耳，只會造成爭執愈演愈烈，還是難免脫口而出。不過無論你說什麼，都只會被對方用來責難你。

如果別人偶然聽見你們的爭執，還會餘波盪漾。還記得，孩子是以父母處理衝突的方式為範本，學習解決自己的衝突。你對配偶抱怨的每一句話，都會加深你對配偶的傷害。哈德西派意第緒有一個故事，是關於傷害性言語所造成的傷害（希伯來文 lushon hara），我將朋友約瑟夫·特魯什拉比所著的《猶太倫理道德法典》（Joseph Telushkin, *Code of Jewish Ethics*）摘錄濃縮如下：

在一個小鎮上，一名男子散播惡毒謠言，真真假假說著拉比的壞話。後來他發覺自己的所作所為傷害了拉比的名聲，於是帶著悔恨前去請求寬恕。拉比嚇了一跳，告訴他：「你回家拿一個羽毛枕頭，到家門外把它割破，把羽毛抖到空中，隨風吹落，然後再回來我這裡。」這個男人雖認為拉比的要求很奇怪，但他覺得這樣做會獲得拉比的寬恕，於是鬆了一口氣，完全按照指示做好。

「現在你寬恕我了嗎？」回來後他問。

「還有一件事，」拉比回答。「現在去把所有羽毛收回來。」

「但那是不可能的，」那人說。

「確實，」拉比回答。「就像你永遠無法把所有羽毛收回來，你也永遠無法完全消除你對我造成的傷害。」[10]

這就是指控和敵意對婚姻所造成的影響。即使道歉，也不能塞回枕

頭裡。你的配偶記得你說過的話，放在心中反覆咀嚼，等於是在儲備軍火庫，等待下一場戰爭。

4. 對於家庭爭執的深入了解，並不能夠讓你避免落入陷阱，有無數這樣的競技場正等待人們的進入。

費斯教授說，他研究了避免爭執的自助書籍，但沒有發現什麼好意見：「讀了這些書以後，我的行為並沒有太多改變，還是一樣容易犯錯，變成一個只懂得保衛自己的自私鬼。」他總結說，「如果你在下一場不小心陷入的危機中有比較好的表現（就像我希望的一樣），很有可能是因為你有過幾次經驗，終於懂得如何處理。」

費許說得對，若是在跑道上慢跑「有過幾次經驗」，的確有助於熟悉跑道上的坑洞，可獲得「深入了解家庭的爭執」（自助書籍也有幫助）。你愈了解觸發自己與伴侶情緒的言詞、雙方敏感度、爭執模式，愈容易避免爭執。熟能生巧，在延燒之前弭平爭執，即使全面延燒也能解決。

多年來身為一位治療師，我已學會，你可以也願意投入時間精力去改善雙方的分歧。如果爭執是酷刑，你可以離婚，離開具有與你完全相同爭執技巧和方法的對手，離開沒有建設性的爭執，或是你也可以與伴侶（和家人）一起減少爭執。

即使「家庭爭執的競技場」有無數個陷阱，你也不需要進入那個危險的領域。如果錢是你的爭執「競技場」，總是無法擺脫，請保留你的財務狀況與會計師討論。首先要警告你的配偶，這對你來說是個敏感話題，所以需要一個適合的仲裁提供指導，解決問題。如果你的問題是性愛，適合介入的合適人選可能是治療師。如果問題是小孩，邀請其他父母（甚至朋友或兄弟姊妹）加入討論，確保第三者了解自己的使命，願意傾聽和指導。

但當你覺得爭執將起，身邊卻沒有人能夠幫助你，這時該怎麼辦？

拿出上面列出的三個基本需求，問自己：「我真正想要什麼？」等到你找到問題所在，剩下的只是實際的處理細節。

還有一個策略——文字。寫下你的觀點，請配偶也這樣做（最適合是用電郵），然後彼此閱讀對方的觀點，並以書面回覆。寫出你的觀點會促使你思考。試試吧，書面文字是超越短暫口語爭執的一步（也是往沒說出口的想法前進了一步）。

「太多爭執」是MSN調查「八個最常見的離婚離由」[11]的第二名，但爭執只是症狀，而非疾病本身。你的爭執風格，以及你在爭執中所產生的感受，比雙方的爭執頻率更能說明問題。如果像費許教授一樣感覺只是「清清喉嚨」，爭執對你的婚姻是無害的。但如果像費許的妻子，你覺得自己受到「攻擊」而痛苦，你應該避免爭執。大多數情況下，爭執會造成感情枯竭、壓抑、破壞，減少爭執是修復婚姻中較容易達成的一點。

根據我的觀察，大多數爭執都是從指責錯誤開始的。指責一方犯了錯，會迫使對方進入防守位置，然後雙方互有堅持。怪罪會破壞關係，就這麼簡單，是所有怨恨的根源。避免怪罪。僅僅這麼做便足以避免大多數的爭執。

夫妻雙方互為婚姻這個合作計劃的伙伴，更重要的是，也是家庭的伙伴。這個假設（應該要一說再說！）基於人人都在同一團隊中，具有共同目標，希望和諧幸福。如果有人犯錯或做了蠢事，沒有關係，承認以後繼續前進，不要回頭數落。怪罪可能是習慣，但它有毒。讓你的隊呼變成：「大家都盡最大努力，讓我們變成一個幸福家庭。」

離婚哪有好聚好散

　　康士坦絲・阿倫斯（Constance Ahrons）在1990年代早期寫作《好
離婚》（*The Good Divorce*）[1]這本書，後來收到了兩個讀者回應，表示正
在進行。大多情況她會聽到「『好離婚』難道不是個矛盾詞，跟『甜蜜
的悲傷』一樣？」但還是有人表示贊同她呈現積極的一面，與當時媒體
所描繪的普遍性否定相反。

　　阿倫斯博士抗議說：「好離婚不是矛盾詞，好離婚是成人和孩子的
外表看來至少都情緒良好，就像還沒離婚前一樣。」[2]這種設定標準很
低，不過沒關係，如果作者定義如此，的確，一些人在離婚多年後，
「表現」得與離婚前一樣情緒健康。不過這不能說服我離婚是「好事」，
只表示離婚的人「情緒良好」（意義不明，因為任何經歷過離婚的人都
會受到情感重創），後來都會回到原先的情緒健康程度。

　　情緒健康往往是天賦的美好禮物。生長在充滿愛的家庭，這種人大
多運作良好，學習社交與人際關係技巧，能夠順利透過人生考驗。情緒
健康使婚姻失敗被迫離異的人，能夠撿起檸檬，開一家路邊攤，放紙杯
和一個「10元」牌子。

　　然而有些人卻沒有得到心理健康的慷慨祝福，他們可能受到化學因
素或遺傳傾向的負面影響，變得憂鬱，也可能有上癮的個性。他們可能
缺乏控制憤怒的力量，可能是在媽媽受虐或不受尊重的家庭中長大，或
丈夫私下對孩子們口頭謾罵。孩子看到什麼就學什麼，不幸的是，並不

是每個人都能看到解決衝突或溝通表達的好榜樣。

這些人還可能更不幸的把這種「預備條件」帶入婚姻，發現很難與配偶合作，共組幸福聯盟。每個結婚的配偶都會將自己的過去、個性和特質帶入婚姻，兩者組合往往會產生驚喜。女人自己住的時候可以愉快又有吸引力，為她的事業奮鬥，加強友誼。同樣一個女人結婚以後，合理的也會希望能有自己的空間，持續進行諸如健身房等日常活動。她可能會把自己的裝潢愛好帶到新的共同住家裡面，可能想保留自己的信用卡和銀行帳戶控制權。但如果丈夫希望要優先把對方排在第一位，客廳中他的躺椅必須面對電視，財務要合併，兩個人必須釐清。他們所組成的實體，也就是婚姻，是兩個配偶的混合物。他們帶入婚姻的個人差異可以保留、失去或者合併，這些調整可能會導致問題。即使個人表現再優良，還是可能成為失能的配偶。

所以如果「好離婚」標準在於離婚後你的情緒恢復到結婚時的狀態，這樣真的「好」嗎？

阿倫斯博士引用自己的研究，她於美國威斯康辛州戴恩郡隨機挑選98個在1978年離婚的家庭，結論熱切提到離婚遭到不正當的誹謗，其實是「正常」的，但效應並不像專家媒體和宗教信徒所暗示的那樣糟糕。但《好離婚》這本書的其餘部分卻敘述離婚多麼糟糕、複雜與困難，包含前面讀過關於「雙核」家庭重新融合的困難，離婚後的四大類教養問題，離婚配偶的利益交叉文氏圖。「我們訪談的離婚夫妻中幾乎有50%他們的關係都挑戰我們的模式，」阿倫斯博士報告說：「他們不是充滿憤怒和痛苦，而是彼此之間的感情（不是關於離婚本身）更加矛盾。最重要的，他們變得和氣有禮，有時甚至很友善。」[3]所以「幾乎有50%」就代表「大部分」和氣有禮。這些便是阿倫斯博士「好離婚」的結構。

我明白當時離婚率一度上升，看似很快只有一小部分婚姻能夠存在一輩子，因此必須淡化負面形象，重新定義離婚的平常。這個任務已基

本達成。我很高興看到人們不再覺得離婚羞恥或譴責離婚，尤其是因解散而受傷的家庭成員，更應得到同情和支持。但現在離婚受害者，包括被拋棄的伴侶、那些父母自私只圖自己快樂的子女，請大家站起來大喊「不公平！」自戀和不公義應該受到譴責，而不是要用所謂非批判性的態度來接受。

「好」離婚唯有用在防止虐待和兒童救援的最後手段，遠離上癮症或高度衝突的父母。但造成離婚的衝突、殘酷行為和情緒的毒害，卻永遠好不了。阿倫斯博士的主要貢獻是在描述健康的人如何恢復，重獲平衡，離婚後依然積極成長。

離婚後人們必須重新計劃、調整期望，對於這樣的人依然可以繼續前進，我們為他們加油打氣！在受到婚姻破壞的影響後，重新拼湊自己生活的碎片，過著健康美好的人生，我們也為他們喝采！不過離婚後人們有能力處理離婚慢長的訴訟，無法安穩，這樣表示離婚「很好」？即使有些人能夠隨著時間努力恢復正常生活，克服離婚的痛苦混亂，依然難以將離婚標記為「好」。

阿倫斯博士寫道：「離婚不是以法律結束的事件，而是一種持續一輩子的過程。」考慮離婚的人應停下來想想。會持續一輩子？離婚永遠無法結束？[4]

阿倫斯博士的第二本書《依然一家人》（*We're Still Family*, 2004），接續追蹤第一本書離婚夫妻已經長大成人的孩子，這些人平均年齡31歲，能夠成熟看待父母在1978年的離婚。她發現這些成人形容父母當年離婚的情形，可以歸納為三大類。

第一類，孩子們描述的是阿倫斯博士所謂的「好」婚姻。要注意的是，孩子們所描述的特徵僅是成年後的回顧。當一場「好」婚姻破裂，「孩子大多……表現非常驚訝、震驚、困惑。」阿倫斯博士說。從孩子和外人角度來看，當時婚姻顯得幸福快樂安穩。馬特10歲時父母離婚，他回憶：「我從來沒發覺有什麼問題，我以為我們是個普通家

庭。」凱西13歲時父母離婚：「他們離婚以後，我一直覺得他們能克服難關，回來再在一起，不過他們沒有，我很生氣。」史蒂芬的妹妹12歲時父母離婚：「就像從晴朗的藍天墜落，我記得羞愧和尷尬，傷心了好多年。」當娜，父母離婚時已是24歲的成人：「我最初的反應是，我們的童年，當時我一直覺得自己有很快樂的童年，結果全是假的！」

的確，「你永遠不知道別人婚姻中發生過什麼事」，但這種警告原則卻經常濫用為一種不插手別人離婚、毫不質疑的反應。雖然不知道原因，但人們仍然想知道這對夫妻是否可以修復關係。難道多年來離婚的普遍性營造了一種氣氛，鼓勵離婚作為一種解決辦法，與近年來人們的態度卻剛好相反，變得鼓勵夫妻（尤其是妻子）尋求治療，實現較滿意的婚姻？

阿倫斯博士將第二類父母離婚的情形稱為「失去生命力」。根據成年子女的說法，這類婚姻往往表面上看來沒有不和諧，實際上關係卻很疏遠。吉兒的父母在她青少年時期離婚，她還記得，「一直到我25歲訂婚，媽媽才告訴我她對我爸沒有愛。我真的很驚訝，她竟然考慮要離婚近10年。」艾蜜麗14歲時父母離婚：「我不記得他們說過關於離婚什麼事，我真的嚇到，我真的不能理解為何他們就是不能在一起。」艾倫（年齡不明）：「當時我什麼都不知道，我以為我住在一個快樂的家庭中。」

由於身為局外人，我們的確無法理解婚姻的內部動態，但從孩子的觀點，可知他們很震驚，生活一瞬間天翻地覆。這一類離婚也產生一個開放性問題，若抱持正確態度，經過調解，婚姻是否能得救。

第三類父母離婚是屬於「高度衝突」，孩子由於父母的爭吵而「遭受嚴重痛苦」，可能有肉體虐待和酒精藥物成癮等問題。阿倫斯博士敘述這類婚姻占她研究族群的「近三分之一」。在這些家庭中，孩子們戰戰兢兢地過生活，害怕戰火爆發、暴力威脅等甚至更糟的情形，離婚對他們是一種可解脫的結果。這種婚姻就應當離婚，還能救命。對於這一群相對數量較小的群體，離婚本身可視為「好」事，但這並不是阿倫斯

博士在《依然一家人》書中所說「好離婚是指離婚沒破壞有意義的家庭關係。父母保持充分合作，互相支持的關係，能夠專注關於孩子的需要。在好離婚中，孩子們與父母雙方依然保持聯絡，當父母各自結婚以後，兩邊互相形成一個大家庭。」

對阿倫斯博士來說，這是歸結於父母離婚後相處好壞。從原來一個家庭，變成後來兩三四個家庭，會變得多好呢？關係要如何平衡，孩子與父母雙方的聯繫才不會失去呢？這些複雜問題很少能夠釐清。

我認識一個家庭，似乎可以算得上是好離婚。爸爸魯迪於1946年海軍退伍後，隨即和媽媽諾拉分別於21、23歲時在紐約結婚，兩人當時都還在求學，魯迪有退伍補助金資助學費，他們很快就有了小戴維，為了獲得學位，岳母幫忙照顧外孫，爸爸念工程，媽媽念化學，當時女性很少選擇這個學科。

經過幾年，隨著魯迪的職業生涯，全家搬到加州，魯迪進入航空工業，這時他們又添了另外3個孩子。夫妻關係雖然經常爭執，但子女有3男1女，全家總是在歡笑聲中度過。諾拉為了照顧孩子放棄事業，難免心中不悅。後來她發現魯迪有外遇，感覺自己被背叛，不過魯迪外面的興趣不出數月便結束，她也無法放下孩子出去工作，只好忍氣吞聲等待孩子長大。

但，有時，她會對魯迪發洩怒氣。他默默全數承受，把注意力投在孩子們身上，所以孩子們都敬愛他。他會帶孩子們潛入附近酒店的游泳池，等到有人發現被踢出去；他會帶領孩子們在山林花草間郊遊，或者一起上車去看電影。由於生活快樂，孩子們並沒有意識到父母之間問題的嚴重性。

後來魯迪連續兩晚沒回家，諾拉終於爆發，於是他們決定分居。那時兩個孩子在上大學，兩個在上高中。年齡較大的三個從諾拉那邊早已知道爸爸會在外面拈花惹草，卻沒料到事會發展到這個地步，感到震驚。但最年輕的格雷森卻覺得安心不少，他是個敏感的孩子，愛好和

平，家裡的劍拔弩張使他很受不了，看見諾拉進入房間痛哭，他表露同情，安慰母親。夫妻繼續分居，魯迪租了一間公寓，把書和唱片都搬走。

鏡頭快轉，20年後。感恩節晚餐時間，一家團聚，在諾拉的房子裡，魯迪在廚房把肉汁倒入碗中。大兒子戴維和第二任妻子和兩個人的孩子一起來。次子阿尼帶來妻子和一個孩子。唯一尚未結婚的是格雷森，他雖然交往過幾個合適對象，最後關頭總是以分手收場。全家唯一的女兒艾美帶著4歲孩子，她在辦離婚。

魯迪和諾拉沒有交流，她忙著監督黃金烤火雞，裡面塞滿玉米麵包餡，搭配戴維妻子做的馬鈴薯、菜豆，還有其他孩子帶來的南瓜派。最後魯迪誠摯地招呼諾拉坐下，大家談笑風生，從政治到每個人的工作、假期計劃、聖誕節要到哪裡聚會。他們看起來好像諾曼·洛克威爾（Norman Rockwell）的畫作，一幅家庭和樂融融的模樣。

和樂背後有努力。諾拉和魯迪雙方都與孩子們保持密切聯絡，因此孩子們也與父母保持良好關係。他們住在同一區，因此每當孩子生日或放假都會一起聚會。他們不會互相叫罵、嘲笑，也不會用怨恨破壞氣氛。

這是一場真實的好離婚。魯迪的樂觀態度，幫助他度過失敗的第二次婚姻，與一個尖酸的女人離婚後，他寧願與一桌彼此喜歡的人共享感恩節晚餐。但離婚仍在一家人的生命中盪漾。格雷森害怕結婚。戴維很幸運，他第一次離婚時沒有小孩。阿尼和妻子中間還有一個第三者，那個女人現在懷孕了。

情況最糟可數諾拉，魯迪離開後，她就罹患憂鬱症。她有自己的房子，一個人住，這是用離婚時賣掉自建可愛的家所分得的錢買的，拿她實驗室薪資和贍養費付貸款。但她天天都在回想離婚的事，雖然每天吃著憂鬱症藥物，行動跟正常人沒兩樣，她卻總是無法忘懷魯迪的外遇。她無法面對失去過去的共同生活。每個月看見魯迪，總會引發同樣想

法。要是那樣會怎樣？為什麼？如果那樣我會怎麼做？看看我們對孩子們造成的傷害！

這是一個真實的家庭。多年來我與這個家庭的每個成員都有談話，「好離婚」使得他們依然是一家人。雖然並非每個家庭都會像他們一樣經歷那麼多挑戰，然而魯迪和諾拉的孩子們，雖然不在傳統生活中長大，仍成為能夠自立的大人，有成家立業的期望，只是能力略有不足。

阿倫斯博士說，「在她研究的受訪者中，有整整20%感到自己父母的婚姻和離婚、離婚後的家庭，加總起來產生破壞性的影響，造成無法癒合的情感傷疤。他們把個人親密關係等人生困難、失敗和失意，統統歸咎於父母。」[5]

不過，這只是研究族群的五分之一，剩下80%的人還有其他父母離婚後所造成的影響，就像魯迪和諾拉他們家一樣。阿倫斯博士主要想傳達給父母的訊息是，父母離婚後的關係對孩子有很大影響，必須互相合作，孩子才會覺得自己仍然有「家庭」。正如「父母之間的衝突會對孩子有負面影響」[6]，必須要努力「維繫家庭，盡量減少對孩子的負面影響，讓離婚以健康的方式融入你的生活」[7]，這樣可降低離婚問題，不過並不能說這是「好離婚」。

研究：「好離婚」，孩子卻不怎麼好

這句話聽來違反直覺，也不支持阿倫斯博士的論證，但由美國德州奧斯汀大學社會學家諾華·格倫（Norval Glenn）率領的研究在他2011年去世前出版，發現相對於不歡而散的離婚家庭，「好離婚」孩子的教育成績一樣較低，而且日後婚姻狀況也較差。[8]

這個研究「屬於首度大規模研究，並與父母沒有離婚的孩子對照組作比較」。格倫的小組評估離婚父母所規避的「破壞性行為，以及……並估計規避程度，是否可使孩子的生活，比得上各種家庭完整的孩子」。

研究結果卻與格倫教授的預測恰好相反。「我們原本懷疑不良的離婚會產生不良的婚姻後遺症，因為父母做了不良示範，孩子也學到錯誤的衝突解決技巧，尤其是青少年，因此造成這些孩子日後男女關係不良的印象。但實驗結果顯示，不良婚姻對孩子所造成的影響卻出乎我們意料，剛好違反了一般直覺。」格倫教授說。事實證明，不良離婚對男性的婚姻沒有負面影響，並且有明顯的統計數字顯示，對女性反而會造成正面影響，意思是說「父母不良離婚的女性，多有品質良好又持久的婚姻。」

　　乍看之下這個結果很奇怪，但孩子在低衝突婚姻結束時所受的情感傷害較高，而高衝突婚姻以離婚收場時孩子的情感傷害反而較低。格倫解釋，在一個爭執不斷的婚姻中，孩子們可將離婚「歸咎於父母而非婚姻制度。」他接著闡述：「如果好人加上好關係，婚姻還是不成功，就沒有理由對結婚保持樂觀。」三分之二離婚發生在低衝突婚姻中[9]，這種家庭的孩子，會比較容易質疑自己婚姻成功的機會。

　　保羅・阿馬托（Paul Amato）、珍妮弗・凱恩（Jennifer Kane）與史賓塞・詹姆士（Spencer James）三者共同於2011年發表一篇報告「重新考慮『好離婚』」，比較從1988至2003年跨越「全美家庭成長調查」三個部門，共9百44組家長與孩子的幸福程度。首先，他們必須是符合「好」離婚標準的家庭，目標是在測試是否好離婚確實能夠為孩子帶來更好的結果。十個標準包括：學業成績、對學校的感覺、行為問題、生活滿意度、自尊和藥物使用。

　　第三數據收集在2001至2003年，研究人員在孩子到達成年初期後，隨即評估結果，評估標準包括：藥物使用、早期性行為、性伴侶數量、早期關係形成，以及與父母的情感親密程度。

　　「好離婚」的孩子和青少年確實表現出「較少行為問題（由共同居住的父母報告），與父親的親子關係評估較正面」，相對比較差的是父母「平行無交集」、「單獨」的照顧。但有一個問題：「在好離婚群組

的青少年……他們的自尊、學業成績、學校好感、藥物使用、生活滿意度，都沒有比較好」，相對主要只有父或母照顧的孩子。「相較之下，好離婚群組的年輕人也沒有比較好……包括：藥物使用、早期性行為、性伴侶數量、青少年同居或結婚，以及與母親的親密程度。」結論是？「好離婚」並不代表一切無恙。

選擇「好婚姻」而不要「好離婚」

阿倫斯博士等提倡「好離婚」的人，做了許多值得讚揚的重要工作，幫助離婚者繼續前進、重新振作，最理想是會積極進取。如果你的父母離異，你應該依然覺得自己很正常，跟從前沒兩樣，值得同樣的尊重。如果你表現得可憐或可悲，更不容易振作起來。如果你是被迫離婚的配偶，你更應該要保持堅定的態度，提供孩子所需的安全感，維繫家庭。你只能控制自己的情緒，接受你其實不想要的責任和局面。如果你已經離婚，你與前任最好共同努力營造「好」關係，以防關係瓦解或消失。

但你不是這樣。你並不是驀然回首依然決定婚姻有問題。「好離婚」的再三保證，鼓勵你去嘗試。但如果你認為只要能挺過最前面的不愉快，夫妻關係船到橋頭自然直，就表示你可能忽略了一些不太想知道的事實。大部分在阿倫斯博士書中「好離婚」的夫妻，彼此變得客客氣氣，是因為歷經了離婚的痛苦失和。享有「好離婚」的夫妻，可能還有一天會破鏡重圓。既然有這種可能的未來設想，為何不現在立即嘗試達成？努力獲得「好婚姻」，要比「好離婚」有意義。

自從婚姻關係出現「好離婚」這個詞，它的力量便削弱了婚姻的榮耀。我們知道，婚姻是好事，大家都想要，93%的美國人到64歲時都這樣想。[10] 但如今除了「好婚姻」，還有「好離婚」，如果兩者都很好，當婚姻發生問題，何必還要堅持到底？努力和舊人一起解決問題是痛苦的，不如找一個新人，那樣才真叫做「好」。

誠然，如果你有孩子，「擺脫」孩子的母親（或父親）不容易也不太好。但，如果你提出「好離婚」，承諾將惡劣態度化為最低程度（也可以付出一些金錢代價），可能會更容易擺脫束縛，開始充滿希望的新生活。

不，你沒有那麼無情。但請你了解，即使離婚夫妻互相待之以禮，看來沒有怨恨，有些家庭成員仍心懷不滿，當他們看見父母有了新人換舊人，或出現一些尷尬的「希望我不在」時刻（或那幾年）。好離婚對某些相關成員是有好處，但不見得對所有人都有好處。親友網絡的關係遼闊，他們絕對會選邊站。有些人討厭發起離婚的人，有些人基於「血濃於水」自然會支持自己的童年好友，有些人為雙方都難過。

這就是發生在羅斯家族的事。艾莉是4個女兒的母親，多年來總是想辦法拜託不講道理的丈夫史凱特不要管得那麼緊。如果她整理房子不是依照他想要的樣子，或衣服沒洗好、沒摺好，他都會發脾氣。就算她努力做到丈夫所有的要求，盡量不讓他生氣，也沒有用，所以她只好逃避。女兒漸漸長大，艾莉覺得先生的壓迫反而更多，甚至開始要求女兒。丈夫規定，星期日不可以出門活動，只能上教會和寫功課。男生不能進房子，就算是6歲女兒的同齡玩伴也一樣。家庭作業必須在晚上8點上床時間之前完成。盤子上所有食物都要吃完。

當艾莉得到女性朋友的鼓勵，堅持要史凱特一起去諮商時，他拒絕了。「我試了好幾次，請他和我一起去，但他堅絕不要，也不願改變，因為他是『對的』。」

婚姻結束，艾莉為了自己和兩個還未成年的女兒，努力保住房子，和丈夫進行艱苦的抗爭。史凱特很生氣，認為艾莉無權要求離開；既然她要走，為何他要把辛苦工作賺來的房子分給她？

她終於贏得訴訟，離婚一年後，艾莉遇見貼心又紳士的弗蘭克，沒有史凱特的強迫。為了不甘示弱，史凱特加入一個約會網站，遇見一位渴望結婚的女士，孩子都已成年。經過6個星期交往，史凱特求婚並

匆匆計劃了一場婚禮，儀式在教堂舉辦，史凱特有10個兄弟姊妹，全家族坐滿了60個人的座位。但對於他的女兒和姊妹們來說，她們愛艾莉，面對婚禮只覺悲傷。女兒說當時在教堂中大家靜靜啜泣，堅強地彼此安慰。

就算離婚後的新家庭相處融洽，世上還是沒有「好離婚」，對史凱特的女兒、他的兄弟姊妹和擴大的家庭成員來說，記憶中有些希望破滅了，有些快樂時光由於新的家庭組合而變調。即使是再普通的婚姻，都比「好」離婚還要好，畢竟還有未來復興的可能性，而不僅僅是昔日婚姻的殘存功能。

相對於「好離婚」的存在，人們產生對於形成「好婚姻」的期望，變得愈來愈不實際。如今一個好婚姻，必須能夠永遠滿足配偶雙方的情感需求，只要關愛、耐心、體貼、溝通處、性滿足、相處時間、親密度等，凡是缺乏任何我們所期望配偶具備的超人特質，就會很快貼上「壞掉」的標籤，隨著這些想法在心裡落地生根，開始為婚姻做「全部壞掉」的整體結論。

在某個臨界點，人們會想要將一場壞婚姻變成「好離婚」，但離婚本身很少能說「好」。在離婚烏托邦，溫蒂·巴利斯（Wendy Paris）認為，離婚「凡是透過這個部分，就能建立更好的生活。這是一個過渡期，不是永久狀態。」[11]沒有孩子的婚姻或許如此，但有孩子的家庭已經有未來的投資。離婚會糾纏孩子和父母一輩子，還有後來可能加入的繼父母和雙方所有的孩子，全部都連結在一起，包括如今已消失不在的原始婚姻，如果連結完全斷裂，會變成一場災難。

但正如阿倫斯博士之前所說，「離婚是一種持續一生的過程。」溫蒂·巴利斯將它稱為過渡。但一場充滿問題的婚姻如何「過渡」到穩定、關愛，然後再到堅實、相愛的關係？離婚的過渡更具抵抗性、範圍更大又有傷害力。溫蒂·巴利斯在自己書中描述因某個細心體貼的人，她回想起自己的離婚。「我們兩個都想要與另一個人有一個充滿愛的、

可慰藉的、令人振奮的關係。」由於不知道會是誰,他們放棄了已經確定的對象,從前他們也曾相愛,所以才會結婚,卻為了心中幻想的美好形象而放棄。白雪公主唱著歌:「有一天我的王子會來臨……那一刻將會是多麼令人激動……當夢想中的王子來到我身邊!」

　　問題是,你可能會發現令人激動的第一吻有口臭。王子會把內褲丟在地板上,髮膠滴在流理台上。如果有機會改善婚姻中的重大問題,最好堅持你的誓言,透過這段低潮,與一個你知道怪癖的人在一起,而不是把重要的家庭完全扔掉,最後卻過得沒有你想像中的好。

第四部

修補關係：
為什麼你應該保持婚姻

「盡你的責任」
還是「依隨你心」

　　你的願望與父母或祖父母不同嗎？他們結婚的時候也計劃要一起過一輩子。他們想要形成配偶關係，共同扶養家庭。他們也互相學習對方的特質和弱點，克服財務和職涯方面的問題，盡其所能擔任父母職責。

　　但他們對浪漫和家庭的渴望之下，有著如今已已不受人重視的期待，是對婚姻、工作和國家的責任。這些額外的連結使得他們的婚姻更堅強。

　　隨著自我的提升，會降低對他人的責任感。在第二次世界大戰期間，責任優先，美國人無論男女都自願服役，其他留下來的人則必須面對全國資源短缺，父親們在戰場，家裡都是老少婦孺，每個小城都設立起一座座基碑。倖存者迎向未來，決心要脫離戰時的緊縮，提供孩子沒有負擔的生活，於是嬰兒潮誕生。雖然後來美俄冷戰產生核彈威脅，電視新媒體展示的是一家人和樂融融，所有問題都能解決，過著快樂的生活。

　　「盡你的責任」在戰後閃耀的光線中消失了，取而代之的是嬰兒潮自我中心的口頭禪「依隨你心」。可以說是被寵壞的一代破壞了家庭的客觀與邏輯性理想，取而代之的是主觀與速食的感情。

　　我們的情緒是驅使離婚的主要動力。還記得創業家羅勃・林格在1977年暢銷書《追求第一》（Robert Ringer, *Looking Out for* #1）中設定「唯我的10年」（the Me Decade，作家湯・姆沃爾夫〔Tom Wolfe〕夫命

名），當時這個驚世駭俗的概念被認為自戀。10年過去，數十年也過去，他的觀念卻依然與我們同在，如今美國許多產品或服務很多都有個「我」字，My Yahoo，My Verizon，My Apple⋯⋯我的天。

這就是本章主題，當你確信自己應得一切美好事物，便無法忍受周圍任何不美好，孩子、朋友、配偶都一樣。如果你感到不安、不快樂，好吧，你已經成熟了，可以接受⋯⋯幾個小時、一天甚至一週。但如果你的問題在婚姻中持續一陣子，不行，必須結束。你必須實現當下的信仰，自我實現變得非常重要，心中雖然有些遺憾，但你卻選擇讓靈魂伴侶傷心，使孩子的家庭破裂，而且如果你另有所屬，無論對方婚姻狀況如何，一定追求到底。

心理治療師裴瑞兒（Esther Perel）在 TED Talk 中主張說：「過去是一夫一妻，一生一個人。今天，是指一段時間一夫一妻。」聽眾竊笑。她繼續說：「我們過去結婚以後發生第一次性行為，現在我們結婚是停止與其他人發生性行為。」噴笑。

她談論的是不忠。「生存在一個鼓勵追求欲望的時代，很難保持忠誠。」的確。「文化是，我應該得到快樂。過去我們離婚是因為不快樂，今天我們離婚是因為可以更快樂。」[1]

完全正確。我們追求最大幸福，而不僅是足夠。換句話說，我們嘲笑一生一個人變成一次一夫一妻，還有滑網頁找對象。我們覺得在一段關係中只能有正面感受。但我們得到的是什麼？離婚是因為覺得我們可以更快樂，但真的快樂嗎？

婚姻是一種承諾

我認為整體而言，一次一夫一妻並不比一生一個人要快樂。想知道我是否正確，一起來聽聽這些一生長久相守的夫妻怎麼說。

一部一分鐘短片「尤金尼奧：直到死亡將你們分離」（Eugenio: Till Death Do You Part）中，一位歷經苦難但眼神明亮的西班牙裔美國人對

著鏡頭說：「婚姻是兩個人之間的承諾。」他合掌：「堅持承諾到死亡。但人們並不真正了解這句話的美麗。」他解釋：

> 我守著妻子。我抱著她，輕輕吻了吻她。她舉起手說：「我會在天堂見到你，金尼。」手滑落，她握著我的手，力道放鬆，她停止呼吸，妻子生命結束了。她死在我懷裡。

我邊看邊流下眼淚。

尤金尼奧的故事是老年病學家卡爾・比勒梅爾（Karl Pillemer）以及康乃爾大學傳承計劃人員所蒐集的1千5百個故事之一，記錄拍攝美國老年人的智慧。比勒梅爾博士將這些教訓歸納為七點：

1. 婚姻很難。就像成為運動員或音樂家，需要紀律訓練，你永遠不會達成完美，必須不斷學習，為了一些目的而犧牲短期利益，以後會有更多回報。

2. 一生一個人的婚姻是值得的。和一個人在一起超過50年……這是一種崇高的體驗，與另一個人的關係，不同於任何其他關係……甚至比人生初次墜入愛河的心跳激動時刻更好……。

3. 選擇和自己相同的人結婚。婚姻對任何人都不簡單，但有共同興趣、背景和目標會比較容易相處。

4. 從小處著想。養成做小事，做好事的習慣，例如幫伴侶完成瑣事。像是清晨6點，下著雨，狗在抓臥室的門，今天輪到伴侶遛狗，但你起床做了這件事。夫妻關係銀行又多了一筆存款。

5. 多說話。一個男人滿面春風地說：「彼此互相嘮叨。」……正如一位80歲老人告訴我：「如果不溝通，你們只是兩隻死鴨子。」

6. 不要試圖改變你的伴侶。當你們變得認真起來，長輩說你必須接受對方現在的模樣，不然就不要結婚……在夫妻關係中，任何時

候，想要動手改造伴侶只會導致憤怒和失望。

7. 餓了嗎？提供伴侶一些東西吃，免得伴侶發作。有時長輩說得比治療師好，一份燻牛肉三明治或一塊派。花費不多，樂趣多多！[2]

除非你停止離婚審議，面對婚姻，否則你永遠不會懂得這些長輩所經歷的深愛。接下來我想要進一步解說上面七個觀點，與你的情況做連結。

「婚姻很難」。你和長輩的差別在於他們已有所準備，你卻沒有。在你身邊無時無刻聽到的不是明星離婚、就是單身有很多機會，因此只要一不開心可能就會想要離婚。我想強調一下，婚姻僅在某些階段很困難，此時需要紀律，堅持到底，但大多時候即使有家庭問題，婚姻本身也並不「困難」。事實上婚姻提供舒適和支持，讓你能過透過考驗。就算是死氣沉沉或缺乏尊重的婚姻，都需要努力才能維持，而且如果你有孩子，離婚更加困難。

在另一個傳承計劃影片中，一位有魅力的非裔美國女性黛安說：

請開始想你會成功，變成最好的婚姻。我聽我的孫子和朋友說話，他們說得像婚姻原本就不長久，但我覺得他們應該把婚姻視為一件最後要成就的事。他們要與配偶溝通，投入許多努力。因為這並不一件理所當然的事。

我記得我結婚的時候。事實上我丈夫比較想結婚，我比較怕（笑聲）。但同時，我相信如果我結婚，我會盡所有努力維繫一輩子婚姻。

「一生一個人的婚姻是值得的」上一代人重承諾，但我們這一代的成長時空已不再培育如此美德。如今美國人不必服兵役，前幾代人則認為是義務。由於日常生活中不需要壓抑，我們習慣很快滿足自己。為他

人犧牲是一種道義，聽起來很有意思。所以當最聰明的美國人建議我們婚姻難免有困難，必須堅守紀律、放棄舒適、克服困難，我們會說，不必，謝謝你。

但如果上面第二點是正確的，婚姻一輩子真的有價值？如果你中斷家庭計劃，就再也找不到那難以捉摸的完美愛情？至少你熟悉和你結婚的人，你知道對方的壞習慣，怎麼樣讓他笑，什麼事最能反抗他。你已完成學習曲線，換新關係必須從頭開始。

如果你有孩子，結婚一輩子不僅對你有意義，對孩子也有意義，他們會打心底覺得有安全感，一生覺得被愛，日後遇到問題也可以克服。因此如果夫妻差異顯著，必須解決問題；當然你也可以接受氣氛緊張的生活，不過並不是有益的方式，即使如此仍可以調整（請繼續讀下去）。

關於第三點「**選擇和自己相同的人結婚**」是可以排除許多問題，但即使你選錯對象，離婚也不是唯一選擇。很有機會你們還是有一些重要的共通點，那些使你們在一起的東西，最重要的就是孩子。以孩子為中心開始思考，將你們的相處時間集中，共享一些相同的興趣。例如陪孩子們運動或參加孩子的校外教學，或在你們分別做自己事的時候，可以在同一個房間區域，拉近彼此距離。而且每個人都要吃飯，還記得前面有長輩建議一個三明治可以消弭紛爭？一起做晚餐，一起坐下來吃飯，不僅可提供討論空間，也可培養以禮相待的習慣。在你們的努力建構下，即使夫妻差異再大，這些都能為愉快相處提供架構。

差異萬歲！與其後悔做一些對方不喜歡的事，不如改變觀點，贊同對方從興趣中獲得的快樂，也欣賞自己為婚姻帶來的獨特性。但有些人是因為配偶管太緊或不願改變，因此轉而說需要個人獨特性，藉口離婚。許多長輩結婚時社會對男女的不同角色已有定論，當時職場女性只有幾種專業選擇，養家活口的沉重責任都落在男人身上。如今只要配偶互相支持對方的意願，你可就雙方事業與配偶討論婚姻的權責劃分，建立自己在婚姻中的獨特性。

接下來的建議是「**從小處著想**」，這句話言簡意賅，婚姻首當其衝折損的就是關愛，在關係修復階段，可以用小事表達和好意願。即使雙方差異甚大導致外遇或金錢問題，使得你無法真心面對，也可以幫配偶分擔一些家事或拿便條紙寫一些正面的小鼓勵，例如：「義大利麵很好吃」、「今天謝謝幫忙帶查理上學」、「我幫你去乾洗店拿洋裝」。在你們之間可能會感到一座低怒氣的冰山存在，但連續三天類似的小表現，連冰山都可融化。

第五個建議是「**多說話**」，在你掙扎要不要離婚之際或許不是個優先選擇，此時或許你與配偶之間已經疏離一段時間，除非像接送孩子、簡單選擇等有必要的情形，否則雙方不會有什麼交流，就算有也是機械性的。你很清楚你想要離開，因此不會把自己的心浪費在配偶身上，夫妻兩個人看起來就像「兩隻死鴨子」，吃飯不講話，避免在一起，向朋友吐苦水或埋在心裡。但如果你願意修復婚姻，溝通是最簡便的工具。

華盛頓州立大學約翰·高特曼博士（Dr. John Gottman）團隊根據一些簡單實用的溝通方式可以預測婚姻是否成功，你也能馬上運用，例如無論配偶對你說什麼，正面也好負面也罷，你的回應才是決定雙方關係的關鍵。配偶所說的任何事，一字一句都好像是互動的「競價」（要求），重視對方需求的人會接受競標，積極回應（或尊重但拒絕），這樣建構的婚姻最穩固。即使你心中不願意，也請試試這種說話方式，幾次就能看到結果。研究人員錄製數千支夫妻互動的錄影帶之後，發現當開始對話的配偶首先說的是好消息[3]，效應最明顯，也就是說，配偶說好話其實等於是在將好感注入雙方關係，可看見感情升溫的有趣效應。總比兩隻死鴨子要好。

第六個建議「**不要試圖改變你的伴侶**」，關係到形成互相尊重的「自我接受」。你完全尊重對方，包容對方討厭的習慣和不同的做事方式。對方的不同，或許不像你的方式那樣有效率，或許不像你的方式那樣有條理、花費低，但對配偶來說卻比雙方相容不相容這件事更有意

義。就算配偶的習慣令人不滿，也不必因此激起對方的防禦心態，使問題擴大。

接受對方的原來面目，這是一種奉獻。當你覺得配偶愣頭愣腦，你想要糾正他，此時有一句話很有用：「我們在同一艘船上」。當他說錯話或做錯事，提醒自己，「他是無意的，他已盡力了」。記住，想要改變對方，責怪是最惡劣的方法。

最後第七個建議，「**餓了嗎？提供伴侶一些東西吃，免得伴侶發作**」。想要維持快樂婚姻，避免爭執擴大，需要的竟是一個三明治。我們可以解讀為，當長輩發現爭執陷入僵局，為了避免說出更多傷害性的詞句，他們會往嘴巴裡塞一些吃的來分散注意力。把爭執暫時放下，用一些中性事物來調解，恢復精神，這是一種聰明的作法。無論是喝檸檬汁還是切牛肉，過程中都可漸漸平復怒氣，重新站在對方的角度想想。不過長輩不會基於離婚的想法來處理爭執，他們會放下惡言惡語，著重在問題的解決。他們說得對，「肚子餓容易發脾氣」，還有一句格言說：「想要抓住男人的心，要先抓住他的胃」，不是嗎？

為何要「盡你的責任」，而不要「依隨你心」

如果說「盡你的責任」表示根據理性、經過時間考驗的規則和可靠研究結論來行動，「依隨你心」表示根據反覆無常的情緒表現、臨時心血來潮、未經考驗的猜測、不受限制的身體愉悅所行動，比較可能得到理想的結果？

這是個棘手的問題，取決於所謂的「理想」是什麼。

對於某些人來說，「理想」表示應該保持神奇的沖昏頭「戀愛」，失去這種愛情，人們就認為婚姻失去價值。但成熟的人意識到婚姻不僅僅是心醉神迷，而是一種環境，是補給、陪伴、性愛和共同目標的保證來源，也是一個家庭欣欣向榮的基礎。

你已經在婚禮見證儀式中宣布你對伴侶的承諾，無論婚禮是屬於

哪一種宗教或世俗種類，你所做的都是永久、具法律效果的公開承諾，你會在婚姻生活中對伴侶永遠忠誠，一起進行一場盛大的冒險。你的誓言不見得說過「無論是好是壞，是健康是生病」，但你有意要與伴侶一起度過生活中的壓力和挑戰，以及令人欣喜的重要階段，包括孩子的出生、畢業典禮、宗教慶祝、假期，告訴我們一年又一年的季節變化。

這是你的誓言：打心底接受伴侶，一起創造家庭，養育後代成為有能力、有自信的人，他們日後將是你在地上最重要的遺產。為何要認真看待承諾？因為履行承諾和婚約，可以形成信任，在確認之下計劃未來。這是你的責任，你要實現承諾。

但如果一對夫妻所做的婚姻誓言只是反應當下的情緒，「你，凱特琳，承諾盡己所能一直愛著馬克斯？你會照顧他、愛他，直到你們有人感覺失去愛情的火花？」將兩個人連結在一起的是什麼？但現在很多夫妻提出的誓言，具有約束力、清楚、限制、決定性。你可以在網上找到幾百個例子，充滿作者的詩歌般的創意和天賦，通常會在前面加上一些甜美的引言，例如「我們租了一間公寓，我們領養了三隻貓，我們去哥斯大黎加」等：

- 我保證無條件、毫不遲疑地愛你，在你最好的一天。我保證更加愛你，在你最糟糕的一天。
- 我保證在歡樂的時候，與你一起歡笑共舞，在悲傷時安慰你。
- 我保證平等對待你，分享你的夢想，鼓勵你發揮最大的潛力。
- 我保證愛、尊重和信任你，並且給你我最好的一面。
- 必要時，我會爭取我們的關係，而且我絕不會因生氣或疲倦而傷害你。我會一直努力配得上你的愛，並接受我們都不是完美的。
- 我保證無論你到哪裡，我們都在一起，我們會一起創造比想像更美好的生活。
- 即使我們偏離GPS方向、計劃表、行程表、待辦事項清單，我

也會信任你。

・我保證你永遠是我的家人，我們將永遠是一個團隊。

・無論好壞，無論健康或疾病，無論晴雨，我都會在你身邊。

以上所有不同版本的婚姻承諾，幾乎都可歸納為傳統的「直到死亡將我們分開」，誓言克服各種挑戰、一生互愛、相互扶持。不過令人困惑的是，人們不會違反商業合約，但卻會毫不猶豫地拋棄這種個人保證，不擔心後果。

婚姻雖然是自發性的合約，也是一種特殊責任，是受到情緒導引所承諾。這是你的心反抗冷漠的邏輯，影響你進入如此重大的法律協議，希望你當下的情緒日後依然能夠帶領你。

你的婚姻誓言結合責任的承諾與暖心的情感，但為了堅持誓言，你必須堅決把責任放在感情上。當你的配偶得流感不停嘔吐，看起來非常狼狽，你盡責任帶她去洗手間，清理髒汙，做熱檸檬茶送到床邊。這樣做是因為責任，不是欲望，不過盡責照顧是心靈的啟發，對親人打心底同情，即使立場互換，你相信對方也會做同樣的事。

責任第一，感情第二，才會有堅實的婚姻，就像我聽過一位腫瘤科護士所講的故事。有一個人罹患癌症，在優秀的醫療和上帝協助下，是可以治癒的。他接受了手術。然後化療，失去所有頭髮。放射線治療造成他身體虛弱的副作用。每天他的病房裡滿是家人，許多人片刻不離。他的妻子向公司請假，睡在旁邊的小床。兩個兒子和兩個女兒輪流留守，幫媽媽唸書給爸爸聽，也輪流播放爸爸最喜歡的音樂，按摩爸爸的腳，然後換上溫暖的襪子，翻閱家庭度假照片相簿。

爸爸幾乎撐不過治療，但家人擠滿了小房間，每天都高高興興地陪伴他、支持他，他開始恢復。最後，在他出院的那天，在媽媽幫助下坐進輪椅。他看起來像一把骨頭，頭上只有幾根毛髮，沒辦法坐直。但媽媽很開心。兒子們在輪椅把手上面綁氣球，女兒買來花束，他們推著爸

爸去搭電梯回家，一家人看起來像快樂的遊行隊伍。

　　無論疾病或健康，這是媽媽和爸爸教導孩子的一課，他們活出這樣的生活。什麼樣的不滿才會讓他們想要離婚？什麼樣的不滿才會讓你放棄誓言，拒絕履行責任，依隨你的心？

　　在只重視當下情感的氛圍中，跟隨潮流只會讓我們傷害自己也傷害長久的快樂。有些價值觀卻相反，超越暫時的舒適快樂。恥辱羞愧不再能迫使我們遵守。現在高尚行為必須來自對原則的自發性接受，必須來自為更高目的而提升關係的志向。

離婚不會比較快樂

　　還記得前面說過，裴瑞兒指出，離婚並不是因為我們不快樂，而是我們相信可以更快樂。但這種想法是錯誤的。

　　一群由芝加哥大學琳達・偉特（Linda J. Waite）所率領的家庭學者，發表了一份研究報告《離婚讓人快樂嗎？》（*Does Divorce Make People Happy?*）以一記響亮的「不行」回答了問題。這份報告從全美家戶調查分析中選出主要調查結果，這是一項全國代表性的調查，評估5年期間內夫妻的幸福與婚姻狀況，以及重點小組訪談，具有全國代表性，結果令人驚訝。

　　・不幸婚姻而離婚或離婚的成人，比維持不幸婚姻的成人，平均來
　　　說並沒有比較快樂。
　　・相對於維持不幸婚姻的成人，平均來說，離婚並沒有減輕不幸婚
　　　姻者的憂鬱症狀，也沒有提高自尊或增加自我掌控感。
　　・大多數離婚（74％）發生在經歷5年幸福婚姻的成人身上。
　　・不快樂夫妻多於不幸婚姻。
　　・每3位不幸婚姻成人就有2人避免離婚或分居，但5年後卻快樂
　　　再婚。[1]

　　你可能會懷疑。尋求離婚的人所投注的想法是，離婚會改善生活，

掙脫不適的悲慘關係，恢復幸福快樂。你可假設分析結果有缺陷，或統計數字排除了特殊狀況，經過修飾，但事實依然無法輕易扭曲。

「根據人口統計，無論配偶快樂不快樂，差異並不大」，研究人員5年來測定數種幸福指標，總結「不幸婚姻配偶情感幸福的增加，一直都與離婚無關。離婚不會使不幸婚姻的配偶，變得比較快樂或降低憂鬱、增加個人掌控感或自尊，這個結果已經過研究因素之控制，如：種族、收入、教育程度、年齡、性別、就業狀況、家裡有孩子等。」

報告繼續，「接下來我們檢視離婚的不幸配偶組，是否後來再婚者會比維持不幸婚姻者更快樂？沒有。不幸配偶無論是分居，離婚但不再婚，離婚亦再婚，三者的幸福或心理健康在統計上都沒有顯著差異。」

因此如果要拋棄伴侶，跑去與「一生摯愛」結婚，請小心，你並不會變得比從前更快樂。

在數據收集的5年間，從幸福婚姻變成離婚，這些人實際上也造成自己的傷害。「對於5年前幸福婚姻的配偶，離婚會降低成人的幸福感，增加大部分離婚者的憂鬱症狀。」

但請注意：「相比之下，大多數不幸婚姻的配偶，經過5年的堅持，會變得比較快樂。」所以如果你現在受苦，也許經過「時間麻醉」會為你帶來改善。偉特的研究最後結論是：

> 如果只有最不幸婚姻會以離婚告終，我們可期待離婚會帶來很大的心理效益。相反地，只看情緒和心理健康方面的變化，我們會發現不幸婚姻的成人離婚之後，情緒和心理改善的情形，並沒有比持續不幸婚姻者要好。另外，最不幸婚姻具有最戲劇性的轉變：自我評估婚姻非常不幸卻避免離婚，這樣的人其中十分之八經過5年，婚姻會變得幸福。

在英國浪漫喜劇電影《愛情重擊》（*The Love Punch*, 2013）的宣傳片中，一對離婚夫妻因為追捕退休基金小偷而重新團聚，製片人根據一項

離婚研究，調查2千位離婚或結束超過5年關係的英國居民。結果顯示54%後悔自己的選擇，42%曾考慮過和解，其中更有21%事後真的恢復婚姻。

電影調查還發現，分居或離婚造成56%受訪者發現實際上婚姻對他們很重要，並造成46%的人認為前任比離婚前認為的更好。[2]珍・高登（Jane Gordon）經過25年婚姻後離婚，迄今11年，《每日郵報》引用她的話：「我和丈夫分手時，我對離婚的看法過於簡單。我當時相信離婚乾乾淨淨，想像『重新開始』能夠解決所有問題，」這種共通誤會很常見。得到裁決之後，她才「了解事的嚴重性……想要解開超過20年的共同生活，我不知道它真正的複雜性。」[3]

不是乾淨的重新開始

珍・高登因虛假的希望而失敗，她以為離婚可以帶給她乾淨的紀錄、新的開始、新的生命，彷彿離婚可以關閉過去是非黑白大門，踏上夢想之途。

「獨立就是自主，」33歲的唐・霍巴特說道，她與愛德華結婚6年後離婚，兩人有一個4歲女兒。我和唐一起喝咖啡，愛德華透過視訊加入。「愛德華，你知道你太緊張了。起初我認為你很可愛，但後來覺得受到侵犯。我們從前已經討論過了。」唐轉過頭來向我解釋，「我們從前開始約會的時候都各住各的，觀點非常一致，一起享受騎自行車，但有凱莉之後，我開始覺得窒息。」

愛德華只想和妻子在一起。「我們分開以後，我很想她，」他回答，「我還是不明白唐為什麼離開，特別我們還有孩子。我是好人，會做飯，沒有虐待也不罵人。但現在卻要去找調解員分割一切財產。」

「我在家帶孩子，他在發展事業。他難道不能相信我嗎？還堅持時時要知道我在哪裡，一直檢查他的找人App，然後我設他黑名單，他受傷了。」

「婚姻是關心對方，」愛德華回答。「我關心妳，一直關心。離婚是妳單方面的決定，凱莉很難過。」

我低頭看著那個美麗的綠眼睛的小女孩，規規矩矩地坐著，喝著熱巧克力，玩著媽媽手機上的遊戲。「現在我們不要討論這個問題，」唐插話道。「我來是為了討論感覺不受支配的重要性。我不想受到任何人的責任牽掛。」

「妳永遠都會因為我們共同創造的女兒而有責任牽掛。」說畢，愛德華掛了電話。

「凱莉帶來快樂，現在我終於回去工作，我甚至更喜歡她。」唐在克里夫蘭一家全國公司總部長時間工作。

「妳是否覺得變得跟想像一樣自由？」我問道。

「好吧，我不確定該怎麼說。我的時間變得更緊，每天工作9到10小時，7點帶凱莉到幼稚園，6點我或愛德華去接。我和女兒一起吃晚餐，我們買現成分裝好的材料，快遞到家裡，然後我把材料組合起來放進烤箱，就好像我準備好一切，只是不必出門買菜或想菜單。然後，我讀故事給女兒聽，這非常重要，送她上床睡覺。接著我在筆記型電腦做一些工作，一週四晚。星期四五六晚上，她和愛德華一起。我就和朋友聚會吃飯，還上繪畫課。星期六我們輪流參加凱莉的芭蕾課。」

她一邊向我仔細描述行程，一邊不時停下來看看凱莉。「說實話，現在我的生活變得更匆忙，我只能單獨一個人處理。我請過其他有女兒的媽媽一起接凱莉，但這樣做其實沒有省到什麼時間，不但工作比較晚，去接她時還聊天半小時。凱莉在車裡睡著了，我根本沒時間和她在一起。」

唐是我在克里夫蘭認識的一位朋友介紹的，關於對獨立有錯誤認知的主題，她應是很好的受訪者。我早已知離婚會使有孩子的人繁瑣加倍，我想知道唐的事業成就能否彌補。

「我的確對職業生涯感到非常滿意。我得到重視，得到豐厚報酬。

但你的問題就像是在問蘋果和橘子，看孩子用娃娃創造一個故事，和參加會議寫備忘錄，兩者是無法比較的。我去上商業學校，還在付學費，但為了想要得到一切，持續一年後我發覺很辛苦，壓力也很大。」

克里夫蘭的朋友後來告訴我，唐與愛德華過了春天又在一起了，我並不感到驚訝。我不知道他們復合的細節，但應該是唐規定了一些保護獨立身分的條件。

但結果皆大歡喜。

如果你想要獨立和自由，免於限制，在你產生離婚傷害之前，可先考慮以下三件事。（1）你的選擇數量大增，變得要負許多責任，做許多決定；（2）你必須選擇的類型在很大程度上都是必要但沒有報酬的，而非自我表達的機會；（3）作為單親家長，許多與孩子相關的選擇，會因前任變得複雜。你當然可以住在自己的地方（還可能花更少錢）來去隨你便。你會有「難得的寂靜」，在一些人眼裡卻是「受詛咒的孤獨」。一週有幾天你可能會有孩子來打擾你「難得的寂靜」，取而代之的是你要協助孩子適應更動和無常。

這是新的開始嗎？即使你沒有孩子，即使你換了工作，搬到很遠的地方，買了新公寓，仍然背著從前婚姻的包袱。你變老了，經歷一場地獄般的資產和感情分割，失去了一半的朋友（站到另一個配偶身邊），一半的資源，當你進入約會市場，你還要和沒什麼過去的年輕人競爭。

當然，無論你到哪裡，都會帶著自己的個性。讓你無法克服婚姻問題的相同特點依然存在，可能會傷害或影響你的新關係。你可以重新開始，但你還是那個舊人，拖著包袱邁入黃昏。過去無法與配偶溝通的風格，是否已經調整？從前處理衝突的方式，是否已經改變？

拋開婚姻重新開始的人，就是在爭執中沉默不語的配偶。他們看看手錶，明白時間到該走了。他們不喜歡遇到挫折就大聲表達，不喜歡複雜。這是你的風格嗎？只要意見不和你就想離開？現在你離開了，可以呼吸，然後重複相同的習慣，新關係很快也會變得令人不滿意。

如果你的新伴侶也很快甩掉你，你只能迷惑的問：「我做了什麼事？為何會這樣？怎麼做可以預防這種事？我做了什麼讓他愛我，又不再愛我？」你想知道自己是否變了，或者他改變了，或者整個婚姻都是假象，隱藏著一些東西他不能告訴你。你還是同樣的「你」，被所愛的人背棄。

信心的消磨會影響每一個新關係。「新開始」事實上僅是場景改變的委婉說法。你的觀點不同，行程改變，但即經過治療，產生洞察力，有了新友誼，你也無法逃脫自己的心，也無法停止背負熟悉的包袱。

關於那個時代：脆弱的離婚階段

關於兩種相對較新的離婚趨勢，「起步婚姻」和「銀髮離婚」，已有許多討論，無論年輕人還是老人，離婚率都在上升，然而離婚原因卻不同。在時間軸中心，中年危機型的離婚也繼續分離家庭。

起步婚姻

安琪拉是個21歲的美麗新娘，她穿過洛杉磯教堂的走道。我們飛過來參加婚禮，加入兩百多位親朋好友的行列。金髮女郎表情愉快，將手臂平順的從父親身上移動到未婚夫手臂上，他深愛著她，簡直不敢相信自己是新郎。梅森下定決心追求她之後，她深深愛上他，經過兩個月約會，網上深度交談，他們很快訂婚。6個月後的今天，他們看起來如此相愛，父母也容光煥發，心情激動。

一年之後，聽見這對年輕夫妻離婚的消息，我大吃一驚。安琪拉的父親是我的好友，一位心理學家，一時無法說清楚哪裡出了問題，經過一段時間的拼湊，好友難過地承認離婚的必要性。我當然聽過這種辯解，後來他飛往洛杉磯取回女兒的物品（很多結婚禮物），他需要相信，支持安琪拉是接下來唯一該做的事。他感到慚愧，自己的專業竟不能保護小女兒，使她免於情緒性的懲罰傷害。

但同時安琪拉卻向前看。她也避免談論自己短暫的婚姻，當她回家探望時，大家都尷尬地忽略那個話題。

潘蜜拉·保羅的《起步婚姻與婚姻的未來》（Pamela Paul, *The Starter Marriage and the Future of Matrimony*, 2002）書中，描繪了20多歲沒有小孩的婚姻有增加趨勢，後來常演變為一輩子反覆結婚又離婚。「需要幾乎兩倍時間轉大人，我們是否應該堅持婚姻維持一輩子，尤其是當父母活躍養育子女的時間大約只有20年？」她問。「或者，考慮不斷變化的生物和社會現實，連續兩、三度，甚至四度婚姻，可能會更有意義。」[4]

情況早已如此。多次婚姻早已司空見慣，連總統候選人也一樣。保羅提出了一種「新傳統婚姻」，養育子女的行為貼近婚姻生活，但時間較從容：「我們可以延遲生活中決定要做的事，到30多歲再來決定要和什麼人結婚，要建立什麼樣的家庭，不必在20多歲時就做決定。我們可以有5年時間做新的決定。」

我們很容易忘記「青少年」概念，這是人類發展時期，不受家庭傳統責任束縛，憑著汽車與青春，年輕人能夠自由約會。「青少年心態」一詞出現於1920年代，「青少年」一詞出現於二戰後。[6]這是一段沒有責任的年齡，事實上公認為不必負責的時期，後來延伸到大學時代，甚至大學結束後。（一些最成功的高科技企業家，如：比爾·蓋茲和馬克·祖克柏，在大學時代歐巴馬健康保險還在父母名下之前，就開始成立公司，成為千萬富翁。）潘蜜拉·保羅將這種青少年時期延長到30歲。

但，這種成年延後對你有好處嗎？像個半吊子隨便度過這段時間會讓你更稱心如意嗎？當你回頭看，你是否願意在這段體力最精華，擁有最多精力、熱情、膽識的時期，去追求有意義的事物？

我丈夫偶爾會對我說情話，其中一個是「我希望我能早10年遇見你。」要是能早10年相遇，沒有錯過那些親密時光就好了。想要達成婚姻的深度滿意，需要一段時間經歷。例如，早期的成就是尋找兩者相

同之處、不同之處，以及雙方的相互作用，以符合夫妻的想法和期望。這是一種反覆試誤學習的過程，但衝突會帶來妥協或協議，為關係中下一個目標建立一條平坦道路。隨著交流談判日益擴大，學習潛規則，你在整個關係中不斷調整，從前在彌補差異方面的成功，使得你更容易處理下次的小問題。

當你找到或創造最有意義的關係時，你會認同潘蜜拉·保羅，期望它在5年內消失嗎？你會假設你將要離開這個精心組合的結盟，放棄所有的投資？你認為與不同配偶生「幾組」孩子，有益又健康？為何每10年就要新組家庭，使生活混亂脫節，裂成數段？

「起步婚姻」代表一種發展階段，夫妻還很年輕便結合，一起克服困難，雖然立意良善，卻很快失敗。因此這樣說有助於消除年輕夫妻的悲傷和失望，雙方家族成員或許也會一併承擔過失，讓心愛的孩子能夠重新出發，擁有美好的未來。

雖然同情，但我看到5位年輕女孩在離婚支持網站上的討論，並不覺得感動。她們還決定把自己短命的婚姻一起寫成一本書。她們說，「讀完《起步婚姻》這本書，我們都認為『起步』帶有侮辱性，」開始發聲。「我們決定尋找一個能夠象徵我們短暫卻真實婚姻的代名詞，因此創造了『迷你婚姻』這個詞。」

她們認為，輕浮的「起步婚姻」指的是面對真實之前的熱身，但她們進入婚姻是帶著和其他人一樣的長久意圖。「我們在此證明了一個事實，離婚是一種痛苦的經歷，無論年齡、婚姻長短、有沒有孩子。」[7]但我聽起來「迷你婚姻」也有點輕浮，迷你裙、迷你系列、迷你的我，暗指婚姻因為太迷你，意義不大，把認真承諾做成微縮形式。

從定義來說，無論迷你婚姻或起步婚姻，因為沒有孩子，後果影響都較小，所以離婚以後只會留下心底的痕跡（還有銀器和水晶等結婚禮物）。安琪拉的爸爸雖然因為女兒離婚而覺得狼狽，不過他傳達了大家心中的想法：「至少來得快去得也快。」婚姻延續時間越少，越容易忘記。

我同意，如果婚姻註定分離，最好沒有孩子，以免一輩子痛苦。如果梅森有肉體虐待情形，安琪拉必須離開。但不要說「起步婚姻」，不要區別年輕夫妻對愛的認真承諾，認為其中一個遲早會消失。這個名詞重新定義了婚姻破裂「只是」主餐前的開胃菜，不僅貶低夫妻，也貶低婚姻。

　　莎嘉·羅斯柴爾德在作品《如何在30歲前離婚》（Sascha Rothchild ,How to Get Divorced by 30）中提出了「學習者婚姻」一詞，是關於她在27歲時一段2年半婚姻的故事。[8]當她與一個「好像吸毒」的傢伙一起進入「互補吸引」聯盟的時候，伴郎敬酒說：「敬你們最好的5年！」她打趣，「他只有2年半。我在計劃30歲的生日派對時，發現我不想在賓客名單上面寫丈夫的名字。」

　　她下的標籤「學習者的婚姻」確有道理，離婚的苦難至少該有些教育意義。「再婚的確比初婚離婚率高，」她指出，「但那是因為很多人都不研究出錯的原因，只會重複相同自我毀滅模式。」[9]新娘和新郎結婚太年輕，不想要孩子，我認識的這種夫妻很多都會將婚姻失敗怪罪另一方。有些情況確實如此，但還有許多我猜測他們是因為結婚典禮受到注目，感到興奮，這種自大心態導致他們忽略警覺心，認為同樣的問題不會再次出現。

　　起步婚姻的概念使得20多歲的新婚測試階段夫妻輕易地離婚。由於符合世人所謂的既定「現象」，使離婚有了合法地位，由於其他人具有相同經驗，證明他們的無過失。他們是新浪潮，社會創新的最前線。起步婚姻的概念使人們免於自我反省和悔恨，鼓勵新婚夫妻面臨首度衝突就逃避，無法學習獲得一生相守婚姻所需的技巧。

　　如果你的婚姻可能就是這種起步婚姻，在你逃走之前，請先考慮以下事項：

　　問題也有你一份。你可能會想要把過錯完全推到對方身上：他控制欲太強，她是個潑婦，他爸媽管太多，她嘮叨不完，但想想你自己的反

應是否使問題變得更嚴重。你每次的反應都會影響下次的互動。你有力量把嘮叨轉變成正面力量，而不是抱怨不休。請停下來看著伴侶的眼睛（愈久愈好），冷靜地向對方解釋，你聽到什麼就會有什麼反應，請伴侶一同加入解決問題的行列；畢竟你們還在關係形成階段。

你還會再遇見同樣的問題。假設你結束婚姻，會想要找到另一位候選人再結一次婚，到時會發生什麼事？帶著同樣的個性進入新的關係，兩個不同的存在必須互相適應。你從前已經試過一次，結果並不太好，但這次遇到同樣的事比較不會驚訝。在新的婚姻中，你回到原點，或許你的再婚伴侶會比較周到體貼，但無論如何你都必須就很多事去談判。你不是跟你的複製人結婚，所以一定會遇到衝突，如果你現在就逃離，你永遠不會知道將壞關係轉換為好關係，是多麼令人滿足。

你讓對你有信心的人失望。你不是在真空狀態下結的婚，認識你的人，希望你婚姻美滿的人，都與你的婚姻有關。你不會為了別人而保持婚姻，但別人的關心會驅動你想要解決問題。你的父母會有好建議。朋友總是同情你，附和你所說的，如果你告訴他們生活才剛開始，你不想脫離軌道，他們會支持你。（警告：如果你抱怨伴侶，他們也會放大！）你的兄弟姊妹不想要你痛苦，他們隨著你的婚姻，心情上上下下。親朋好友的支持，可幫助你們夫妻度過這段磨合期。

你的期望錯誤，你的新配偶讓你失望，事實上他真的讓你好憤怒，因為你以為你嫁的人跟他表現得不一樣。我們對別人都有不合理的高期待，對自己標準就很寬鬆。也許伴侶永遠學不會你想要他擁有的能力（時間管理、節儉、重視衛生），不過與其表露自己的厭惡，你應該態度和藹地去指導他。也許你希望她以某種方式對待你，但她不做，你也不要生氣，可以討論或寫信，經過思考寫一封電郵，說明你的感受還有你想聽的話。但首要任務是誠實面對自己最初的期望，或許那只是你的理想，真實世界的伴侶都有怪癖和缺陷，需要調整的是你的期望，而不是伴侶。

即使離開也會受傷。或許離婚沒有多少財產可分割,當然也沒有孩子,但你會發現離婚仍使你滿身傷痕。你的判斷失準,缺乏溝通和解決衝突的能力,沒有耐心,離婚就是這一切的證據。沒多久前,你還發誓永遠愛這個人。回顧過去,你想得出婚姻為何沒能成功的一百個藉口,但在你內心深處,你知道這不完全是對方的錯,形成一道永恆的傷疤。

起步婚姻原不該是損害你日後關係的機會,可惜事與願違。當吸引你注意力的對象聽到你離婚,只能假設有某件可怕的事毀了你的婚姻,原因可能就是你。即使在我們的無過失文化中,離婚對你仍是打擊。任何受你吸引的人都會自問,「如果他不能與第一個承諾的人相守,我怎麼能確定他會與我相守?」

中年危機

中年危機給人刻板印象,原因就像起步婚姻,因為很常見。56歲的切特,職場一路順風,高陞到明尼蘇達州計劃辦公室。這項工作很有趣,有時在外與很多人見面,每年開三四場大會。一家人聖誕節假期去夏威夷度假。他身材保持得很好,和他念法學院的兒子每週四次一起到健身房練肌肉。妻子和女兒都在教四年級。

後來發生了外遇,提醒切特他也是普通人。事情開端是他弟弟,瑞克,體力好、常慢跑,被醫師診斷為咽喉癌。切特震驚地看著年輕的弟弟因化療失去所有頭髮,從一個強壯健康的人,變得虛弱、沒力氣走路。父母早已過世,一想到將會失去瑞克,切特陷入了恐懼。他的人生想要什麼?他現在雖然如此,但不知哪一天也會變得和弟弟一樣。

有些人第一次與死亡面對面,心靈層次提升,感受到時間的拉扯,想要做些準備。有些人會列出清單,開始篩選,大多都是要去環遊世界。

不過切特心底有個並沒那麼令人向上的反應,他一生都沒有過叛逆期。他一直是孝順的兒子,是家裡可以一起打鬧的大哥,是體貼的男

友，是照顧子女的父親。他突然覺得自己的世界好像寫好的劇本，無法掙脫。的確，他的世界很美好，但切特可以看見，從現在開始到退休，一共9年時間，一切仍然都不會變。如果遭受意外衝擊，就像瑞克一樣，也難說還有多少時間。

於是他給自己留下一個遐想空間。「我沒想到我會拋棄自己的生活，」在他寫給我的電郵中提到。「當時我想讓自己跟著感覺走。」在曼菲斯的一場會議中，他跳脫舒適區，選擇了遠離熟悉的區域。他喜歡這些同事，大家都是好人。但他當時對「好」的感覺不一樣。

他打量人群，選了一個後面的位置，旁邊坐著一個有魅力的女性。「她看起來年約40，穿著白色無袖上衣和棕色西裝外套，」他回憶說。「我可以看見她胸前曬黑的皮膚。」她的筆掉了，兩個人同時向椅子中間傾身去撿，手碰在一起，兩個人都假裝沒事。但那是一個邀請訊號，切特明白。

他和這個名叫克萊兒的女人開始聯絡，彼此的暗示意味變得愈來愈明確，切特開始在午餐時間溜出去，坐在公園長椅上和她網路視訊。「感覺好像我們在一起。」克萊兒離過婚，婚姻15年，沒有孩子，最近又結束了另一個關係。「她只是想要有人欣賞。」切特覺得她令人愛慕。

他與小他16歲有魅力的女性共進午餐，感覺生活變得很滋潤。「我每天都有新期待。」切特寫道。克萊兒讓他不再專注弟弟令人悲傷的情況，也脫離與妻子千篇一律的性生活。他和克萊兒視訊9個月，兩個人約好要一起參加同一場大會。

雖然他沒打算要發生性關係，他還想這份關係雖令人興奮，但還沒有越界，只是兩個人見面的時候，一時天雷勾動地火。「我和她道晚安便離開，」切特回憶道。「但後來我回去敲她旅館房門。」他們做了愛，幾個月以來的親密對話結合起來。切特對叛逆覺得振奮又解放。

「我無法騙自己原來的我是什麼樣子，但我也沒有想放棄克萊兒，」他寫道。他給自己找理由，孩子們長大了，妻子投入事業，她有女兒和

兒子的支持。如果他現在不抓住這個機會，餘生將有什麼感覺，知道曾有一個美麗的女人愛上了他，他卻放手？而且不是一般美麗的女人。克萊兒了解他工作的錯綜複雜，也像他一樣喜愛戶外活動，甚至還可能共組家庭。他可以重新開始，不必經歷約會的寂寞和麻煩。「未來新生活端在盤子上送給了我。」他說，他必須接受這份禮物。

切特沒有料到家人給他的反應。「真是大出我意料之外，」他承認。「家人都反對我。」孩子們保護媽媽，不願跟爸爸說話。弟弟如今即將康復，拜託哥哥重新考慮，說哥哥「對愛你的人做這件事太笨了。」妻子交雜著憤怒和震驚，大部分時間都拒絕接電話。她拒收他的訊息，他只好付錢請人把自己的東西從房子裡搬出來。數個銀行帳戶也只剩下一個可以使用。

「我變成社會邊緣人，」切特寫道。「克萊兒很同情我，但認為我應該要處理得更好。」6個月後，切特與妻子就資產進行談判。值得嗎？「我不確定，我絕對需要傾洩我的情緒，需要提醒自己還活著。」但克萊兒是否值得激怒結縭26年的妻子和兩個孩子？「不。其實我把和妻子的關係視為理所當然。就算有了替代品，還是想念她。」我最後一個問題：你能回頭嗎？

「我永遠無法重建信任。我不認為孩子或妻子會讓我回去，就算我懇求他們也一樣。」

你能度過中年危機而不損及家庭嗎？當然，只要了解你恐慌的原因。前者美國公視記者芭芭拉・布萊德里・哈格提在2016年寫作《重新定義人生下半場》（Barbara Bradley Hagerty, *Life Reimagined*）這本好書，對於中年危機兩年來的研究加以綜合，指導人們度過這段航程。呈現對於過往歲月與死亡的憂傷是自然的。事實上，作者研究這個問題，就是因為自己也曾經歷一段焦慮時間，而受到啟發。

將灌溉20年的關係拋棄，不但不會使你變年輕，還可能造成巨大的錯亂。兩個焦慮纏身的中年人，外遇滿足了他們的欲望，結果僅是魯

莽背叛的行為，性愛對他們來說只是生育能力。和一位性感伴侶的性愛，具有將DNA傳播到未來的潛力，保證你永遠不朽。但你膽大妄為的背叛行為，卻破壞你全部的生活環境，也就是你的家人。想要享受性愛並沒有錯，如果從婚姻中得不到，想一些新點子或治療或可解決這個問題。外遇也許令人狂喜，極度情緒的爆發彷彿恢復了青春活力，但兩三年後都會消退，到時你仍要再度面臨衰老和死亡，只是財產變成一半，換了新配偶，留下許多後遺症。你很快會想要尋找另一種方法來證明你自己的存在。

哈格提女士指出，現在的中年具有足夠的時間創造全新的職業。當然，也代表有足夠時間創造一個全新的家庭，但你真的想重新開始，頂著半白頭髮，帶著孩子在公園裡面和其他青少年一起打籃球嗎？你想要每天照顧與協調兩家不同媽媽的孩子嗎？

在追求激情的過程中，你會感到興奮。當轉換為完全不同的職業，滿足你的好奇心，可以感受到真實的緊迫感。同時你也可以投入使婚姻豐富的計劃，讓它變得更好。職業和婚姻不同，但功能互補。職業面對的是外界，使你對世界有更廣泛的影響；婚姻符合私人需求，讓你可以表達靈魂深處最私密的疑問。在婚姻有配偶和核心家人的溫暖陪伴，你覺得有安全感，不怕受傷害。

哈格提女士將她的智慧整理歸納為八點，我概述如下。這些是處理中年危機的指導方針，有助擺脫及緩和破壞性盛大的叛逆需求：[10]

- 「追求長期意義而非短暫快樂，如此反而兩者可能都兼得」。「為目標而努力」可專注於美好生活。
- 「選擇最重要的事」。工作立刻有報酬，令人感覺良好；將時間投資在家庭，報酬更高。
- 「靠近你的恐懼，而不是無聊」。哈格提引用哈佛商學院霍華·史蒂文森（Howard Stevenson）所言，警告在工作停滯不前

的人：「要經常自問：如何將剩下的光榮的日子，做最好的運用？」

・「在人生的每個階段，你應該嘗試不同的新事物」。這句話引自植物學家克莉絲・迪奧尼吉（Chris Dionigi），顯示嘗試新事物的重要性。

・「為生活添加標點符號」。在日曆上標記目標並實現。例如，哈格提參加自行車越野賽，每天都有進步，時間利用更好。

・「挫折是人生必要的」。發揮力量，受挫之後接受他人幫助，透過試煉，會讓你變得加強壯。

・「注意：成熟婚姻最大的兩個威脅是無聊和彼此疏忽」。離開舒適圈，代價可能是你的一生。

・「幸福快樂就是愛。句號」。這是哈佛1939至1944長達十數年的研究，最重要的發現。「繁榮的祕訣是溫暖的關係」。

有些不成熟的男人搞外遇，但這不是被中年危機擊倒的唯一方式。有些人買跑車，有些我認識的人買高級音響設備，他們追求冒險，激發腎上腺素，進行跳傘、高空彈跳、大堡礁潛水、登阿帕拉契山。我還知道有些人自願加入以色列軍隊服役。中年危機的中心是恐懼死亡，求解關鍵在於恐懼和刺激的結合。

心理學家卡蘿・瑞芙（Carol Ryff）已確認心理健康的六個「維度」是：自我接納、與他人的正面關係（主要是配偶）、自主（控制感和獨立感）、掌握環境、具有人生目標、個人成長。[11] 根據瑞芙的維度來評估外遇影響，可看見不忠對幸福有多大的破壞。

自我接受：外遇的不忠完全無法培養自我接受，傷害所有信念、認識和感受。事實上，往往外遇的誘惑最強時，是一個人自我接受度最低時。泰然自若的時候不會有外遇。

與他人的正面關係：花花公子認為周旋在女人間，使他與情人有正

面關係，不過它的祕密本質卻會在配偶、家庭以及擴大的親友圈之間開啟了鴻溝。

自主：破壞結婚誓言，摒棄傳統道德，可以算是一種膽大妄為的自主。但同時卻要偷偷摸摸地進行，為了幽會只好祕密計劃、欺騙、無法自由行動。

掌握環境：雖然為吸引力而行動確實是個人意志的展現，卻代表因為無法掌控老化和死亡，激發了外遇的需求。那麼外遇彌補了需求嗎？可能由結果而定。如果情人離開或婚姻破裂，中年危機反而會覺得失去更多力量，更受命運的操縱。

具有人生目標：外遇通常會造成大目標的混亂或破壞。由於荷爾蒙的加油添醋，使得火花四處綻放。但從更廣泛的角度來看，為達成目標，經常需要為一些長遠而基本的事，延遲當下的歡樂。

個人成長：靈性美德人士尋求將一些特質最小化，外遇卻會將這些特質強化。這些特質就是：逾越界限、打破承諾、面無表情地說謊。

關於熱情、挑逗、陰謀、追尋等的需求，其實並不需要背叛婚姻、翻天覆地，破壞家庭的安全和信任。與配偶一起培養熱情、令人興奮的、性感的、有目標的生活方式，可滿足所有幸福的標準。無論任何年齡，這種方式都是解藥。

邁入老年

一對老夫妻慢慢走入一間離婚法律事務所，坐下來。很少有這麼老的人尋求法律服務。「有什麼可以幫忙的地方？」律師問。「我們要離婚，」男人說。

「離婚！我了解。你們結婚多久了？」

「63年。」女人回答。

「63年！比起來真是很長的時間。有什麼問題嗎？」

男人氣憤地看著妻子回話：「她嘮叨到我都快死了！我沒辦法再忍

受下去！50年了！」

　　律師的眼睛睜大。「50年痛恨嘮叨？為什麼要等這麼久才離婚？

　　女人回答：「我們要等孩子們都死了！」

　　事實上，夫妻結婚20、30、40年甚至以上的「銀髮離婚」離婚率逐漸攀升。1990年，50歲以上離婚率為4.7%。但到了2010年，已經攀升到10.5%。換算成人數，變化更令人心驚。1990年，50歲以上有206,007人離婚。經過20年，數字變成643,152。預估2030年離婚率繼續維持10.5%，實際離婚人數為828,380人。

　　仔細看這些數字，年齡較低在50至64歲的人，離婚的人比65歲以上的要多。年齡較低的離婚率從1990年的6.90，飆升到2010年的13.05。總數來看，1990年為175,954人，到2010年529,842人，20年來年齡較高者的離婚率增幅相對較少，從1.79上升到4.84，人數由30,053人上升至113,310。[12]

　　1990年，50歲以上每10對夫妻就有一對離婚，到了2006年很快提高到每4對就有一對，相對所有年齡層的離婚率卻下降。這是因為嬰兒潮世代慣於重視自己想要的生活方式，更健康、更長壽，許多人不願意任意浪費黃金老年時光，「重新開始」的心態，將中年危機階段延長至65歲。

　　唐娜和賴瑞都是二度婚姻，兩個在30幾歲的時候離婚，在OkCupid網站遇見，當時賴瑞43歲，唐娜40歲。唐娜有一個17歲的女兒吉娜，還住在家裡，賴瑞最小的孩子已18歲，和媽媽住在一起。

　　他們都來自紐約皇后區，很高興遇見這種巧合。他們在一起後，和吉娜發生了一些摩擦，吉娜想要環遊世界，不想上大學，他們也因為不良投資失去了一些金錢。然後唐娜得了甲狀腺癌。他們一起度過，等到事情變得平靜，兩個人卻開始分歧。

　　賴瑞積極參與政治，愛聽談話節目廣播，關注一家線上電子報，不斷投稿。唐娜認為政治語言令人不快，於是更加投入室內設計生意，請

了一位助理，在社交媒體上擴大個人品牌。你可以預見有不幸的事要發生，由於兩個人興趣不同，2年後他們覺得彼此已分道揚鑣。

賴瑞和唐娜是典型的「銀髮離婚」夫妻。「離婚老年人的婚姻維持時間，往往比維持婚姻的老人和喪偶的老人，相比之下婚姻較短」，由蘇珊·布朗（Susan L. Brown）和林一芬教授所率領的鮑林格陵州立大學家庭人口研究中心發現，「離婚不到10年，相較婚姻持續40年以上或喪偶者，符合此模式。」換句話說，「銀髮離婚」趨勢主要是發生在第二次以上的婚姻，在結婚十週年之前離婚。一對夫妻維持婚姻的時間愈長，離婚機會愈小。[13]

「銀髮離婚」是實際發生的現象，估計仍會持續。「假設離婚率在未來20年保持不變，這是根據最近趨勢的保守假設，」布朗和林說，「50歲以上到2030年的離婚情形會增加三分之一。」[14]

為什麼會發生這種情況？「這個趨勢挑戰了所有簡單的解釋，」蘇珊·湯瑪斯（Susan Gregory Thomas）在《華爾街日報》上寫著，「但此現象的出現，至少脫離部分嬰兒潮的狀態；進入婚姻的第一代，目標主要在自我實現。」使用個人電腦的第一代進入成年期，也很快分離，投入自己的線上世界。

「到了空巢期，他們環顧四周，還有幾十年健康生活的時間，有愈來愈多人認為既然已完成父母的責任，就想要離婚。」湯瑪斯猜測。但這種現象只出現在那段期間婚姻滿意度不高的情形；在堅實的婚姻中，配偶通常會變得更重要，填補了新空巢。

布朗教授同意我的猜測，認為老年人可能是她稱為「個性化婚姻」的受害者，個人需求的滿意度，是維繫婚姻的標準。「個性化婚姻較為自我中心」，她說。當這種婚姻出現一個配偶想要追求自我，沒有人能夠反對。

「現在有許多人選擇銀髮離婚，卻沒有預見它在當今經濟不景氣環境下的複雜程度，」湯瑪斯指出。「特別是女性」更容易以資產去交換

監護權，或急於結束不和諧的婚姻。

另一個缺點是孤獨。美國退休人員協會委託研究發現，「孤獨」是目前40歲以上離婚者最害怕的事，影響了45%受訪者。有一半女性指出未來的不確定性為主要困難。中年以上離婚者抵抗孤獨或憂鬱（29%），感覺被拋棄或背叛（25%），失敗感（23%），沒人愛或愛人（22%），缺乏自尊或自信（20%）。狀況不太好看。[15]

你如何防止銀髮離婚？就像防止其他離婚一樣，首先要停下來，表達你想要和解的期望。你可以試試看本書結尾有一些額外的練習，提供提升關係的兩種關鍵策略。

第 18 章

單身不如想像中美好

隨著不婚人數增加，我不會告訴你單身有什麼不妥。

事實上，要是有人說結婚的人更快樂、更健康、關係更好、更成功，很多單身人士馬上會被激怒。心理學家貝拉‧狄保羅（Bella DePaulo）有數本著作，她致力捍衛單身生活，基於人們的偏見，創造了「單身歧視」（singlism）一詞，對於過度闡揚婚姻、尋找伴侶、婚禮、新娘等情形，則想出「婚姻狂熱」（matrimania）一詞。她努力為證明婚姻有益的研究[1]，提供反證[2]。我想要叫停，雙方都對。如果你喜歡單身，很好。你可能會覺得有些惱火，認為我將單身與已婚拿來比較，你並不覺得兩者哪裡好。但抱持單身主義者是例外。

確實有更多人延長了單身時間，到很晚才結婚。現在的單身男女想要在做出「永遠」的婚姻承諾之前，先發展職業生涯，並且對於選擇對象也有較高的期望。[3]

但儘管有所猶豫，許多年輕人並不是真的「單身」，大約四分之一（24%）25至34歲從未結婚的人有同居人，研究顯示這些人的婚姻也會帶來益處。[4]其他不計其數的人，包括我認識的一些20幾歲的人，都有長期的關係，但仍分別有自己的居所。雖然這些「穩定人士」基於與其他人同樣的理由原因而延遲婚姻，也就是完成學業、發展事業、經濟穩定，等到年近30歲才計劃婚禮。所以，如果你想要尋求新關係，請記住，想要找到一個對象，具有你喜歡的特質，又沒有男女朋友，並不如

你想像的那麼容易。

關於約會生活，有幾件事實你應該在拋棄婚姻之前先思考一下。首先，競爭很激烈。跟你有什麼關係？對於單身比較好的其中一個誤解是，你以為會有很多人在等待你變單身，或者至少在你尋找新承諾對象之際有遊戲人生的同伴。很不幸，事實並非如此。根據皮尤研究中心，20多歲的人想要結婚，而且也在約會，但其中有25%一直到30歲的人，總是找不到對象。[5]靈魂伴侶不是從樹上掉下來的。

這些從未結過婚的人，其中很少人是真正不想結婚的，等你離婚，可能帶著小孩進入約會舞台，他們都會跟你競爭。你花愈多時間找到新對象，新對象的品質愈低。「2012年，每千位年齡介於25至34歲之間，從未結過婚的人中，有71位首度結婚，」皮尤研究中心報告指出。但等到45至54歲，每千位只有16位首度結婚。最後，每千位55歲以上的人，首度結婚的只有7位。[6]

第二件要面對的事實是你有包袱。如果你離婚，離婚本身就是你第一個包袱。第二個包袱是你的孩子。你有幾個孩子，就有幾個拉扯新關係的包袱。你不能只是說，「是，我有孩子。」因為任何潛在的長期關係，必須將新配偶囊括在孩子的生活中，是一個重要組成部分，反之亦然。

AskMen.com列出十個女性不願與單親爸爸約會的理由，其中包括：要和前妻打交道，擔心你是「損壞商品」，想要得到你全部的注意力，想要她自己的孩子，而不是你已有的孩子。[7]這些理由不是出於自私，而且比你想像的還要重要；這些是對方與你未來的背景和基本規則。男性以為女性既然愛她，也會愛他的孩子，有位讀者的評論打破了這個幻想：

我約會的對象是一個單親爸爸。他的生活要求比我多更多。他兒子有閱讀問題，需要持續幫助，所以他平均每個工作天都要在家幫忙他的

家庭作業，等待我下班回家，每天都這樣真的很難。之前他每隔一週都是和其他孩子在一起，不過現在完全要照顧這個兒子，前妻每隔一週的週末再把他兒子帶回去。

我愛他，也愛他的孩子，但我很難把我的生活用來為別人負責。特別是我根本看不到盡頭。[8]

如果你是一個想再婚的媽媽，也會面臨同樣的障礙，尤其如果你是照顧孩子的主要監護人，更會受到打擊。如果你擁有一半共同監護權，你的新伴侶只能排在第二位，必須排解時間，調整對注意力的需求。

孩子和前任不是你唯一的包袱。假設你沒有孩子，離婚相對乾淨，但你已不像初婚時那麼年輕，你的生活經驗和親友圈都成為「包袱」，比年輕的時候變得更複雜。現在想要交往對象，潛在的候選人更可能有一些小問題，例如有小孩，關係複雜等。年齡增加，疾病也隨之增加。慢性健康問題會使你失去興趣，無論對方長得多麼好看，多麼深情，多麼有樂趣。

黛博拉62歲，剛剛離過婚，與罹患糖尿病的前夫結縭35年，離婚後覺得很孤單。她個性主動，決定嘗試一些相親網站，結果收到許多回應。她的態度輕鬆愉快，但她會不經意地問他們健康狀況。「我遇過一些極好的男人，」黛博拉告訴我。「大多都很有趣，很多人職業都非常傑出，接近退休。我知道和他們任一個人在一起我都會很愉快，但如果我發現他們有慢性健康問題，我會說『謝謝』拒絕。」黛博拉說，她「已經受夠了醫療、住院、治療中心。」所以她會用健康來篩選對象。但「即使是健康的人，」她承認，「我發現他們不吸引我。雖然身材好，愛運動，但這麼多年要與同一個人相處，每當想像他們沒有穿衣服的樣子，我不但沒有感到興奮，反而失去興趣。」

約會沒那麼有趣

看著人們求愛的競爭，如果不是那麼有趣，如何解釋電視上那麼多

收視高的約會實境秀？其中經典是「鑽石求千金」、「千金求鑽石」，類型不斷擴大，通常特色是到熱帶地區，有大量酒精，主角是模特兒而不是一般人，充滿嫉妒和傷心。把相親市場稱作「實境秀」，並不代表與真實生活有任何相似之處，但在大眾認知中，的確保持了人們對荷爾蒙驅動的配對追求。如果你遇到問題婚姻，有沉重包袱，看著人們無憂無慮在熱帶地區約會，看起來相當有吸引力。但即使你聽過找對象 App 或相親網站，對於大多數人來說，約會依然是恐懼、尷尬、希望、失望的混合。有時候那些是友誼的來源，偶爾找性愛對象，如果你非常幸運，最後可以找到長期對象。

每個人都知道這句老掉牙的話：「你要親過很多青蛙才能遇見王子。」大多數人都知道，親吻青蛙並不有趣。一個約會網站向會員保證：「一切都是因為個人視角」提供以下有點可悲的建議：

- 放鬆：玩得開心，因為約會很有趣……應該吧！
- 正面思考：就算是這個月第十次約會，繼續努力。
- 經驗：把每次約會當作學習經驗，對方的模樣，你想要的模樣。
- 不要對自己太苛刻：你沒有任何問題。跟著我重複說一遍，「我值得別人爭取、珍惜」。
- 把你最好的樣貌展現出來：外表好看，你會感覺良好，別人也會這麼看待你。

我尊重甚至同情數百萬人尋找對象，使自己生命完整的人，但如果以上是所謂專家可以提供的最好建議……請自行做結論。

布萊恩平時是個安靜的人，空閒時間喜歡看看維基百科。他和格林妮斯已結婚 16 年，有一個女兒，在格林妮斯和助手跑了的時候，卡拉已上高中。布萊恩受到打擊，特別是法庭判決共同監護後，這表示一週只有一半時間能看到女兒。他的職業是保險精算師，個性不外向，但離

婚一年後，他的同事開始問他什麼時候要開始約會。

女兒卡拉幫他在Match.com註冊個人資料，她拜託他幾週後，他才軟化，勉強登入。她密切關注他的帳戶，發現38歲的希薇亞，有個10歲的兒子，工作是銀行經理，她表示有興趣，卡拉告訴爸爸，讓他們開始寫電郵。麻煩的是，布萊恩害怕約會。他還沒忘記格林妮斯，無法想像對陌生人施展魅力。卡拉推著爸爸「前進」，雖然他理智上同意，但約會這整件事讓他完全失去興趣。

當他和希薇亞在一家咖啡館見面的時候，他覺得好拘束，他們的約會就像電視名人訪談。布萊恩啜著草莓星冰樂，想要說話，結果動作太快，吸管貼在嘴唇上，拉出杯子，飲料滴在褲子上。他站起來抽一些餐巾紙，導致飲料沿著他的褲子滴落，全身都變成粉紅色。希薇亞很寬容，只是有些疑惑。她問到他女兒的時候，他比較放鬆，但她知道他對關係不夠開放。

他們回家後沒有後續。第一次離婚後的第一場約會經驗，使得布萊恩不想再試一次。

正如布萊恩的故事所顯示，約會都可能會有壓力，但你也必須記住，有些約會的人不是好人。Ashley Madison網站在2015年受到駭客攻擊，讓我們看見一些騙子的骯髒面目，使得「約會並不好玩」這句話顯得保守怪誕。事實上，如果你有機會進入單身網站，你會發現一般人對約會的感覺多是「爛透了」。你可能會反駁說，這個觀點只是單方說法，事出必有因。如果有這麼多怪人、不善交際的人在約會世界中，表示必有相等數量有禮貌、體面、正派的人。你會這樣想。但如果這是真的，只能說我們沒聽過。相反的，網路上的抱怨可分為幾大類，令人感到不安：

· 性愛取向：「我是一個沒有安全感的完全浪漫主義者，處在一個隨意性愛的文化，與許多女性朋友都有性關係。」

- 社交媒體的困境：「社交媒體似乎是人們想見面或交談的唯一方法。為什麼我就是沒辦法在書店遇到一個好女孩還是什麼？」
- 情感的現實殘酷：「一切匆匆忙忙，多久你可以忘記一個人？然後每個人都像大魔術師胡迪尼，你還沒意識到就已經消失。」

單身者的性愛

雖然有隨意性愛的文化，但美國人平均性愛對象依然低得驚人。根據美國國家衛生統計中心，以終身平均值來說，女性有4個性伴侶，男性有6、7個。媒體描繪有很多人會隨意上床，但其實真正只有一小部分人生活在這種文化中，大多是大學生。[9]

如果你離婚，你或許會謹慎，但如果你也選擇參與，雖然有人取悅你，但你所獲得的滿意程度還不如前任配偶。「我們好像被騙買帳，認為我們正處於一個人們性愛自由、平等參與的隨意性愛文化中，」金賽研究所賈斯汀·加西亞（Justin R. Garcia）說。「事實上，並非每個人都很享受。」[10]在隨意性愛文化中，男性通常只在乎自己的樂趣。有誰相信？[11]

如果你持續徘徊，小心遇到一些不尋常的人。2005年《紐約時報雜誌》艾美·蘇恩（Amy Sohn）寫道：「年輕人可能會認為只有自己隨意性愛，不過近來最狂熱的性愛怪人是再度成為單身的3、40歲的人，他們重回約會市場，不知道自己原來這麼喜歡性愛。」你可能遇到像傑弗遜這樣的人，離了婚，有3個孩子。「每週有一半他照顧3個孩子。另一半他出門與朋友聚會，或與他所謂的『香草口味』女性在一起。他每月兩次在自己公寓裡舉辦狂歡派對，一堆愛跑趴的男男女女玩家來參加。」離婚後他發現平凡的性生活並不能表現自己的「真實面貌」。「我可以是多元的、雙性的，所有青少年期的事我都能做。我不想把所有資本都放到同一個人身上。」他說。[12]

也許你想利用「傑弗遜」重溫自己的青少年期，但你已經結過婚，

有很大機會人生最終目標不是過著與陌生人交流性愛的生活。大多數人，特別是明白了真正親密關係的力量（即使後來失敗或斷了聯繫）之後，他們心中握有一個理想，想要尋找一生真愛，一個讓自己一直保持興趣的「另一半」，同時也滿足性伴侶和可靠伙伴的角色。或許不見得有人能滿足你所有需求，但速戰速決的隨意性愛不會讓你找到這種對象，只是短暫的，留下待洗的床單，一切重新再來。

網路約會交友

如果以上的單身性愛經驗還不足使你畏懼，請你「把自己放上」Match、OkCupid、eHarmony、Plenty of Fish、Zoosk、Badoo等網路約會交友網站。人們對這些網站的接受度迅速成長，對於「網路約會網站是交友一個很好的方式」，接受調查者的同意率從2005年的44%上升到2015年的59%。而認為這些網站用戶「渴望結婚」的人，同時從29%下降到23%。從2013到2015兩年內，18到24歲之間使用這些網站的單身族比例，幾乎增加了三倍，從10%一躍成為27%。同段時期55到64歲之間的使用戶也成長兩倍，從6%上升到12%。[13]如果你是嬰兒潮世代，你便處於增長最快速的單身市場，其中有三分之一從未結過婚，另有四分之一離婚。[14]即使是美國退休人員協會都推出了專屬約會網站，「為厭倦窩在家中的老年人提供服務……。」[15]

約會網站每月收費約25至60美元（自動續費，須註冊信用卡）[16]，應用複雜的電腦運算法則處理用戶問卷的答案，並利用行為數據來預測用戶如何回應網站推薦的配對。[17]在大眾喜愛的TED演講中，艾美・韋伯（Amy Webb）講述了她如何利用精密資料分析與製作一份不可抗拒的「超級履歷」，帳戶名稱為「依然是我」，去「駭入」這些運算法。她說，「我如今為這個生態系進行了最佳化。」[18]

這個系統的障礙是放任用戶對履歷說謊，導致運算法適得其反。奎格・霍奇，厭倦了拒絕不誠實的申請用戶，他的「高級」約會網站

Beautiful People，委託進行調查，以了解「誇張履歷」的普遍程度。有53%美國人在2011年意見調查中說謊，女人說謊的可能性比男性高了10%。最容易說謊的包括：體重（女性38%，男性22%），舊照（女性21%，男性15%），身材體型（女性14%，男性20%）。22%男性謊報身高，11%女性謊報胸部尺寸。男人最常見的謊言是工作狀況，其次是金錢和外表。女性最常說謊的四個都是關於外表，第五是金錢。[19]

霍奇問：「當男女終於約會見面，女性的外表難道不會立刻被發現，比她們網站資料宣稱的小了兩個罩杯，身高少5公分，體重多10公斤？」他想知道為何約會人士要註冊虛假的履歷，讓自己無法達到目的，找到真正相配的對象。「也許他們認為，自己的個性具有神奇作用，可彌補他們看起來跟網站發布照片不相像的事實。」

最重要的問題是：這樣做有用嗎？請記住，三分之一網路交友網站的人從來不曾與網路上遇見的人真正見面約會。證據顯示，網路約會很少會產生長遠的關係。「甚至是與配偶或伴侶相處5年左右的美國人，」皮尤研究員指出，「88%說遇見的伴侶都不是在網路上，不是約會網站的幫助。」[20]

但皮尤調查結果與約會網站eHarmony所委託進行的調查互相矛盾（表面上是根據嚴格的科學指導方針），他們發現超過三分之一美國婚姻最早是從網路交友開始。這個數字在西北大學社會學教授艾里・芬克爾（Eli Finkel）教授的獨立研究中得到證實。具有全美代表性的eHarmony調查2005至2012年間結婚的1萬9千位美國人，還發現在網路上認識的夫妻比其他方式相遇的更幸福快樂，不過芬克爾博士還是認為有差別。[21]

回到你身上。離婚後你有幾種選擇。你可以加入只為滿足自己的離婚單身人士行列，不尋求另一段關係。你不必孤獨，事實上單身者往往依然與家人朋友保持聯絡。康乃爾大學研究婚姻對快樂的影響，發現「任何形式的伴侶都可改善心理健康」，但同時會「減少與父母和親友

的接觸」。[22] 所以，如果你找到新對象會更快樂，但如果沒有，也可以和其他人聯絡。

另一種選擇是投入自己的生活，就算你想要也不主動尋求新伴侶。如果你是受過大學教育的女性，這個選擇最實際。專長在分析約會數字的喬恩・博格（Jon Birger）說：「多年來女性大學畢業人數都比男性多出超過30%，全美現在受過大學教育的約會市場中，男女比例為3比4。」他在著書《約會經濟學》（*Date-Onomics*, 2015）中建議，這些拿著文憑的女性要搬家到大學教育程度較高的地區，機會比較好，並選擇男性占主導地位的職業，還要放鬆宗教信仰：「脫離宗教組織的人不成比例以男性為主，無神論者、不可知論者也大多都是男性。無神論者的聚會是認識男性的好場合。」妳也必須主動積極。他引用了一個研究發現，60%的已婚夫妻是因為女方發出最後通牒而結婚。[23]

這對你來說不合口味嗎？有點性別歧視？那麼再說一次，你是不是認識一些聰明得不可思議的有成就女性，她們找不到對象？隨著年齡的增長，女性找對象的困難度也隨之增加，因為年紀大的男性比較喜歡年輕女性，年齡差距15至20歲亦很常見。相對來說，女性尋找年齡差距明顯的年輕男性，也有同樣的褒貶之聲。

承諾恐懼症

即使你真的找到完美配偶的替代者，你喜歡尊重的一個人，對方似乎也對你鍾情，你對永恆真愛的尋求，也可能由於「承諾恐懼症」而擱置，害怕對另一個人報以具有約束力的承諾。這又稱為「關係焦慮症」，往往是一種對父母離婚的反應（另提醒一下，如果你離婚，這種問題可能會強加於你的孩子身上）。

「承諾恐懼症的人」，心理學家約翰・格勒何（John Grohol）寫道，「想要與另一個人有長遠關係，但焦慮症壓倒一切，使他們不能長期處於任何關係中。如果迫使他們承諾，反而可能會使他們離開關係。或

者，他們最初可能會同意承諾，但由於焦慮和恐懼過於強烈，他們會退縮幾天或幾週。」[24]

我認為有這麼多成人承受自己父母離婚的心理創傷，加上許多不必結婚的伴侶選擇，承諾恐懼症有增加的趨勢，造成人們延遲婚姻，非婚生子女增多。許多想要結婚的伴侶願意接受這種關係，不再感覺受到羞辱，為了留住所愛的人，寧願犧牲自己的安全感。

於是產生許多恐懼承諾的人，他們忽略問題，通常他們的會計師也會建議利用婚姻賦稅減免等其他經濟利益，但強烈的承諾恐懼迫使他們寧願承受經濟損失。如果你遇到的對象就是這種承諾恐懼症患者，心中不斷有痛苦和未來的不確定感，值得嗎？

思考一下，如果離婚變得慘烈，你可能會害怕再婚。也許，第一次婚姻的結束加上孩子，你在情感上仍然有依賴，因此你可能會保留自己的感受，避免再度受到傷害，或保持生活簡單不複雜，受到良好控制。

在想像尋找新配偶的努力和挫折後，倘若離婚需要處理很多的問題，因此跳過那些不確定性和不舒適，再看一眼你已經有所承諾的配偶，難道不是有意義的嗎？你曾經與這個人有過快樂時光，共組家庭（即使孩子都已長大）。是的，如果你離婚，你會勇敢面對，但你現在就可以面對問題。如果你在讀到單身世界部分，燃起了同樣的恐懼和希望，請你控制這些情緒的驅動力來征服你的恐懼，投入婚姻，重燃愛火，或者也許這是你初次想要建立你所希望擁有的婚姻。這樣做要比在電腦運算下設計自己的履歷要容易得多。

遭受背叛之後重建信心

「有人渴望我,感覺真好。」

「20年來第一次,我覺得自己活著!」

「我不知道發生了什麼事,就是這樣發生了。」

「我遇到一生所愛,我不可能回到婚姻。」

四個外遇藉口,四個潛在的離婚理由。

最後一個最難駁斥,因為它代表(1)外遇時間已久;(2)有深厚的情感連結;(3)對方同樣投入這段關係。你可以確定對方知道情人已婚,不過這不但沒有阻止對方,反而可能會刺激他們想要「贏過」情人的配偶。事實上,外遇伴侶可能暗示或承諾會拋棄配偶。在這種情況下,究竟要在老調重彈的婚姻還是新歡之間做選擇,離婚的誘惑力是很強大的。但你仍然還保持婚姻,你還有家人,就算配偶之間有衝突,仍然有希望。

另外三個外遇藉口都是「依隨你心」相同主題的變化版本,想要獲得刺激興奮和羅曼蒂克的感覺。當然,有人渴望你,感覺很好!兩個人之間玩打情罵俏的遊戲,試探性的接近,確定又不確定,充滿了荷爾蒙的誘惑力。你的心思交戰著各種解釋和可能性,很快地祕密編織出一幅完美的圖畫。這種悸動陶醉的感覺,凌駕了所有事物。外遇在情感頻繁交流之下誕生,而幻想就像現實一樣誘人。保持吸引力的祕密,又增添了魅力,使你血液沸騰,感覺再度擁有生命力。外遇的一切都是不尋

常、未可知的；它頑皮又危險，危及你的安全生活，賦予超過你原本的力量，使你遠離道德規範。所有你從父母與教會所學到的一切，所有你在報章雜誌上讀過的心碎和家庭破裂故事，一切都隨著欲望將腎上腺素打入你的身體系統而消失。吸引力、性能量、行為偷雞摸狗的快感，三者組合在一起，加上共犯一起搧風點火，控制了你。

當一個明顯不性感的研究者接近時，人們完全拒絕外遇。根據奧斯汀研究所的代表性樣本，在5,738名受訪者中，74%介於16歲到60歲的人不同意「結婚的人偶爾與配偶以外的人發生性行為是允許的」這個命題，其他大部分的人表示不確定。[1] 根據一份皮尤研究中心2013年民意調查報告，84%的美國人認為「有婚外情的人在道德上是不可接受的」。[2]

儘管如此，裴瑞兒在TED談論不忠時說：「我們很矛盾……95%都認為配偶說謊有外遇錯很大，但幾乎同樣的人數都表示如果有外遇我們自己也會說謊。」性愛「煉金術」的不可抗力量，驅使我們的行動，儘管後果具有破壞性。[3] 你可以想到一個比信任對堅實婚姻更基本更重要的事物嗎？如果沒有信任，你的誓言值多少錢？

背叛或許比從前少，但還是會付出代價。你所建立的家庭，共享的歷史，承諾一起修復的未來。即使是復原的過程，也可以教導你新技能、活化關係、加強溝通、恢復關係，或許還能讓你們比從前更親近。

安妮·貝希特（Anne Bercht）在書名《我的丈夫的外遇是我一生發生過最好的事》[4]（*My Husbands Affair Became the Best Thing that Ever Happened to Me*）令人吃驚的著作中做了解釋。當然，當你發現背叛，你首先必須面對這些壞事。貝希特女士花了兩年半時間來處理丈夫的外遇，其中還發生女兒因為事件的自殺反應。她後來意識到自己的不安全感參與促成丈夫的行動，微妙地顯示他努力表現自己的愛並不足以令妻子滿意。

當貝希特了解了自己的不滿足，她便從困難的重建時期（已經麻木

了8個月），變成一個更堅強、更有自信的人。她能夠重返工作，「幾個月內收入增加了一倍！如今更加重視我的健康，實際上看起來、感覺起來都比20年前更好，變得更有能量，更積極，生活更有熱情。自從我終結了不安全感，我的人際關係也變得更好，包括婚姻，還有孩子和其他人。」現在貝希特女士是「超越外遇聯絡網」（Beyond Affairs Network）的負責人。[5]

說謊和欺騙是錯誤的，具有破壞性，但外遇不見得代表你婚姻的結束。在每一場婚姻中，夫妻雙方都會營造一種氣氛，互相影響彼此的行為，但在大多情況下，背叛不是「針對」你這位忠實的配偶，而是關於背叛者的需求或不安全感，婚姻中的距離和欺騙也是個人意願。如果你受傷了，請記住，騙子的殘忍行為其實無意傷害伴侶，相反的，那只是為了滿足個人欲望、激情、報復或自由，而連帶傷害了無辜的配偶。自卑或傲慢的配偶對於邀請，不拒絕機會或想要再三證明，導致配偶反而忽略婚姻，受到吸引，形成更複雜的情況。有時配偶會無恥幻想自己凌駕於誠實和正直的規則之上，有時會下意識想要被逮到，對他的隱瞞變得粗心大意。有時配偶會嫻熟地搪塞，謊言已然融入生活，不容易被發現，直到真相大白。

美國國家科學基金會綜合社會調查發現，實際上2010年男性自我承認的不忠已下降到19%，比1991年21%略低。與此同時，女性承認不忠的情形，從1991年的11%，上升到2010年的14%，不過仍大大低於男性。自然的，研究人員對自我承認有所保留，畢竟，這些人對配偶說謊，所以為什麼不調查？因為事情可能差異不大，研究不會連結特定姓名，即使說真話損失也不大。

犯錯的人明白自己對配偶和自己所做的事，以及了解自己所作所為以後，還是有機會重新穩定和改善婚姻。第一個關鍵就是悔恨和悔改的意願。「江山易改，本性難移，騙子一輩子都是騙子。」如果沒有真心悔改，的確如此。如果不是打從心底願意反省，知道自己的行為違反道

德標準，自己都覺得自己面目可憎，說謊欺騙是不會改變的。這樣才能避免日後再度受到誘惑。

第二個關鍵是，配偶打心底願意讓局外人（主要是你），以及一位治療師，共同參與，一起努力來維護一個誠實關愛的婚姻。

欺騙和說謊：性愛與其他

大多數不忠行為都與性愛有關，無論是想像或實際發生。

有的背叛是長期外遇，有的是一個晚上，還有介於兩者間的各種背叛情形。對於這些狀況令人驚訝的是，男性在其中多過著雙面生活，有時還來往於兩個不同的家庭。唐娜·安德森回應了一個約會網站騙人的履歷之後，才嫁給現任丈夫。「我前夫詹姆士·蒙哥馬利在我們兩年半的婚姻期間，騙了至少有6名不同的女性，」她在Lovefraud.com上面寫著，這個網站是為了反社會人格受害者而設立的。「他和其中一位女性有一個孩子。我離開他10天後，他娶了孩子的母親，結果那是他第二次犯重婚罪。當然，他花了我25萬美元，大部分都是用來與其他的女人玩樂。」[6]

有些不忠狀況事實上純粹是生理的，有些則屬於幻想和情感連結，現實中根本不存在。其他主要還是屬於情感，可能在意識深處，因人而異。美國有六州，配偶被別人橫刀奪愛的痛苦損失，傳統上稱為「夫妻感情離間」，可對第三者提出侵權訴訟。在2000到2007年，北卡羅萊納州平均每年有2百30件感情離間侵權訴訟。[7]十誡所譴責的通姦行為，在聖經上的懲罰是處死，非常嚴重。[8]

外遇最令人受傷的一面是為了掩飾謊言，扭曲、誇大、徹頭徹尾說謊的「糾纏網」，這麼做會使外遇變得更刺激。外遇之後很難重建信任，原因在於外遇不是一次的打擊，而是千刀萬剮。無論是動機、行動和持續的不忠行為，都需要很多個人的決定，每次的進一步，都是一次獨立的選擇，本身就是一種背叛。每通電話、簡訊，誇大和說謊，在配

偶想出某種解釋或回覆的時候，都需要絞盡腦汁。說謊模式可能會「自然形成」，但都是受到人們的控制，隨著練習變得愈來愈容易。

你對她微笑嗎？你回覆訊息了嗎？你會說一些建議的話嗎？你回電郵嗎？你約時間嗎？你在約會時間出現了嗎？你進餐廳了嗎？你進入房子了嗎？你坐下了嗎？你進臥室了嗎？你吻了嗎？每個小步驟都更加接近情感介入，然後進行性接觸，到這個點，不忠配偶可能會停止，但他們選擇繼續。妻子或丈夫選擇將外遇關係向前推進到下一階段，這對被出賣的伴侶來說，彷彿有幾百甚至幾千根針插入心頭。這就是為什麼想要從外遇事件中恢復，需要如此努力和透明。

不忠甚至不見得會涉及真正的人，色情影片提供了一個由演員和人物角色的取代世界，幾年前可能就已經製作創造完成了。色情片非常容易取得，也容易隱瞞，又會令人上癮，控制了一個人的生活，也刺激其他的上癮問題出現，多為酒精。然而，大多數人都認為色情片是無害的私人情慾放縱。2016年，在一個2千名青少年與成人的調查中，受訪者認為色情片與浪費水電、暴飲暴食、或心裡對某人反感相比，並沒有比較不道德。[9]

即使與性愛無關的行為，甚至都可以破壞信任。故意背叛信任或者公然違反夫妻之間的約定，或對任一方來說是神聖不可違反的事，已經對一起生活的基礎造成創傷。

殺死信任的關係，有浪漫有性感，不見得要有生理接觸。電郵、Skype、Whats App 和其他形式的交流，使調情變得容易，令人躍躍欲試。情感上的連結算是很嚴重，但有人會抗議「又沒什麼了不起」。帶有性色彩的溝通方式會產生興奮感，即使沒有實體接觸，也可能會像短暫的性關係一樣造成傷害。訊息和色情文、拍攝影片，甚至是老掉牙的電話性交，使得你儂我儂的關係可以發生在世界上任何地方。由於傷害廣泛，我們可以在亞馬遜網站上找到三十多本如何從外遇中恢復的書。

我們很容易從吸引力開始落入陷阱。起初可能只是一個恭維，希望

藉由人脈來促進自己的事業。就像莎拉傳送電郵，讚美布瑞特在全國汽車經銷商會議上的演講，沒有別的動機。布瑞特想起演講之後重重人群包圍中的她，記得有拿名片給她。兩個人都結了婚有孩子，生活忙碌，興趣很多。莎拉每週都和家人一起去教堂，她沒想到會發生什麼事，但布瑞特回覆了她的讚美，指出她的經銷商是奧勒岡州的最高營收單位，不知她維持4年營收的祕密是什麼？他喜歡她措辭簡潔的答覆，要求獲得她的許可，把信發送給整個協會。附帶一張她與同事的照片如何？哦，這張是我和經典Corvette汽車的合照。希望你週末愉快，我要去亞斯本滑雪。

你可以看見外遇如何形成。他們的關係花了幾個月的時間進入調情階段，再花幾個月變得更深入。布瑞特和莎拉從未在同一州，但過不久他們開始互換自拍照。沒有什麼明顯暗示，只是做自己喜歡的事。5個月後，他們安排要在另一場會議上見面。

雙方都不想離開婚姻，也不想擾亂忙碌有價值的生活，但外面的「友誼」持續進行。布瑞特也許比較積極，但沒有什麼不合理。他們不記得什麼時候越過界線，是會議晚上的晚安吻？還是下午天氣冷，參觀的時候他摟著她？只知離開時，兩個人的關係已不同。

布瑞特和莎拉都是好人，但他們進入到一個可能會毀滅雙方家庭的階段。令人高興的是，事實並沒有繼續發展。莎拉對布瑞特的感覺，還有自己對丈夫的隱瞞感到深深的內疚。她覺得自己和家人一起去教堂的時候像個偽善者，如果被孩子發現，不知該有多麼羞愧。布瑞特住在美國的另一邊，容易脫身。她劈頭解釋這種關係帶給她痛苦，然後立刻在手機上設他的電話號碼黑名單，取消臉書朋友，停止追蹤他的Twitter，並將電郵和照片紀錄抹得乾乾淨淨。

做完之後，她覺得好一點。莎拉決定不告訴丈夫，擔心坦白會傷害他。她的懲罰是，將這段暫時分心的感情，鎖在她的靈魂裡。雖然不忠往往會殺死婚姻，莎拉在不可挽回的傷害發生之前，結束了危險的聯

繫。但她的注意力和情緒轉移卻留下傷痕，她將永遠背負這個過失，成為一個無法分享的祕密。

不忠是如何發生的？

欺騙不是隨便就會「發生」，《信任，決定幸福的深度》（John Gottman ,*What Makes Love Last?*）作者約翰・高特曼博士如此認為。並不是有人倒了霉，突然被命運推向意想不到的情況所致。「騙子不知不覺地以一種緩慢、不被發現的步伐走上了道路。」他寫道，高特曼博士在華盛頓大學「愛情實驗室」研究夫妻40年。在背叛出現之前，會有一些退縮，躲在個人的角落，或在婚姻中出現侮辱或輕蔑的尷尬局面。衝突惡化，傷害不為人知，不過這樣並不代表外遇即將發生，70% 這種情況顯示「至少有一位配偶的可信程度直線下降，不再認為彼此關係值得崇敬，也不再將它視為第一優先。」[10]

高特曼博士指出，首先你會開始進行一些令人不快的比較，你的伴侶似乎不如同事一樣欣賞你，比朋友更不需要和尊重你，看起來比想要帶你共進午餐的客戶還要老。這樣的比較讓你可以推斷，如果你和對方在一起，會有多麼快樂，覺得多麼性感、興奮，即使時間很短。一旦外遇變成可能，幻想變成默許，你開始有所隱瞞，你就變成共犯。然後你的忠誠開始轉變，把自己的行為合理化，甚至為自己辯護。最終你會認為配偶才是不可靠的。

不關你的事

雖然許多夫妻走上了不忠之路，如高特曼博士所描述，我發現，即使是真正親密、溝通無礙的配偶，都可能落入婚外情的誘惑。由於婚姻需要奉獻，伴侶會因奉承和不安全感而屈服，分離出打情罵俏的情感連結，破壞信任，並傷害「靈魂伴侶」，結果使得莎拉中斷了與布瑞特的連繫。

2010年有一項對不忠行為的研究進行全面性的綜合回顧，心理學家和人類學家團隊確定，驅使人們外遇的因素涵蓋各種範圍，從大腦結構和化學（田鼠研究），潛在對象基因產生的氣味與我們不同導致吸引力（有助防止近親亂倫），還有許多心理和社會性的決定因素。其中有一個特別突出的發現：對多數男性來說，婚姻的不滿意對婚姻不是問題。有外遇的人，56%男性（34%女性）評估自己的婚姻為「快樂」或「非常快樂」。[11]

家庭治療師裴瑞兒在TED演講中說：「外遇是背叛行為，也是渴望和失落的表現。」反映出對新奇、自由、自主、性欲強度、未曾經歷過的年輕解放等的渴望。「外遇並不總是為了離開配偶，而是離開讓自己成為理想中的人。」

當然，有些人只是想要做愛。性慾是一個鐘形曲線，大多夫妻喜歡每週四次到每月數次的性生活[12]。2015年11月有一項超過40年的3萬人的大型研究發現，頻繁性關係並不會讓婚姻更快樂，這個結果與大眾所想像的剛好相反。研究發現，夫妻雙方覺得最幸福，是每週一次性關係，加上彼此保持其他型態的生理連結。[13]更頻繁的性愛並不會降低或增加夫妻的幸福感。

但有些人的性慾曲線落在鐘形右側斜坡，他們的性需求比大多數人高。有些夫妻的性慾無法配合，使得性慾無法在家裡獲得滿足。因此有些人只能壓抑這種衝動，或是轉而上網看色情片，僅止於此。有些人還可能花錢買春，或上網找也有性需求的對象。

與他人的任何性行為都是違反婚姻信賴。但違反信任的行為不見得與性有關。約翰・高特曼列舉十種：有條件的承諾、與性無關的外遇、說謊、聯合他人反抗配偶、長期缺席、冷戰、失去性趣、不尊重、不公平、自私、違反承諾。[14]在一般關係的潮起潮落中，會造成嚴重性較低的信任降級。在堅強的婚姻中，可以透過道歉、討論、展現恆久穩定來修復關係。但當其中有任何一種形成模式，婚姻就會陷入困境。

一些關於高特曼背叛清單與性無關的項目，如說謊和感情外遇，會嚴重打擊婚姻的基礎架構。幾乎每個人結婚時，都期望性和情感的排他性與忠誠度。信任構成了所有堅實關係的基礎，尤其是婚姻關係，涉及最大的脆弱性與投資。

已故的范佩姬（Peggy Vaughan）是《一夫一妻的奧祕》作者[15]，也是「超越外遇聯絡網」創始人，認為外遇是三個因素混合的結果：其中一人推動外遇（刺激、吸引力、好奇心），內心拉扯（無聊、婚姻中的寬慰、自我證明的需求），以及社會環境對於性的美化和鼓勵祕密的不當私通。范佩姬稱一夫一妻為「神話」，並斷言80%婚姻會受到至少其中一位配偶不忠的影響，但並不正確。

但，如果你看過范女士所稱的「保守估計」，再看實際數據，你會發現一夫一妻制並不是神話。2005年一項可靠的統合分析由亞德里安‧布勞（Adrian J. Blow）和凱莉‧哈奈特（Kelley Hartnett）公布並總結：「綜觀美國的結婚、異性戀關係，婚外性行為在長期承諾關係中的發生率不到25%，男性比女性似有較不忠的情形……。」[16]因此還是有許多婚姻遭受性背叛，無疑還有更多情感出軌的情形。

2011年由印第安那大學克莉絲汀‧馬克（Kristen Mark）率領的研究，發現男女出軌之間有一種很小的差異，外遇有23%為男性，19%為女性。此研究有9百個受訪者，其中一半已婚，結果發現婚姻狀況或宗教信仰與外遇並沒有關聯性。相反的，研究人員發現，男性和女性出軌的不同點在於原因，男性是對鼓勵性的暗示產生反應，女性則是為了尋求婚姻中缺乏的親密。不令人驚訝。「女性關係幸福低度者，根據報告，出軌行為是一般的2.6倍，」印第安那大學發表說。「認為性態度和價值觀合適度較低的女性，出軌則是2.9倍。」[17]

康乃爾大學威爾醫學院精神病學教授佩琪‧德克斯勒（Peggy Drexler），觀察到女性比從前有更多外遇，她寫道：「原因聽來熟悉：證明吸引力、情感連結、欣賞、自我，更不用說閃亮新關係的快感，沒

有長久實際伴侶關係的負擔。」她表示，由於電視、網路、電影大量展示外遇的女性，傳達「出軌更為人們所接受的感覺」。當然，女性在職場與男性互動愈趨頻繁，也增加了誘惑。[18]

有人辯稱，外遇是中年危機或生命週期危機下的「過渡」結果。《走過出軌陰影》[19]作者羅娜・薩波尼克（Rona Subotnick）和葛羅莉亞・哈瑞斯（Gloria Harris）指出，孩子的出生、畢業，或死亡和老化以及其他問題，會引發外遇事件。威拉德・哈利在著作《他的需要，她的需要》（Willard F. Harley Jr., *His Needs, Her Needs*）中，則將問題怪罪於夫妻的爭執和未獲得滿足的需求（男人需要性，女人需要感情）。[20]

我懷疑外遇是由多種因素所造成，其中最主要的兩個危險因素是機會和刺激，想要被渴望、被吸引的感覺受到刺激觸發。女性在從前男性主導的職場與男性互動，其中一個副作用便是增加接觸機會。由於女性的成就明顯勝過這個缺點，政治不正確的事實是，潛在的外遇機會也愈來愈多。熟悉會產生輕蔑，正如格言所言。

意識到這個現實，弱勢的配偶可以謹慎一點，避免可能出現誘惑的情況。不要在工作場合以外見面，見面時辦公室門要打開，並要求有第三者在場，選擇與無風險的同事合作，以團隊進行工作，電郵同時傳送給多人，透過助手或共用行事曆App安排行程，握手問候而不要擁抱，戴上結婚戒指，把配偶照片掛在牆上或放手機、電腦螢幕上，把家庭照片放在你桌上。

並嘗試下面的建議。

避免外遇傷害的預防辦法

如果婚姻有問題，你必須乾淨俐落，直接面對。但許多外遇發生是在婚姻發揮功用也令人滿意的時候。我猜想大多數外遇對不知情的配偶來說都是出乎意料的，因為婚姻性生活美滿，關係親密。這種占多數的情況下，預防配偶外遇的最好辦法之一（你知道是哪位），就是要發想

一些模式和規則，時時使伴侶與自己連結，也就是你要時時把注意力放在伴侶身上。你最投入的人事物，也會覺得最親近。施予會使你覺得有所連結。

伊凡是一位已婚的教育學教授，學生經常來到辦公室請教論文、班級建議和畢業生推薦信。開會時公事公辦，但伊凡是個健康男性，偶爾會注意到有吸引力的女性。他該如何避免被女大學生化妝的眼睛、口紅、低胸穿著吸引？然而，幸福婚姻已15年，有兩個孩子，沒有外遇打算，他當然認為與學生發生關係是不道德的。

但他的決心卻栽在一位女性手中，不是學生，而是想要了解學院研究所的研究生，對方最近離婚，站在十字路口，想要尋找增加收入的方法。或許她的需要和外表結合在一起，導致伊凡接受她後續喝咖啡的邀請。當妻子凱莉發現丈夫外遇訊息的時候，已經有一個月。外遇大傷她的心，伊凡覺得很糟糕。他買了我的書，又來找我諮詢，想要修復他所造成的傷口。

我想要分別和他們夫妻說話。就廣的來說，凱莉在發現訊息的時候就可以打包離開，只是顧念5歲和9歲的孩子。為了孩子還小，她放棄工作當家庭主婦，一時沒有收入。加上伊凡的懇求和悔恨，顯現拋棄婚姻只是寬慰她的自尊。

修復關係的工作，開始是從伊凡上班整天時間要不停打電話給凱莉。他到辦公室的時候打電話，離開辦公室去教室上課時打電話，下課後打第三通電話，回家前還要打一通電話。伊凡自願和凱莉這樣聯絡，證明他非常關心連結，保證妻子是第一優先，並確認他沒有在不該在的地方。這些電話成為妻子和他日常生活的一部分。即使他在電話中只說了：「今天早上我讀了兩篇期刊文章，也給下午備課。」與凱莉的連結，塑造了伊凡的一天。一通短暫的電話「嗨，凱莉，妳的瑜伽課怎麼樣？」顯示他記得妻子的行程，關心她的生活。

伊凡投入額外的關注，加強了電話的效果。他知道凱莉喜歡Trader

Joe' e超市的薑汁餅乾，所以他會帶一些回家。他會在超市停下來買花，把自己喜歡的報紙文章剪下來，或給妻子寫張便條。這些實際作為來自他的體貼思維，累積好感，加上電話，逐漸讓凱莉放心，知道伊凡把她放在第一位。

伊凡和凱莉也就外遇進行輔導，釐清他們的感情。他們確認誠實的必要性。伊凡的隱瞞和違反信任，傷害了凱莉。但在事情發生前，兩個人關係穩固，而且伊凡並沒有形成經常出軌的模式，重建關係也就比較容易。

有些關係難以恢復。有時外遇是配偶過去的產物，是一種遺傳傾向，並不是故意違反。這是否表示你不能指責男人複製從父親那裡學到的模式？你也不能責怪妻子的優柔寡斷，因為她年輕時目睹騷擾，甚至更糟糕的是受到騷擾？不，當然不。但這些不幸的過去，會形成一個人的個性和價值觀，造成嚴重的傷口，例如創傷後壓力症候群。但每個大人仍應對自己的行為負責。在這些悲哀的案例中，治療是了解和反擊一個人過去歷史所必要的，但過去並不決定一個人的未來。一個患有精神疾病、強迫症或上癮症的人，面臨巨大的障礙，必須要得到支持。但有些行動則不可原諒或忽略。

為什麼你該修復婚姻

如果你涉及外遇或正在考慮要外遇，請醒過來，面對事實：如此誘人的性愛是一顆詭雷，會在你臉上爆炸，還會摧毀你的家人。停下來，轉過去，把能量放到自己的婚姻中。

溫蒂・普蘭（Wendy Plump）在《紐約時報》「現代愛情」專欄中發表「整個房間充滿渴望和遺憾」，其中她提供同時身為加害者和受害者的經驗，對於出軌有如晨鐘暮鼓。她向一位正考慮開始的朋友建議如下：

想像你在治療師辦公室，你被抓到了（總有一天），和出軌的丈夫一起。你會聽到自己說你出軌是因為你的需要沒有滿足。火花消失，你的婚姻很無聊，愛人更了解你。這種藉口一個又一個從你嘴中說出來，像一些卡片上的黑色幽默，變成你下意識的直覺反射。

我不是說你的感情不合理，只是感情無法使你做的事情合理。如果你相信自己有道理，你出門赴約的時候一顆心不會像失了魂忐忑不安，私通以後回家爬上家裡的大床之前也不會覺得有必要先洗個澡。兒子問你為何那天忘記他的曲棍球賽，你也不會覺得好像被火車從後面撞上……。

你不知道的，或者你不允許自己想的，就是你的人生會成為一個渴望和遺憾的混合體，令人難以忍受。無論在任何地方，都很難，再也不可能心滿意足。[21]

我很樂意引用全文。若知道有這麼多情緒和精神折磨，任何女性都不會想要越界。有些男性也會有所感。不過很不幸，其餘大多數男性傾向出軌，屈服於荷爾蒙和體質。這是現實，不是性別歧視。

如果你是做錯事的配偶，你應該留下來，因為撇除這次背叛，你可能還愛著配偶，並不是真正想要婚姻結束。背叛的傷害強烈，讓你想要逃走。你不想看到他，就像在嘲笑你的誓言。你痛恨他裝著一副完美無瑕的忠誠面目，卻利用了你的信任，偷偷摸摸，對你說謊，簡直是在堅定不移的你臉上打了一巴掌。

內心充滿傷害和憤怒，首先你想把這個混蛋踢出去。「他不能對我這樣做！」但他做了，現在你必須抗拒「割掉鼻子毀了臉」，這句話雖為陳腔濫調，卻頗為準確。這個人是你的一部分，也是你身分的一部分，現在因為沮喪，你想毀掉自己的臉。事實上，如果你提起離婚只會增加痛苦，因為外遇不僅違反了你的婚姻，也破壞了整個家庭。除了打破了你的信任，也打亂了孩子的穩定生活，並影響了所有親朋好友的婚

姻，他們都會開始懷疑自己的安全感。

　　儘管震驚，仍需要維持風度，等到幾個月後慢慢恢復呼吸，請往前看。如果迷失的另一半想要治癒這個缺口，你必須努力度過傷痛，忍耐痛苦，建立新的溝通技巧和新型態的親密關係。離婚可以使騙你的配偶快速消失，但你不知道的是，你是否會變得孤單寂寞，每當孩子有需要或完成了什麼大事，就會想起你的婚姻。問問那些遭受背叛的女性，看不見不代表心裡不想。

　　背叛是可以處理的，最後會達成一個統一、支持、關愛的婚姻。它的立足點當然不會和不曾受到不忠傷害的關係一樣，但依然可以變得堅如磐石，有所收穫。由於外遇的痛苦逐漸消失，夫妻關係可以重獲趣味和性生活，也會因更多的溝通而成長。

　　背叛的情況會影響和解。這是一夜情，只有一點情緒依戀嗎？還是長時間，涉及一系列的謊言？出軌的配偶堅守一夫一妻制，還是以前也發生過這種事？再次發生的可能性有多大？傷口愈深，癒合時間愈長，做錯事的人愈要悔改。

　　如果外遇時間長了，或有多重外遇，問題便不僅是「你為什麼這樣做？」在和解之路上還有許多必須要做的。而且根據違反的情況也需要各種證明來證實悔改的真誠。犯錯的配偶不會突然恢復外遇前的關係，關係的基礎受到動搖，背叛的配偶將受到警戒、排斥、懷疑，直到時間和信心足以消除這些感覺。就算婚姻持續也有改善，不信任的感覺仍將永遠無法抹除。由於婚姻條件破滅，必須建立新的、更能保護的理由。

　　有些朋友心中只想到你的個人福祉，他們會建議你不應容忍出軌。但堅持「一日騙子，終生騙子」只是幫騙子找藉口，這種錯誤行為是騙子所無法控制的。來自遺傳特徵，或年輕的時候學習到的，已經內化，永遠無法清理乾淨。對於受傷的一方來說，也是離婚的理由，因為病情已經很明確，以後還會再犯。沒有復原和真誠後悔的餘地，也沒有顯示自己值得信任的空間。

「一日騙子，終生騙子」並不正確，「曾經」不見得「永遠」，這樣說殘酷地消除了未來幸福的可能性。如果出軌者「一生都是騙子」，你等於在浪費時間和感情。以這句話將事情合理化，婚姻注定結束。

一些女權主義者取笑希拉蕊・柯林頓丈夫的半公開外遇事件，但她仍然維持婚姻，令人欽佩。前加州州長阿諾・史瓦辛格在1998年與管家生了一個嬰兒，導致離婚。後來明星終結者稱這個外遇事件為「我絕不會做的愚蠢事情」。[22]想像一下那個私生子感覺如何。

朋友可能會告訴你，出於自尊，你必須離開出軌的配偶。無論有沒有和出軌的配偶在一起，你的自尊都需要保持不變。當你信任的人行為有如敗類，打擊肯定很大，但你的自尊並不取決於外人如何看待你的婚姻或你的選擇。在肚子被踹了一腳後，你的自尊可能需要重獲新生，但必須來自內心，以及周圍的親友，進行活動，讓你重獲滿意與歡樂。背叛的創傷已經夠糟，如果決定要重新再來，離婚只會更糟，還不如留在你已經投注心力的關係中。如果配偶後悔自己所犯的錯，仍然珍惜你與家人，你卻因為別人的憤慨而拋棄他，是一個很大的錯誤。如果朋友們開始慫恿你離婚，因為他們相信不忠的侮辱對你來說太沉重，無法背負，請謝絕他們的陪伴。他們的觀點是基於他們的價值觀和婚姻經驗，不要把這些觀點強加在你身上。

你會從支持團體、網站和自助書籍中找到很多重建婚姻背叛的建議，我將所有資訊整理成以下六點：

（1）犯錯的人需要澈底洗心革面，把外遇細節和情人的關係鉅細靡遺說清楚。這樣做代表切斷所有與背叛源頭的溝通管道，無論外遇對象是一般人、妓女、色情片或其他誘惑。

（2）有罪的配偶必須表示悔恨，並肯定自己的婚姻的承諾。他必須承認錯誤行為，並虛心接受配偶的任何情緒反應。

（3）你應該等待。最初的傷口太深，無助理性的決定，大多數專家

表示，就算你有想要立刻離婚的衝動，即使決定結束婚姻，也請先等待幾個月。在這段等待期間，你可能會想要避免談這件事，讓情緒沉澱，或你也可能想要談談。

（4）起初的創傷消退時，需要澈底談話。如果婚姻要延續，配偶彼此需要面對面談論和詢問背叛的問題。請注意，一些問題可能反而會加劇背叛的痛苦。但如果受傷的配偶需要得知訊息，就要告知。

（5）建立婚姻的透明度。為了重建信任，不忠的一方（理想是雙方）除了誠實還要透明。誠實是夫妻之間維持原來關係高信任度的期望。誠實只是正確仔細描述外遇和感受。由於違反了誠實，必須付出代價。

如果受傷的配偶選擇以透明度來證實你的悔改，請允許她。例如，犯錯的丈夫可以給妻子手機、行事曆和信用卡密碼。比妻子的檢查證明，更重要的是犯錯者願意開放所有的溝通、時間和成本。她有了檢查能力，將使她可以重建對配偶的信心。

（6）在某個時候，也許在婚姻恢復平衡後，夫妻需要解決關係中的問題，也要找出背叛者的問題。最好尋求治療師或支持團體的協助。更深層問題不是可以自行解決的。

約翰・高特曼博士（Dr. Jhon Gottman）和心理學家妻子朱莉・高特曼博士（Dr. Julie Gottman），對於克服不忠有一個好記的三字結論。配偶們必須補償、調整、連結（atone, attune, attach），其中贖罪可能是最困難的，另要注意，儘管犯錯者有回答配偶對外遇的資訊需求，但必須注意，談話有一個領域是禁區：性交細節，教授相信這樣會造成創傷後壓力，阻礙夫妻彼此的連結。中間的調整階段，是同理情緒的連結重建（或創造），這種感覺可使配偶雙方「得知」對方的本質和價值。

第 20 章　沒有完美的婚姻：無論如何都要幸福快樂

半滿的杯子

我們可以選擇對事件和刺激的反應，不過通常我們並不知道正在做這些選擇。當反應成為習慣，會形成整體關係的背景，有好有壞。

有個笑話：兩個人來到一個房間，裡面滿是大便。

其中一人說：「呃！看那些噁心的東西！」另一個開心拍手，大聲叫：「裡面肯定有一匹小馬！」

如果你的房間裡面充滿大便，你可以選擇帶著反感離開，或開始找那匹小馬。

有一本離婚相關書籍中講述了一位成功的已婚女企業家，有一位女兒，她因為工作過度和焦慮去做治療。隨著治療過程，清楚揭開女企業家的丈夫「是一個憤怒、壓抑、頑固、沒有熱情的男人」，沉浸在工作中是她逃避的方式，留下缺乏母親存在與關愛的女兒。令人悲哀的情景。但治療師並沒有正面處理她的婚姻問題，而是指導她「接受婚姻的現實」，將她的注意力重新引導到女兒的需要。讓媽媽了解到自己忽略了女兒，於是轉而面對如今已成為青少年的女兒，培養親密的關係，真是令人心頭一暖。

婚姻呢？女主角「決心認為無法挽救」，所以離婚。

所以她離婚了？我繼續閱讀，希望能聽見丈夫那一面的故事。我想知道女企業家對配偶的看法是否受到年輕時的榜樣所影響，或是由於

什麼事件，使得關係中形成壞習慣，或是因為她蔓延的焦慮。我想知道治療師拉近夫妻關係的步驟，提供更多的好習慣和新的溝通技巧，找出多年來讓他們能夠在一起發揮婚姻功能，卻又彼此疏遠的問題。畢竟，他們有一個女兒要考慮。從作者對這對夫妻的描述看來，這是個「低衝突」婚姻，結束時打破了孩子的安全感，世界變得不完美。這種離婚會造成年輕人害怕承諾，擔心好關係會因為看不見的致命缺陷而毀滅。

令我失望的是，作者並沒有提到丈夫在故事中的進一步角色。但「決定婚姻無法繼續」至少應該是要兩個人。因此反而變成得到新領悟的女企業家單方面拋棄了配偶，與女兒建立起溫暖重要的關係，卻缺乏父親，而不是應用新見解來改造婚姻。

這只是一本自助書籍中的軼事，但尋求幫助的讀者會注意，它的微妙影響是告訴讀者要專注於自己的需求，找出使你停滯不前的原因，然後消除障礙。但家庭怎麼辦？「走開！別擋路！我愛怎樣就怎樣！」聽起來像歐普拉激勵的話。不過要用自戀狂一巴掌。一個家庭危在旦夕，但問題不只是媽媽要停止過度工作，多注意孩子，而是所有家庭成員該如何獲得技巧和動力，形成一個和諧的整體。

許多人看到裝水的杯子就說一半是空的。悲觀者有作對和不快樂的傾向，心理學家馬丁‧塞利格曼（Martin Seligman）以悲觀主義者的研究而聞名，發現這種習慣多學習自父母。如果家庭風格是只要事情有問題、有人忘記或沒做好，就找錯、怪罪，甚至推到別人身上。那麼每個孩子每天都會學到，這並不是團隊中哪個人的問題，而是整體的失敗。世界充滿了不稱職的人，任何事都應該要很棒，只有我例外。

我在研究所的時候認識到悲觀者的負面想法。和我分享辦公室的達琳常說諷刺的笑話，經常令我捧腹，不過她一貫的憂鬱風格卻讓我心情很差。

我（進入辦公室）：哇，真是美好的一天！雲好美，天空好藍！

達琳：聽說要下雨了。

我（第二天，進入辦公室）：哇，妳看見那裡有彩虹嗎？我停下來拍了一張照片。

達琳：是啊，雨都跑到我車庫淹水了。

我（第三天，進入辦公室）：嗨，達琳，妳車庫水排乾了嗎？

達琳：有啊，但我的車都是泥巴，要洗車了。

我想很久才知道，為什麼我每次離開心情都不好，後來我發現：達琳總是愛唱反調。經常與憤世嫉俗的人對戰，令人筋疲力盡。我決定檢驗我的假設，第二天，我的機會就來了，達琳坐在桌前吃午餐。

達琳：這個三明治太營養了。我會像海灘球一樣爆炸。

我：不會吧。我剛量體重輕了兩磅！

達琳：沒有吧，妳的體重計壞了。妳有先檢查嗎？

我：指標有歸零。

達琳（落入我的陷阱）：也許只是水腫，明天就會回來。

我：如果我再量一次，還是少兩磅呢？

達琳：也許體重計有誤差，妳的體重應該是一樣的。

我：如果再量兩天，還是一樣少兩磅呢？

達琳：妳要先校正，可能不準。

我：如果我校正好了，連續3天量都是少兩磅呢？

達琳：也許妳在尿尿後吃早餐前量的，等下就會回來。

我：如果我晚上也量，還是少兩磅呢？

達琳：妳有先尿嗎？

我：沒。

達琳：呃，一定有某個理由……。

我：我就是少兩磅不可以嗎？

達琳（惱怒）：好……好……

她沒辦法簡單承認。她就是個喜歡說反話的悲觀主義者。我認清以後，每天回家時都很快樂。小辦公室的所有負面否定都是她的。

有些人不想要面對自己的悲觀態度，最終卻陷在裡面，或更常見是否認這件事。這種態度可以毒死婚姻。事實上，當有人問我尋找配偶最重要的特質是什麼，我說樂觀。悲觀主義者會折磨身邊所有的人，樂觀主義者可以使人提升。悲觀主義與重力一樣強大，所以要悲觀主義者離開地球表面，比綁住快樂的樂觀主義者要困難多了。

微笑是感知到正面事物的反應；以「認真」的表情為預設值。注意我說的是「感知」。樂觀主義者慣於感到驚奇，透過樂觀的正面角度來感知，而慣於不滿和懷疑的人，則會將同樣的刺激視為嘲弄的理由。

這些認知模式對你的婚姻有巨大影響。夫妻或家庭的氣氛可能會被配偶之一的憂鬱情緒所破壞。詹姆士像其他悲觀主義者一樣，選了金柏莉作為配偶，因為她的樂觀、熱情反應相較於他平時的憤怒，形成鮮明對比。金柏莉認為她的數學家丈夫非常有成就，參加一個又一個會議，寫刊物文章，在在超乎她的理解能力。他們是一對奇特的夫妻，但相互尊重，性方面契合。金柏莉喜歡煮飯做菜，週日總是忙碌地準備早午餐和聖經班，還為朋友舉行生日派對，不久還有朋友孩子的生日派對。這對夫妻有兩個兒子，有爸爸的腦力和媽媽的漂亮外表。

不過小兒子卻遺傳了詹姆士，個性安靜愛思考，大兒子則是和金柏莉一樣有趣愛冒險。確實如此，研究證實，孩子天生具有情感傾向。心理學家傑洛姆·凱根（Jerome Kagan）於1970年代研究雙胞胎和手足，發現不同的「氣質」似乎為天生。[1] 後續研究顯示，這些氣質通常保持在整個發展過程中。

近來研究指出，氣質的遺傳基礎會與經驗互動，一同塑造個性。[2] 這是屬於「自然與後天」的老問題，適用於配偶想知道是否會和永遠不會變的人困在一起。

這個問題的實際答案是，自然是先天設定，後天則加以塑造，但意志和決心能克服一切。就像石頭剪刀布遊戲，所有因素在某些情況下都可能占優勢。許多人只是在行動中觀察到個性，卻沒有意識到意圖和堅

持是可控制的，能夠壓制其他兩個影響。

詹姆士和金柏莉多年來根據孩子的外表而發展喜好傾向。儘管金柏莉試圖鼓勵小兒子要看事物的光明面，他的外表看來仍與父親一樣憂鬱。詹姆士的態度最後終於難以相處，金柏莉只好放棄，轉而發展自己的生活。這種分歧加上她對丈夫暴躁脾氣的厭惡，她最後來到我的辦公室。但詹姆士不願參與，我們只好尋求可能改善雙方關係的策略，以及對丈夫行為的看法。經過幾個月的對話，詹姆士終於同意討論改變。

如果你的關係裡面也有一位詹姆士或達琳，即使在父母憂鬱模樣下成長，有相似的遺傳氣質，仍有策略和工具可以修正一個人的外表。塞利格曼博士的樂觀教學是基於艾伯特‧艾利斯（Albert Ellis）描述人們面對問題反應的「ABC」三步驟。A是導入困難，包括挑戰或問題。B人們回應困難的信念，也就是內在看待事件的構造。C是結果，一個人將信念應用於困難的言行舉止。[3]

例如，達琳聽見外面天氣很好，她的信念認為美麗是短暫的幻覺，生命必然會恢復不愉快的準則。因此她的回答是，「明天應該會下雨。」當像我這樣的快樂的人反駁「不，天氣預報明天出太陽！」達琳的回應是「不過今天報紙說下雨。」我打開收音機，她聽見預報修正為晴天，只好回答：「好吧，世事多變，無法預測。」

就像這樣，在陰暗的溝渠中。但塞利格曼博士知道這是樂觀主義進入之處，他在艾利斯的ABC後面加入DE，D是爭辯，像達琳有意改變信念的內在對話。例如用「明天應該會下雨」來反駁晴天預報，在她心裡可能會為原來信念這樣辯護：「或許預報正確，既然天氣變化快速，花草樹木都愛雨，所以或許晚上下雨，白天出太陽。」

爭辯阻止了過去的消極信念模式，取而代之的是以正面的證據為基礎，每次她以承認事情會好轉來反擊悲觀主義，就是在練習和強化一種欣賞、正面的態度，也就是在「學習」樂觀。

塞利格曼博士依照字母順序的解決方式，E是激勵，爭辯運用成功

的結果。你使自己發生的轉變,可透過轉換感覺的正面內容來增強。負面爭辯需要尋求鼓舞人心和廣闊真相的證據。

我很少聽到有人討論婚姻中問題根源在氣質和個性,但如果你深入了解夫妻十大爭執主題清單,會發現夫妻處理問題都有一些明顯模式。

我在多年來的演講中,發現回到幾十年前自己的一位教授,加州大學洛杉磯分校神經心理學研究所琳達・貝克曼博士(Dr. Linda Beckman)的研究。她對60至75歲以下無子女的女性進行問題訪談,了解她們看待自己生活的差異。當時那個年齡階段沒有孩子的女性占少數例外,有些可能有不孕症。貝克曼博士想要測試的是人們對年老無子女的女性「孤獨、不快樂、適應不良、不討喜、不滿意晚年生活、感覺遲鈍、沒人愛、不好相處」的刻板印象。[4]

她的發現一直困擾著我。有些女性確實是悲觀不滿,但有些則積極樂觀。不過經調查整理,發現作為母親和不是母親的女性實際上並沒有什麼差異。差異只在態度。不是母親的女性很悲觀:「我失去這麼多,現在沒有人愛我,照顧我。我沒有孫子,好像是在場外看大家都有家人的關注。」悲觀的母親:「孩子讓我好擔心!孩子知道我想知道一切無恙,但他們都不打電話給我也不來看我!他們太忙了,沒時間來看媽媽!」

在光譜的另一頭,不是母親的樂觀女性說:「我沒有孩子,但有時間去追求自己的事業,去旅行。我和甥侄的關係很好。」身為母親的樂觀女性說:「孩子是我生命中的光明,這並不容易,但每一階段孩子都為我增添了許多快樂。」

觀察你對事物的直接反應(或問配偶得知),可知道你的玻璃杯是半空還是半滿。如果是半空,試著用塞利格曼博士的ABCDE來修改你的挫折信念。必須用開朗堅定的爭辯以對抗悲觀的信念。

當詹姆士和金柏莉明白詹姆士的習慣損害了他們的婚姻,便一起創造「幸福計劃」,共同努力提升關係中的快樂商數。詹姆士了解到有很

多「工作」需要他提振正面態度來調整氣氛。每當他以負面責備語氣回覆金柏莉或者孩子，金柏莉便以咧嘴微笑示意。兒子們很快就加入了這個「計劃」，隨著家庭氣氛轉好，彼此的連結也增強。

你與配偶有能力改變婚姻，在你反駁以前，可試著找出你面對挑戰所生反應背後的信念。談談這些信念，最好是夫妻一起，有必要也可以請一位熟識的親友或訓練有素的治療師一起協助。但請注意，你的問題可能是由更大的觀點或趨勢所導致或引發。就像前面有大便的房間一樣。

「綁上橡皮筋」，預感與配合變化

歌手碧昂絲建議：「如果你喜歡，應該戴上戒指。」從前你墜入愛河，關係強烈，所以你們決定要在上帝面前，向自己和親友等人宣示見證（根據法律要求，對團體強調你們婚姻的重要性）。你承諾守護關愛對方，一同度過人生漫長的道路，直到死亡。

結婚以後怎麼樣？是不是覺得有些東西變了呢？

變化是必然的。在「結婚狂熱」陣痛中，人們放下邏輯和疑慮，只是全心全意地想，新娘穿著禮服，披著長長的婚紗，走向真愛，新郎新娘發誓無論好壞、病痛或健康，證婚人宣布兩人的愛意義重大。

碧昂絲說「戴上戒指」，我認為「綁上橡皮筋」主意更好，因為婚姻的愛需要有彈性。你的關係必須隨時間適應增加的壓力，例如每個孩子都是特質和需求的組合。配偶有病痛，你必須要付出，這是必定會發生的事。你的戒指必須通過所有試驗：新工作、搬家、轉學、友誼的擴大，也要有彈性能夠恢復，適應你們夫妻的緊密關係。

「老套」的婚姻

說到變化，讓我們從結婚戒指的彈性，談到乳酪。

史賓賽・強森在1998出版《誰搬走了我的乳酪？》（Spencer

Johson, *Who Moved My Cheese*）這本超級暢銷書，簡單巧妙地總結我們觀察和處理變化的創造與破壞方式。故事中有兩隻老鼠名叫嗅嗅和匆匆，還有兩個小矮人，哼哼和唧唧，他們在一個迷宮裡面尋找乳酪，乳酪代表他們最想要的東西（以你的情況是代表美滿婚姻）。他們來到乳酪 C 站，那裡有很多很多的乳酪。

每天，老鼠和小矮人都會吃一點乳酪。老鼠對乳酪的供應管得很緊，但哼哼和唧唧變得妄自尊大，覺得乳酪會自己補充，他們有資格獲得乳酪。他們沒有注意乳酪愈來愈少，也懶得理會。

然後有一天，乳酪消失了。

老鼠準備好了。他們不分析，不遲疑，立刻穿上運動服和球鞋，跑去尋找迷宮裡的其他乳酪。經過一再搜尋，他們發現了乳酪 N 站。

然而，哼哼和唧唧以拒絕的方式回應，然後接著分析，造成他們不能行動。他們決心不改變主義，甚至嘗試挖掘從前被乳酪擋住的牆壁，希望找到更多乳酪。

最後，唧唧不情願的承認，他不得不提起勇氣進入迷宮尋找乳酪。他征服了惰性，覺得很振奮，他把自己的領悟寫在迷宮牆上。後來他回去懇請哼哼克服恐懼，和他一起去搜尋，唧唧希望「他在牆上寫的」能幫助哼哼找到乳酪。唧唧學會了預測變化並保持警惕，隨著情況轉變，迅速回應，並享受回報。

這與你的婚姻問題有什麼關係？完全有關。你的「乳酪」就像令人滿足的婚姻，你一直保留婚禮當天所感受到的愛與可能性。大多數人吟誦誓言的時候都希望兩人之間的愛和奉獻會擴大、加深，但愛也會受到忽視或刻薄的侵蝕。結婚的夫妻彼此感情和關係也會改變，必須關注這些變化，就像關注乳酪一樣。

為了更新你的記憶，你所渴望的乳酪，請回憶婚禮那天你與配偶所交換的誓言。我希望乳酪聞起來還是一樣香濃強勁。接著來分析你婚姻中的乳酪為何會不見。你們後來有了孩子，你們把注意力放在孩子身

上，覺得關係會自然適應這種改變嗎？你們的興趣變得不同了嗎？其中一個配偶外遇？在這些情況下，雙方都有所缺失。乳酪在減少，你們就像哼哼和唧唧，不切實際地相信它會奇蹟出現，自我補充。

或許你們能夠確知婚姻何時開始瓦解。或是回頭看，看見你或配偶發展出一種高特曼博士所稱的「四位馬術師」：批評、輕蔑、防衛、阻礙（退縮）。[5] 蔑視是尊重的相反，而「戲弄」是偽裝成幽默的輕蔑。

如果你早就結婚，可能在不知不覺間複製了父母的婚姻，無論是全部或部分，對於你和所選擇的配偶，都可能功能失調或至少不太適合。這就是安妮和狄恩的情形。安妮相信妻子的角色就是照顧孩子和寵物，還有丈夫，她複製了自己媽媽的消極態度，任由狄恩拿走所有乳酪。

狄恩的父母是羅賽琳和泰德，1960年代結了婚，6年生了3個兒子，狄恩是老大。泰德是海軍，羅賽琳幫忙家族的家具零售生意，不過兒子需要有人照顧，所以她辭去工作成為全職媽媽。狄恩6歲時，父親退役，白天在汽車經銷商上班，晚上念法學院，拿到學位。羅賽琳誇耀狄恩很好學，會自己回房間關門唸書好幾個小時。等到最小的兒子長大成人離家，羅賽琳也回家族企業，但她並不滿意，決定上一些藝術課程。

安妮與23歲的狄恩結婚的時候，狄恩也在念書取得學位，這些是後來她成為我的客戶告訴我的。狄恩孤獨的長大是對媽媽酗酒的反應，他隔離自己，轉而滿足自己的知性需求，因為羅賽琳的情感無能，泰德也很少回家。所以狄恩學會退縮，回到自己的世界。安妮接受了狄恩的缺乏溝通和距離，為他合理化，說他因為母親酒癮很痛苦，所以發展了自我防衛形式。

安妮回憶說，有一次他們三個孩子其中的一個眼看要發生不幸。她難過地想起當時的血淚，狄恩卻傻笑，「別擔心，讓他們哭吧，這會使他們變得堅強起來。」她現在依然忿忿不平，有一回4歲的兒子走在沙灘上，不小心絆倒，臉朝下地栽進旁邊的沙堡，嘴裡、眼睛、鼻子裡都

是沙子。兒子放聲大哭，無法呼吸，狄恩卻站在旁邊笑，安妮急著清理兒子，他卻在拍攝影片。「孩子眼睛裡有沙子很痛，竟然有父親覺得沒關係？」她想要知道，一想起這件事情緒就上來。

雖然狄恩有點殘忍也不容易溝通，安妮認為畢竟婚姻美滿，家庭親密。性生活也很好，而且孩子很聰明，在學校表現出色。狄恩有時要出差，偶爾會到拉斯維加斯和芝加哥擔任幾件案子的諮詢顧問。當他的兄弟開心臟手術，狄恩在鳳凰城停留了兩個星期。

在這對夫妻即將邁入第15個結婚紀念日之際，安妮問狄恩要如何慶祝。她想要不要來個特別假期，也許到哥斯達黎加看看海龜。狄恩說自己太忙，他一直在準備一個案子，到時要去拉斯維加斯開會。安妮雖然失望卻只能接受。她在Etsy網路商店的嬰兒房鈕扣手工藝品收入不夠，無法維持家庭開銷。

就在拉斯維加斯出差前夕，安妮在廚房裡聽見狄恩開車進入車道。等了10分鐘他還沒進來，所以她出去迎接。他在車裡講手機，車窗沒打開，安妮敲了敲玻璃，他抬頭露出驚恐詭異的表情，迅速結束通話，生氣地走出車門。「別再這樣對我！」他責備地說。「我正在進行一個非常重要的談話！你為什麼打擾我？你總是想調查我在做什麼！」

安妮覺得自己像被父母罵的5歲小孩，覺得很不公平。「我只是看到你開進車道上，想要迎接你。」她開始防守。

「你看見我在打電話，還是要打擾我！你不可以再這樣對我！」他衝進屋子裡，留下安妮一個人站在那裡，難以置信，她流下眼淚。

在描述這件事的時候，安妮哭了起來，5分鐘以後抽了4張面紙才能繼續。「那是他第一次給我臉色看，」她說，眼淚又流出來。「他不曾這樣攻擊我。從前他也對我大小聲很多次，我總是認為那是工作壓力。但他的樣子就好像被我逮到，我心裡產生了疑惑，我從來沒有懷疑過他。」

後來狄恩收起手機，不再放在床頭櫃，更增添了她的懷疑。她決定

做一些從沒想過會做的事。狄恩到拉斯維加斯以後，她打電話去丈夫拉斯維加斯的公司，問祕書他在不在。祕書說不在。安妮問他什麼時候會在，答覆是行事曆上沒有他。

「我不知道他在哪裡，只知道他在騙我。」安妮解釋。「我突然明白了，儘管一開始我否認那種可能，覺得一定是我自己哪裡搞錯了，我以為我們的婚姻很好。」

安妮的「乳酪」是與丈夫的親密溝通，但她從來沒有嚐過。她沒有告訴狄恩她渴望與他連結，她對狄恩的距離解釋理由是因為羅賽琳酗酒。她忍受「飢餓」，因為害怕改變，害怕討論狄恩對媽媽酗酒的回憶，以免激怒他。狄恩繼續遠離她，隔絕自己的想法，敲開一個裂口，裡面裝著另一種生活。

有時你必須在自己的思想模式迷宮中尋找乳酪。唧唧留給哼哼的「牆上字跡」可以幫助你發現婚姻艱險處，你在哪裡拒絕注意乳酪已經消耗殆盡，你沒有像老鼠一樣穿上球鞋。

這就是康乃爾傳承計劃中長輩所說的「婚姻很難」，「需要紀律訓練」的意思[6]。你所需要紀律來監督婚姻，預測變化。如果你看見變化即將發生，表示已準備要適應。你需要鼓起勇氣去接受，不要遲疑，不要往後看，穿上球鞋跑去找新的乳酪。

這是《誰搬了我的乳酪》基本所想要傳達的，適用於生活各層面。變化是必然的，部分原因是（你可以否認）變化必然會發生在你身上。

隨著年齡的增長，即使你從不看報，擴大你的知識領域，也不出門，你都在改變。你們的關係會受到每一次互動和每一個甜言蜜語的影響和改善，每一次的批評而不是讚美，都等於是切下一塊乳酪來吃，但往前走必須要有乳酪的滋養。高特曼博士說過，五個正面評語或身體表情，才能平衡一個負面的。

你可能會覺得這個建議滿老套，不過卻可以防止你覺得關係變得黯淡……。

我一直告訴我的客戶，我喜歡我的職業，因為每個人就像一塊拼圖，每次我都會拿到幾塊，最後終於可以拼出一小塊，組成大拼圖裡的一部分。但這樣比喻並不正確，因為個人和婚姻的拼圖都是一幅不斷變化的圖畫。我們每天都會增加一塊經驗和訊息到圖畫裡。有時拼圖很契合，設計得很容易辨認；有時拼圖的邊邊角角不能吻合，有些甚至只能丟掉。如果持續觀察拼圖的形狀，帶著足夠的藝術能力，我們可以用這些拼圖小塊，拼出一幅最美麗最優雅的圖畫。

婚姻差強人意也能幸福快樂

我一直強調，人和關係都會不斷變化。這就是為何從此幸福快樂的結婚以後會變得無聊，彼此離心離德，蜜月期性興奮過了以後變成單調乏味的例行公事。也許最初你是因為配偶的關懷天性受到吸引，但後來有點遲疑，然後厭煩，最後窒息。我經常聽到配偶抱怨最吸引對方的特點，日後卻變得令人難以忍受。

但如果你不把婚姻看得那麼穩定，一成不變，而是不斷在調整變動，你更容易理解，即使多年來你一直忍受婚姻的某種困難，同時卻也接收到其他類型的滿足。甚至關係有某方面陰暗，其他方面卻發光發熱。已然褪色的連結又重新得到，同時還開啟了新方向。保持關係的重點在於不斷探索的態度，欣賞持續擴大的可能性。而態度是一種選擇。

在婚姻和家庭生活中會發生各種挑戰，分散我們的注意力。小孩可能有特殊天賦或需求，需要一人或夫妻一起付出額外心力。父母老了，需要照顧。配偶可能有專業機會，令人高興但非常疲累。你的家庭也可能面臨財務困境。這些事件都需要對這份家庭事業貢獻更多努力；我們投注愈多愈大，也愛得愈多愈深。

當你與配偶進行這些冒險，與困難搏鬥的時候，如果你們其中有人犯了錯，有部分壞掉，或情緒爆發，另一個可以寬容回應或選擇安撫對方；時時刻刻都有這樣的機會。每當夫妻一起克服一個困難，便能互

相慰藉，連結也變得更堅強。家庭的每個成員都經驗、期望、價值觀、意圖、情感的組合，這些都是我們可以塑造、控制的，也可以回應和操縱，可以接受外部影響，轉到某個方向，或扭曲到一個方向。沒有人是完美的，而有些人卻更願意嘗試進步。

有時你需要忍受不完美或惹人煩厭的事物，有時更糟，有時為了更大的利益，例如孩子的幸福，或因為你知道最後終會透過這個階段，可以恢復過去所享受的順利關係，或因為你不想要變成一個人，配偶畢竟有些特點是你欣賞的。

任何你能說出來的原因，幾乎都是繼續在一起很好的理由。（不過如果你想留下來繼續施暴，還是離婚的好）但假設你想繼續，有些事你可以做。

在2002年配偶自述婚姻不幸的研究中，琳達・偉特和研究小組想要測試一種普遍的想法，認為離婚會令婚姻不幸者變快樂。他們的發現很驚人。一些回答「婚姻不幸」的人，經過研究追蹤，發現他們5年後卻自述結婚變得很幸福。發生了什麼改變？研究人員發現，在這些婚姻轉變的背後有三個「倫理道德」因素：

1. 「婚姻忍耐道德」：只是維持婚姻，但5年後問題自動解決。
2. 「婚姻經營道德」：配偶共同解決婚姻問題，「特別是妻子經常藉助外部協助來改變丈夫的不良行為。」在這些婚姻中，丈夫傾向於「看待婚姻與身為父親為成功男人的重要標誌。」
3. 「個人幸福道德」：與婚姻改變不同，「夫妻在婚姻中改變了生活方式，儘管存在婚姻問題，但卻更快樂。」[7]

偉特博士與同事在重點小組訪談中發現，婚姻後來變得快樂的不幸夫妻，常常面臨嚴重的問題，包括酗酒、不忠、言語暴力、情感忽視、憂鬱症、疾病和工作問題。「為何婚姻依然存活？」持續婚姻的配

偶，婚姻不幸經常來自外部壓力，而不是內部關係動態，甚至外部壓力造成了相當大的婚姻摩擦，出現離婚和婚姻不幸的想法」，換句話說，他們能夠將問題與婚姻分別看待。「許多配偶說他們的婚姻變得更幸福快樂，不是因為問題解決了，而是因為兩個人的堅持。」研究人員的報告，強調承諾的力量。很少有為了改善婚姻做諮詢的紀錄。

心理學家約書亞·科爾曼（Joshua Coleman）在2003年《重塑婚姻》[8]一書開發了一些改造婚姻的概念，建議遇到問題的夫妻要互相理解、試圖解決，如果失敗，表示彼此或婚姻問題可能是無法改變的，繼續生活下去。作者提供了一種方法，可能永遠不會達到你原來的期望值，但可以變得懂得欣賞優點。如果你的婚姻不能滿足所有需求，這些需求可以用其他方法來解決。這種方法讓你可以尊重個人價值觀，並為孩子保存共有的家，你不必屈服於一個令人沮喪、從未滿意的未來。一個婚姻不一定完全都是夫妻雙方的事。婚姻雖然差強人意，你卻可以過得幸福快樂。

婚姻在很大程度上是由配偶雙方所塑造的。如果你選「以孩子為重心」的那段時間來看，孩子都還在家，其他需求都壓低，這段特定時間可以說側重於「友誼」。在這段時間夫妻可以安排一個浪漫週末喘喘氣。如果你發現你付出部分沒有得到回報，可以隨時重新談判。這就是為何前面要討論搬乳酪。婚姻不是一成不變的，科爾曼博士提供了一種善加利用的方法。

科爾曼博士堅稱，父母「為了孩子」而守在一起，就算後來都沒有找回最初的激情，也可以享受穩定愉快的家庭生活。一個完整的家庭賦予的快樂和滿足，是離婚所不能獲得的。讀到這裡，我相信你知道保持一個低衝突的家庭，即使父母覺得無趣，仍為孩子的幸福以及他們的婚姻幸福提供了最大的機會。這是你所能給孩子最好的禮物，即使意味著你必須要有所犧牲。

對此有兩點回應：其實你可能並沒有犧牲什麼，因為你並不知道你

要找的東西其實並不在婚姻裡。但你可以拒絕相信自己是在犧牲，與孩子在同一間房子裡，看著他們天天的發展，聽見他們偶然的笑語，每晚睡前依偎，比很多人所體驗的快樂還要更多。你要離開這個婚姻（附帶產生的任何損害都會加在孩子身上），我們已經知道，後來的婚姻不太可能讓你更幸福快樂。離婚的人，特別是有孩子的人，永遠沒辦法清清白白重新開始，永遠有一套標準要新配偶來配合。

科爾曼博士發現最不滿意的夫妻，期望卻不現實。「受過高等教育的人，每天都拿著同樣的劇本來到我的辦公室，裡面寫的是電影院裡演的浪漫愛情故事。他們對自己、配偶和婚姻的期望，在一個長期關係裡根本就不太合理。」[9]

所以，他的第一個任務是釐清他們創造這些想像期望的過去歷史，其次是「真正弄清楚和你結婚的人，你所帶給雙方的期望、問題和衝突。」[10]背後通常都有一些運作的欲望和神話，例如「配偶必須要能預知我的需求」，「只要我需要，配偶隨時都應該提供我想要的感情」，「愛是一種不能被強迫或製造的感情，不是存在就是不存在。」[11]

「一般來說，期待在婚姻中找到幸福是壞主意。」科爾曼警告。[12]那是因為你對自己生命的基本態度會影響你如何看待婚姻。

一旦客戶釐清期望，就可以看清障礙並試圖解決這些問題。在科爾曼博士的許多案例中，也是大多數我在職業生涯中所見過的案例，一個人（通常是妻子）為了婚姻努力奉獻，另一個人就把問題怪罪出去。科爾曼博士的觀點最適用於這種案例。正如他所說，很多書會告訴你怎樣有一個很棒的婚姻，但他更在意怎樣有一個很棒的生活。

這正我強調家庭而非只是婚姻重要性的原因。傳承計劃長輩和所有重病倖存者，都可以告訴你，家庭包括配偶在內，是你最寶貴的財富和永恆的成就。即使配偶不完美，關係不完整，要怎麼相守？或如科爾曼博士所說，你要怎麼在「不完美的和諧」中生活？

第一步是盡一切可能使你的婚姻有活力。回想從前比較快樂的日

子，你們習慣做什麼？你們關係中過去曾包含什麼，如今已經悄然消失？如果你不記得融洽的時期，我建議你嘗試本書結語的練習，進行一場行為實驗，你會知道是否可以重新或第一次從婚姻中獲得樂趣。

第二步是認清個人的限制。如果配偶行為或特質很固執，不可能達成你的願望，請接受，你可以哀悼失去了理想。雖然這代表跳過一個不喜歡的特質，但堅持對方符合你的期望是徒勞的，你可以學到這件事。

寬恕可以帶來一定的和平。密蘇里州大研究人員發現「寬恕有助於保護老年婦女不罹患憂鬱症，即使他們感到別人並不寬恕她們。」梅約診所的阿米特・蘇德（Amit Sood）博士說：「寬恕是承認你已經決定放棄憤怒和怨恨，未來與冒犯者的任何關係將按照你自己的方式。」[13]

特洛伊是一個陶瓷品牌的行銷人員，他對夫妻角色的想法非常傳統，希望妻子露易絲不僅要照顧所有孩子的需求，也要照顧他的需求。他每天在經銷範圍都要開車數百公里，期望回家時妻子已經準備好晚餐。他們有兩個兒子，分別是製造混亂的3歲和5歲，有時他一進門就會看見客廳到處都是玩具。每天被交通搞得脾氣大，厭倦對顧客畢恭畢敬，他回家就「放手」，對孩子甚至露易絲大吼大叫。特洛伊脾氣發作會用盡最高音量咒罵，露易絲會把孩子帶進臥室，然後接受丈夫的發洩。

憤怒管理療法可能會有幫助，但特洛伊不願意聽。在露易絲接受治療兩個月後，特洛伊終於同意出現，但當然只是為了幫助妻子。特洛伊個子不高，只有五英尺，但出場令人印象深刻。他很不情願地走進我的辦公室，坐在中間沙發上，雙腿打得很開，手臂交叉在胸前，一副折疊準備戰鬥的模樣。

當然，我按照他的說法，請他從他的角度來看問題。「露易絲很混亂，她管不好兒子。她知道我回家的時候要吃飯，也不早了，晚上6點半，但兒子還在大聲哭！地毯上到處是積木，她整天做好什麼事？她又不需要賺錢工作；她唯一的工作就是照顧兒子和房子！」

正如所有的媽媽都知道，帶兩個這種年紀的兒子，責任超過一個全職工作，但特洛伊不能讓她有任何懈怠。「這是我的家；一切我出錢。她不用擔心！我沒有要求那麼多，只要一個整潔的家，還有我的晚餐放在桌子上！那是要求太多嗎？」

他有紐約人的咆哮和口音。我可以想像他長大在中下階層社區裡，由於身材矮小，他必須要強硬。「你認為你可以幫露易絲一點嗎？她有這麼多的衣服要洗，孩子們總是製造混亂，你回家之前她才清理乾淨又弄亂了。」

我已經知道特洛伊不理會露易絲，但我希望他因為付錢給專業人士所以願意一聽。但他瞪著我好像我是瘋子。「我不換尿布，」他皺起眉頭。換個方式，我圓滑地提起脾氣。特洛伊聳聳肩，「我要什麼就是什麼！」他回答，我想：「他是大力水手！」

在那次會議上，我確實了解到了很多關於特洛伊的事情。最重要的，就他自己而言，他不會改變。

《重塑婚姻》在露易絲和特洛伊前來諮詢的時候尚未出版，但現在回頭看，我發現六個策略可與科爾曼博士的方法一起協助露易絲改善情況。首先，她接納特洛伊的脾氣，試著了解他發脾氣的原因。那不是對她個人的攻擊，而是一個「矮個子」在安全沒有反擊的環境覺得自己很強大。

當然，理解特洛伊發脾氣的原因，並不是幫他找藉口，丈夫無論如何都不應該以虐待方式大聲叫嚷妻子。露易絲第二個策略讓自己確信特洛伊的行為是不可接受的，而且要選擇正確的時間向他表達（在他生氣當下反應，反而會有後座力）。

第三，露易絲也要在家裡建立自己的權威。在特洛伊要求不合理時，她學會如何冷靜地表達自己的觀點。這麼做很困難，因為特洛伊的嗓門會使她退縮。雖不會動手，但他必須了解他的噪音程度會引起恐慌，屬於言語虐待。露易絲學會脫離現場的情緒，想像自己是站在門口

的客觀觀察者。她從這個有利的位置可以清楚看見，特洛伊是在霸凌。她感覺獲得力量。

第四，露易絲要為兒子們建立保護機制。露易絲為了避免火上添油，看見他發脾氣，通常只是趕快把兒子們從父親身邊帶開。學習如何在丈夫不生氣的時候討論兒子們的福祉，幫助她同時確定了夫妻的福祉，也是值得特洛伊做的目標。經過諮詢的實踐和鼓勵，露易絲甚至學會在丈夫怒氣沖沖的情況下，如何為孩子說話。

第五，露易絲制訂了一個自我照顧的方案。由於特洛伊再三指責她的無能，她內心受創，便開始完成學士學位，每學期在社大上一堂課，那裡有日托可以幫忙帶兩個兒子。還加入婦女中心，組織已婚婦女團體，協助家有憤怒丈夫的問題。

最後，露易絲透過認知療法，聚焦內心，檢查多年來默默承受特洛伊的憤怒，壓制她的自信的信念和臆測。像是房子一團亂，所以她認為她應該受到責備。晚餐略晚或變冷、沒做好，就要認錯。她明白自己陷入了一個惡性循環，她接受特洛伊的侮辱，用來餵養自己的缺失。她學會以心中適當的真相，平靜回應特洛伊的怒氣。她轉變的反應，也改變了家庭的特性。

露易絲無法使特洛伊改變，只是採取單方面的行動和反應，以減少家中的摩擦。她尋求外界活動和友誼，豐富生活。躲開特洛伊的憤怒，不再為此擔負個人責任。特洛伊的憤怒問題是很嚴重，但不完全代表他。她不再困擾，可以打開心胸面對丈夫其他的好個性，更不受拘束地付出。最後，特洛伊只是繼續說：「我愛怎樣就怎樣。」

生命最好的成就

我們已經看過很多關於離婚的錯誤。離婚並沒有解決困擾你的許多問題，反而製造更多頭痛的問題。不但不會帶來幸福快樂，事實上許多配偶調查報告顯示，經過5年堅持後婚姻會變得幸福快樂。[1]離婚會造成孩子一輩子的傷痕，即便能夠克服，20%的孩子也會受到父母離婚的影響，而產生功能失調。[2]混合家庭會面臨一系列特殊的問題，離婚後想要約會找到新的伴侶，不但尷尬，也是情感上的冒險。

是的，離婚有許多不便，然而它是另一種考慮的選擇。

現在來平衡一下，說說婚姻的好事。我們知道婚姻不是靜態的，並非每個階段都完美，就像夫妻雙方都不可能完美。但在一生中，婚姻提供了理想的情境，獨特的背景，有些是一生的高峰經驗，有機會與另一個人做最深刻、最有意義的連結。

為婚姻帶來幸福快樂

婚姻是許多人的主要幸福泉源，即使對你並非如此，但對堅持婚姻的人來說的確變得更加幸福快樂。在《婚姻的幸福科學》（*For Better*）一書中，作者泰拉·帕克柏（Tara Parker-Pope）從性、孩子、事業到婚姻等各方面相關需求，總結婚姻的影響。在重新審視數百項研究後她下結論：「努力奮鬥是非常值得的。我們因愛而形成長期伙伴關係，並且從睡眠比較好到更多的性行為，評估結果都很明顯，好的婚姻對你有好

處。」[3]

亞瑟‧布魯克斯（Arthur Brooks）是美國企業研究所總裁兼經濟學家，他使研究幸福成為一門科學。他在《國民幸福生產總值》（*Gross National Happiness*）一書中寫道：「對於大多數男女，婚姻生活比其他替代事物更幸福快樂。證據是，人類先天適合長期一夫一妻制，在這樣的關係中最幸福快樂，不過壓力大的時候難免會像小孩一樣吵架。」[4]

接著布魯克斯先生問：

但我們能否說婚姻帶來幸福快樂？研究顯示確實如此。一項追蹤2萬4千人超過10年的研究，根據報告紀錄，結婚後幸福快樂顯著增加。不過其中有些人的幸福經過數年後降低恢復原來婚前狀態，但其他人則延續很長時間。這就是婚姻帶來幸福快樂的證據，有些案例的幸福快樂是長久的。[5]

由加拿大溫哥華經濟學院約翰‧哈利維爾（John F. Helliwell）於2015年所率領的研究，分析關於幸福的國際數據，發現「婚姻的幸福延續時間超過了蜜月期。雖然有些社會科學家爭論，幸福程度是個人感覺，所以人們回歸自然的幸福狀態……研究人員發現婚姻的益處依然持續。」

重要的是，「認為自己配偶或伴侶是最好的朋友，這些人的生活滿意度為其他婚姻的兩倍，」哈利維爾補充。「真正重要的或許是友誼。在每天生活壓力中，永遠不要忘記。」但即使配偶友誼緊密，到了中年，婚姻也會遇見典型的幸福低潮期。「在高壓環境下，已婚者由於有分享對象，可以比一般人更好地處理中年壓力。」[6]

2002年，由13名知名婚姻學者率領的一個綜合性科學研究，主題是「婚姻在家庭和社會系統中的重要性」，宣布「基本結論：婚姻為一重要的社會之善，對相關兒童與成人附帶連帶一系列令人印象深刻的正

面成果。」調查結果列舉如下：

- ·婚姻增加了父親與孩子有好關係的可能性。
- ·婚姻實質為一普世的人性制度。
- ·已婚夫妻平均所創造的財富大致多於單身者或同居夫妻。
- ·在相同教育背景與職場經歷下，已婚男性比單身男性收入更多。
- ·與已婚父母同住的子女，較其他家庭形式的子女，平均享有更佳的健康狀況。
- ·婚姻對成人和青少年都有酒精使用及藥物濫用減少的關係。
- ·已婚者，特別是已婚男性的壽命較其他單身男性更長。
- ·婚姻與男女更佳的健康有關，並可降低傷害、疾病和殘障。[7]

　　你不必在意研究人員所言，但已婚者對於自己的狀況也是滿意。「當我們在2012年詢問已婚者，是否願意與現任配偶再結一次婚，現任配偶有81%表示願意。」海倫·費雪（Helen Fisher）代表她所負責的全美5千位夫妻發表此報告。「75%還表示依然相愛，更有89%單身者相信可以與同一個人永遠相守。」[8]

　　2015年美國家戶調查，由《猶他新聞》與「選舉與民主化調查研究中心」進行的全國研究，「高達92%已婚受訪者表示婚姻與兩年前相比相同或更堅強。」

　　儘管如此，民意調查經常發現個人經驗報告與一般社會條件有所矛盾。雖然92%已婚者證實了婚姻的堅實力量，卻有83%表示「婚姻一般來說」與兩年前相比相同或更虛弱。關於婚姻對於社會層面無形的重要性，只有62%同意「建立堅強的家庭需要婚姻」，更只有60%同意「婚姻使家庭和孩子的財務狀況較佳」，而只有50%認為「更多的人結婚，會使社會更好」，不過大多數人還是想要結婚，有71%不同意「婚姻是過時、不合時宜的」。[9]

這種個人經驗與社會印象之間的差異，一般可謂新聞報導所造成（「我們有的不是新聞產業，而是惡劣的新聞產業」正如我丈夫常說的），以及政治家人物用來控制選民的恐懼。在2015年蓋洛普民調中，有85%受訪者表示「對個人目前生活狀態感到滿意」，數字大致與2000年以來的滿意度調查結果相符。但當調查「關於美國目前的情況」滿意度，只有21%表示滿意。[10]

接下來要談的是這些幸福婚姻的內容。西北大學心理學家艾里‧芬克爾（Eli J. Finkel）描述了大多數人對婚姻的想法有了戲劇性的巨大變化：「自1965年左右開始，我們都活在自我表現的婚姻時代中。美國人現在看待婚姻更多為自我發現、自尊自重和個人成長……不再是基本制度，而是作為個人實現的一種選擇性方式。」[11] 由於婚姻的「盡責任」減少，「依隨你心」增加，如何可能長保婚姻？要是有性感的取代者出現，情感就會轉變。什麼能夠維繫夫妻的連結呢？

為了培養天上的獎賞，人們如今對婚姻的期望是「自我發現、自尊自重和個人成長」，這需要投入大量的時間。芬克爾博士引用一項研究，顯示「配偶花費時間『彼此獨處、交談或分享活動』一週至少一次，婚姻的幸福滿意程度，是交流較不頻繁者的3.5倍。」[12]

這就是為何婚姻在育兒階段滿意度會下降，待孩子長大成人，才會恢復擔任父母前的程度。生活投入愈多，意義愈大，這是時間問題。所以你在配偶以及雙方獨特的互動之中投入愈多，婚姻就會愈堅強。[13] 不過這並不表示夫妻要變成彼此的複製人，性別和個人差異也有助於婚姻的成功。

或許你曾經聽過一句格言：「快樂的妻子，幸福的生活」。一項關於近4百對平均年齡38.5歲已婚夫妻的調查，證實了這些民間智慧，結論是：「女性掌握了夫妻關係的情感氣氛。」研究人員發現「若妻子對婚姻評價較高，即使已婚男性不見得有同樣的想法，但他們傾向於較為幸福快樂。」為什麼呢？因為「滿意婚姻的妻子，傾向於對丈夫付出較

多。」[14]

已故的朱蒂斯·沃勒斯坦將數十年來對家庭的研究結論整理在《美好婚姻》（Judith Wallerstein, *The Good Marriage: How and Why Love Lasts*）一書中，開宗明義即問：「婚姻中人們所定義的幸福快樂是什麼？」答案是「直截了當的。」她發現。「對每個人來說，婚姻的幸福快樂都是感受到尊重和珍惜。」對於訪談多年的夫妻，她說：「所有人都認為自己是配偶世界的中心，並相信創造婚姻和家庭是成人生活的主要承諾。婚姻和孩子是他們最驕傲的成就。」總結，「最重要的，夫妻都認為對方在某些重點方面很特別，婚姻強化了他們彼此的個性。」[15]

若說婚姻「是最驕傲的成就」，為何20多歲世代要等待很久才願意擁抱它？或許是從社群等其他指標（1960年代）轉變到目前孤立的個人，這種結構的變化可以解釋。查爾斯·莫瑞（Charles Murray）提供「幸福快樂生活的建議」，他告訴千禧世代，「要考慮及早結婚。」「如果等到30多歲，婚姻很可能會變得像公司合併。能早在20多歲結婚，比較像新創公司。」新創公司的優點，「有一個，」他堅稱：「你們兩個會從一切都還是夢想開始，擁有一起生活的記憶，你們會很高興的記得，當初兩個人從戰戰兢兢的新人，到某個時間點，知道你們將能夠克服一切。」

「更重要的是，」他補充，「你與配偶會一起前進，無論發生什麼，你們都會互相分享經驗，也會知道如果不是因為對方，你們都不會是如今的樣子。」[16]

莫瑞先生與其他許多幸福婚姻作者，都強調要慎選配偶，但我的觀點是，即使不相配，愛也是可以學習的。請記得，我們都在不斷演變。良好的婚姻有時夫妻也會不同心，然後又重新結合。結婚戒指要像橡皮筋，除了包容，還要能屈能伸。

德州大學奧斯汀分校有一項研究，要求學生對新學期的同學進行吸引力喜好評估，並在3個月後再做一次。「與同學相處時間愈久，認知

的評估也會隨之改變，」研究共同作者露西・杭特（Lucy Hunt）說。「有時你得知羅根戀愛了，你不覺得他有吸引力，結果別人竟覺得他有吸引力。或發生剛好相反的事，對方可能會變得不那麼有吸引力。」

西北大學有另一項研究也發現這種後天吸引力的近似情況。人們談論自己的關係並錄影，然後由客觀小組評估他們的外表。結果發現男女朋友在談戀愛之前就互相認識的人，外貌較不相配，認識沒多久就開始約會的人，外貌往往具有同樣的吸引力，這表示兩人的關係角色比外表更重要。

還有第三項研究，金賽研究所海倫・費雪（Helen Fisher）詢問受訪者，是否曾愛上原本認為沒有吸引力的人。答案肯定的人說：原因是「相談甚歡」、「共同興趣」、「欣賞對方的幽默感」。[17]

這些研究顯示，人們投入時間，分享經驗，相互理解和欣賞，就可以學會去愛。儘管我們對調查問卷的兼容性進行複雜的評估，亞倫・狄波頓（Alain de Botton）在一個專欄「你會何會嫁錯郎／娶錯人」寫道，「婚姻最終成為一個充滿希望、慷慨、無窮盡的賭博，兩個人不知道自己和對方是誰，就互相綁在一起，進入一個他們無法想像的未來，並小心避免調查。」當我們結婚，表面上是追求幸福，實際上卻是在追求熟悉感，結束孤單寂寞。「最後，我們結婚是為了創造永遠美好的感覺。」他說。這是浪漫主義的理想。「即使發現與錯誤的對象結婚也沒關係。」與其拋棄配偶或婚姻，「我們要做的是將浪漫主義的觀點換成悲劇性的（以及喜劇觀點），了解每個人都會使我們挫敗、憤怒、懊惱、發狂和失望。我們也會（不含任何惡意）對配偶做同樣的事。」

「最適合我們的人，並不是分享我們所有品味的人（那樣的人不存在），而是可以對於不同品味有睿智溝通討論的人，對方能有不同的意見。」他總結說：「而不是一些想像的完美互補概念。必須具有包容差異的能力，這才是真正標誌著『並不太差』的人。相配是愛的成就，而非先決條件。」[18]

事實上，只要有恰當互動，可以和任何人墜入愛河。這是心理學家伊蘭妮（Elaine）與亞瑟・阿隆（Arthur Aron）所設計的練習前提，在另一項研究中發展人們之間的親密關係。[19] 這個方法在《紐約時報》專欄「現代愛情」的一篇文章揭露後，受到廣泛的關注，題目是「愛上任何人，這樣做」。過程是讓兩個人輪流回答36個問題，問題變得愈來愈私人，最後連續盯著對方看4分鐘才結束。問題一開始是無害的「你可以選世界上任何人，你想要邀請誰當晚餐佳賓？」然後漸漸增強（「你家裡所有的人，哪個死了會讓你最困擾？」）這個專欄作家真的用這些問題開始談戀愛，她發表評論：「我已經開始認為愛情比我們想像的更有適應性。阿隆的研究告訴我，這不但可能，也很簡單，就能產生信任和親密感，這些是讓愛情茁壯的事物。」[20] 如果這個方法對陌生人有用，想一想，對於已經互相承諾生命的你們，想必更能使關係回溫。這個技巧強調的是，弱點和透明度會創造親密關係。你對配偶愈揭露開放，分享的靈魂就愈多。

五個獨特的婚姻獎勵

最後，我想提供一份關於獨特婚姻的獎勵名單。也許你可以在長期關係或同居中找到一兩個。你可能可以從良好友誼中擠出一些。但它是永久的連結，是婚姻身心靈的終身擔保，與這五個益處連結成一組，自成一格。

（1）婚姻是一個安全的成長環境。

每位心理學家（包括我）都告訴你，痛苦使人成長，在婚姻中，你一定會遭遇一定程度的情感痛苦。最和諧的夫妻可能很少爭執或體驗到深刻的差異，但隨著時間過去，災禍不幸降臨在人人身上。當我的丈夫被診斷為咽喉癌，我感到虛弱無力，無法面對可怕的醫學現實面。我必須面對他的治療，平時的我卻會嘔吐昏倒。從前我會尋求協助的那塊不可動搖的基石，如今因為醫療所造成的疼痛，改變了他的心智。在他住

院幾週時候，我感到徬徨無助。我每天都最早到醫院，等待醫護人員走了，我最後才離開，看著陽光掠過窗外，黑暗降臨，附近兩個無線電廣播塔上的閃爍紅光，照亮了丈夫的病房。

在上帝協助下，他勇敢堅定地慢慢康復了。他廣播節目的聽眾，經常問他從磨難中學到了什麼。為什麼上帝會選擇將咽喉癌送給需要聲音呼喊和熱情的人？他所得到的訊息是什麼？他總是如此回應，就像他之前對我們的讚賞一樣，他所背負的教訓是不斷感謝婚姻和孩子。在這樣的危機時刻，增強了生命的讚嘆和家庭的忠誠。

在婚姻的保護下，可以讓我們犯一些錯。我們可以冒險開創新事業，搬家或踏上最偉大的冒險——生孩子，並面對所有接連串產生的困難。在一個美滿婚姻中，你可以倚賴伴侶的鼓勵和安慰，可以赤裸裸顯露你的感情，因為你知道伴侶的同理心會放在對你最有利的位置（雖然她不見得同意你的結論）。

關係的永久性，消弭了所有壓力。若我們今年買不起房子，可以計劃多存幾年錢。我們可以成為一個團隊，想像孩子們上小學、國高中，還有昂貴的大學，共同分享資源，一起做決定。因為在婚姻生活中是開闊的遠景，我們可以擴大視野。

（2）婚姻慶賀的是對立面。

傳統上，婚姻是男女兩個人的組合，有不同的背景、觀點、習慣和願望，合而為一，形成特殊的融合體，形成各面連結，旨在形成一整體的結盟。現在同性婚姻也成為法律，兩個男性或女性，通常具有明顯的個性差異，發誓要一輩子互相奉獻。

提醒一下，我在前面寫過婚姻融合的本質天性。在《創世紀》中，上帝在伊甸園裡創造了男人和女人。你會以為上帝只是把他們放在一起？為何描述亞當在動物中尋找配偶，失敗以後，上帝才分別創造夏娃？一些女性主義者可能抗議女性是出現於男性之後的概念，卻曲解了傳統故事的意義。

上帝創造夏娃，並非是用亞當的肋骨，這是希伯來文「tsela」的翻譯，實際上是「旁邊」的意義。上帝其實是將男性的「側面」行為與女性的「側面」分開。他們在一起，互相的對立面對他們兩個都有益，因為他們就可以從更全面的角度一起行動，不再孤獨。根據《聖經》，女人是男人的「eizer kenegdo」，意思是「助手、對面」，這就是為什麼與太相像的人結婚，對方的特質就像在照看鏡子，因為能夠預測而變得無趣。婚姻的喜悅就是令人吃驚的評論、新穎的想法，以及澄清雙方思想的相對意見。

「Vive la différence！」（差異萬歲）不僅有法國人認同男女的對比。這些差異持續存在，是一種希望，而非輕視或貶低。差異在共同目的和目標下結合，就像「家庭計劃」，使關係創新又有趣。兩性使我們可以根據傾向和能力，產生不同的角色。

區分是我所生活的猶太人信仰核心。我們將安息日與一週其他日子分開，劃分白天與黑夜，符合與不符合猶太教戒律，甚至區分允許與禁止的關係。知道邊界和對比，使你過著善於觀察留意的生活，思考自己位置與周圍世界的差異。當我第一次接受猶太人儀式時，有人問我為何要遵守這麼多限制。我的回答是，雖然我的生活很愉快，但看起來有如一部黑白電影，對比差異都模糊不清。因為生活各領域中到處有規則和猶太戒律發揮作用，我只好思考，真正注意到周圍的事物。把所有這一切帶入焦點，就像桃樂絲打開門，龍捲風把整座農舍帶到奧茲大地上，突然每件事都變成了彩色相片。

這有點像你和配偶住在一起。你的不同將你的偏好變成焦點，如果你不清楚該如何回應，身邊有一個愛你的助手，與你相對。

（3）婚姻是終極承諾。

你想知道：為什麼是婚姻的普遍能夠跨越文化？為什麼男人和女人（大多數）承諾到死一直相守？也許婚姻在歷史上是為貴族所服務，結合王國，提供繼承人。但為何其他人也要公開展示他們的承諾？進化論

者認為，男人想要傳播種子，女人也需要一個可靠的保護和食物來源。男人照顧後代，圍繞在身邊，認為子女是他們驕傲的成就。

這對我來說沒有意義。如果男人想要傳播種子，何必需要任何承諾？只有女性懷孕生子才需要保護，男人沒有必要利用承諾來宣告具有女人的所有權；男人的力量應足以讓女人留在身邊。

但人類並非動物，婚姻就是證明之一。婚姻必須提升和聖化，否則只不過是單純的生理繁殖行為或侵略行為。參與的對立者透過不同角色變得平等，婚姻運用人最為人性的能力「語言」，形成具有約束力的合約。其他動物都無法理解或同意合約的無形忠誠、誠實，甚至是金錢（只是代表能夠買到事物的象徵），約束雙方進入一個看不見的未來。還有什麼比文字、想法和時間的結合，更具有靈性？透過承諾，我們提升婚姻關係不同於一般，接近神聖，我們將自我的存在投射到一個現在無法預見的空間，但我們卻堅信並恣意保證我們的角色。

當婚姻開始解體，配偶「忘記」了婚姻合約中的承諾。從某種意義上是犯了詐欺，過去光榮的人誠心想要履行承諾，結果卻證實是虛假的。離婚比簽訂商業合約更容易，令人悲哀。沒有什麼比夫妻所建立的連結更珍貴，可以迴盪世世代代。

（4）婚姻是模仿上帝的機會。

大多時候人類都覺得自己很渺小。仰望夜空，不在大都市裡，可以看見滿天星斗。天地不仁，一場大風暴可以改變數百萬人的命運。我們眷戀海灘的美好，看見日落的雄偉和神奇的色彩。

但婚姻給了我們一個模仿上帝的機會。

在過去數代，這樣說意義是在神聖的婚姻框架內撫育孩子。當然父母一生中沒有其他時刻比得上孩子的誕生。你和配偶敬畏地融合為一，就會有一個完整獨立的人，從你們的結合所產生，你以極大的謙卑了解這份簡單美好的愛之行動。當你的孩子出生時，你覺得自己和配偶就是上帝的伙伴；你感覺到過去、現在和未來的可能性和實現，在這個如今

你強烈保護的微小創造中。

現在，有40%嬰兒為非婚生子女，有些女性由於歲月不待人，決定自行體驗母性，因此人們不再理所當然地認為，繁衍後代僅為婚姻所保留。儘管如此，婚姻是模仿上帝行為的一個獨到機會。這有點深，但是否曾想要知道為何上帝要創造世界？即使你是無神論者，這也是個有趣的問題。神當然有需要的一切，如果沒有，就不是神了。為何神還要不辭辛勞，創造恐龍、大陸、空氣、動植物，還有人類？傳統猶太的答案是，上帝具有想要給予的特性，想要提供善意，這件事本身就是報酬。希伯來文是「*chesed*」（發音 *hess-edd*）。這就是服務國家，慈善事業，公車讓座給疲倦的母親，愛屋及烏的想法。

即使沒有婚姻，我們的日常生活也提供了無盡的機會，可滿足這種利他的欲望。但你在婚姻中所給予的尤其獨特，並非偶一為之，不是某晚到流浪漢收容所提供服務，而是全天時時將「側面」給予你另一半的誓言，在對方有需要或沒有需要時。你聽過有人說，婚姻不是各自付出一半的努力；一個好婚姻是兩個人時時都要付出百分百。一部分給予的練習，是配偶沒有做到你期望這一點；當這件事無可避免發生時，你願意挺身而出。給予是歡喜做對方負責的家務事（前面傳承計劃的長輩曾說過）。給予是注意到伴侶的疲累或心情不好，需要支持。就算沒有滿足需求，給予也是鼓勵和感恩的表達。

這就是你模仿上帝的方式。給予並不期望回報。你歡喜給予，因為配偶的幸福也是你的幸福。

（5）婚姻塑造靈魂伴侶。

你從婚宴棚子離開教堂或在海邊觀禮椅旁離開的那一刻起，你可以得到上述四種婚姻的報酬。你承諾也並簽署了合約，將彼此的愛連結在一起，直到死亡。你已經正式宣告婚姻將成為你最深切願望的容器，以及最令人失望的失敗緩衝墊。從這一分鐘開始，你已懂得並擁抱你的另一半，承諾寬容，互相支持。

但在婚禮當天得不到的是一個靈魂伴侶。

我可以聽到你的反對意見。你一見鍾情，當下已互相有連結，對方就是你一生所渴望的「另一半」。你甚至在誓言中說：「你是我的靈魂伴侶」，你與配偶親密無間，除了對方，沒有人如此深入了解你的存在。

但一個真正的靈魂伴侶，必須要隨時間才能獲得。如果你正在讀這本書，可能會覺得你已經失去了機會，再也不可能重拾以前的同情心，更不用說配偶會離你的靈魂有多近了。再說一次，伴侶自然應該和你不同；靈魂伴侶不是你自己的複製品。相反的，靈魂伴侶了解你。

靈魂伴侶知道你喜歡什麼，有所預知。靈魂伴侶知道你的父親如何對待你，並與你一起受苦。靈魂伴侶永遠不會想要改變你，反而允許你有表達自己的空間，無論是凌亂的辦公桌，到處滴的髮膠，骯髒的衣服堆，一切一切。

我在完成這本書的時候，丈夫結束拉斯維加斯會議的演講回家（一共三場演講！）他離開時我忙著結尾，沒有注意。別告訴他我連續3天都穿同一件瑜伽褲和T恤，沒有洗澡，甚至我去上瑜伽課回家以後，心裡覺得非常內疚，我也沒有洗。他回家的時候是下午5點，我整天沒刷牙吃東西，頭髮黏答答掛在頭上。他走進家門，我趕緊道歉。他的第一句話？「恭喜妳完成這本書！妳看起來真美！」這是我的靈魂伴侶。現在去找你的吧！

休戰協定：
如何遏止離婚衝動

　　遏止離婚，不僅僅是隱忍憤怒或暫時離開，以免造成傷害。而是表示要以正面感情來取代負面感情和壞習慣。現在假設你是我的諮商當事人，前來尋求建議，想知道如何停止一場離婚。現在我要和你來談談。

　　即使你完全不願意或無法與配偶和解，**讀讀**這最後幾頁應有助於為你們的關係帶來幾許光明。不管你對離婚感覺如何，你都會因曾經思考過以下方法而受益。

　　這種扭轉離婚的停戰協議，事關**行為**而非情緒。**離婚由情緒所驅動**。不要受到情緒阻礙。想像一個盒子，將你的情緒收在裡面，然後打開衣櫃，藏在架子上，關上門。現在我要給你暫時貼上一個大腦OK繃，針對行為作用。接著，你可以探索讓你說出「離婚」的情緒。

實驗：「禁止傾倒垃圾區」

　　為了測試你是否能維持婚姻，你的任務是延後憤怒、傷害和衝突的發作，儘快連結正面情緒。我把這個練習稱為創造一個「禁止傾倒垃圾區」，不准丟棄老舊垃圾。不可互相傾倒垃圾。不可單方面對配偶傾倒垃圾。

　　你會懷疑，但這個方法有效。如果你還沒有完全放棄婚姻，只要查過這個盒子（意指這個練習），就可以得到回報。你可能不相信這樣做能夠恢復你們的感情。我鼓勵你嘗試。

請記住，廣告重複才會有效。如果你（或配偶）很想逃避或恢復過去的習慣，記得你的婚姻已經瀕臨破裂。更重要的是，一個**家庭**瀕臨破裂。

理想情況下，我想讓你嘗試這個實驗3個月，但如果覺得太久，剛開始可先試試一週。這是你的轉折點，請立刻開始。今天，你要認識並推開徘徊在大門外的離婚產業，今天就是你奮戰並贏過密謀破壞你婚姻力量的日子。

你的目標只是轉過去面對配偶。很簡單，把這個目標寫在幾張紙上，貼在你隨時看得見的地方，浴室鏡子、電腦螢幕框、汽車儀表板、冰箱門，寫下「轉過去面對某某」這個行為會將目標植入你的思想。

為了建立「禁止傾倒垃圾區」，你需要做兩件事：（1）放手就是贏；（2）表現得好像你結婚很幸福快樂。

1.放手就是贏[1]

「放手就是贏」，這種戰略是擺脫衝突最重要也最根本的。1985年由溝通專家伊莉莎白‧丹辛格（Elizabeth Brenner Danziger）所構思。你所立即「贏得」的獎勵是避免衝突。養成放手習慣更大的獎勵，是使你的關係重獲新生與滿意。放手並不表示投降，而是掌控你的位置。當你在評估狀況，感知到傷害或衝突，你選擇讓它們流洩到外，選擇不讓此刻的分歧去阻礙你們的關係。

雖如此簡單卻強大。當你開始覺得生氣惱怒時，請深呼吸，大聲說：「我要放手。」第一次說出來的時候，實際放手的難度，將會因配偶對你願意嘗試的訝異所抵銷。放手使得配偶進入接受饋贈的位置，當你重複提供饋贈，避免衝突，此時對方將學會放鬆控制的習慣。當你放手的時候，你已經不再是敵人，而是以冷靜而公開地運用策略來迴避一個潛在爆發的風險。

我並不是建議要舉白旗投降或放棄你的價值觀，只是決定暫時讓主

題或傷害、背叛的提醒離開。

如果你不想放手怎麼辦？如果你顯然是對的，或你的方法的確比較好？想想對方，他也覺得他的觀點比你的更好，或他只是為了要反對你而故意對立。也有可能是想測試你。衝突原因倒是無關緊要，只是為了測試你是否會恢復對抗的習慣。為了要控制婚姻不可以有垃圾傾倒區，請你放下需求。

許多配偶，特別是男性，根本就沒有意識到他們很愛控制。他們認為自己的立場有所本，奠基於現實，顯然他們的看法最有用也最正確。但，你的「有所本」是否堅持認為配偶愛控制或操縱？這種感知決定了你們的交流方式，而非你所見的「現實」。大多女性都明白，放手可讓衝突過去，通常在丈夫維護自我主張的時候，妻子會退一步。在這個實驗中，雙方都應該放手，看看會出現什麼情況。

或許在你心中，你意識到你可以「堅持」（固執），但那種固執卻使你緊抓著「我是誰」不放。或許放手就「不算是我」，也或許這會違反你對誠實秩序的要求。固執的人告訴自己，放手看起來過於「不真實」、「太假」。此時此刻，其實故意假裝無妨。你之前的風格，不管它是否真實，都與禁止傾倒垃圾區的設定無關。設定是看你（與配偶）是否做事會變得不一樣，才能將關係指往新方向。讓你自己放手。

為了達成目標，有一件工具是你一直在做的：呼吸。暫停呼吸可以改變衝突的動態，讓你能夠重置。另一個讓步的工具是在過程中對自己說話：「我現在就放手吧。等一下再來討論我的立場，但為了家庭、婚姻和未來，我現在就放手。」

高特曼博士剖析了問題夫妻的溝通模式，發現當某件事引發了直覺的戰鬥或逃走反應，會出現這種致命模式，他稱為「洪水」[2]。洪水淹沒一切，但這些分散注意力、呼吸、對自己說話的工具，在當下能夠控制不發洪水。博士的研究也啟發了「轉而朝向你的配偶」的目標。

2. 表現得好像婚姻很幸福快樂

「放手就是贏」能夠清除過去到現在衝突所累積的「惡」。下一步是讓你的婚姻感覺良好。為了做到，你必須培養與配偶共通的正面經驗。

很明顯，你的婚姻並不幸福快樂，否則不會考慮離婚。但既然你最終目標是與配偶建立一個有建設性又有報酬的關係，最有效的方法就是表現得好像你婚姻幸福又快樂的樣子。

這是什麼意思？先不談婚姻的物質面，往更深層去看，婚姻幸福快樂的人，會給配偶三個基本因素：尊重、接納和關愛，高特曼博士稱之為「調和」，並定義為「理解和尊重配偶內在世界的能力」。[3]

我們從相親婚姻的研究得知[4]，愛可以後天學習。因此表現得好像你婚姻幸福快樂，等於是在訂定一個自我實現的最好預言。

即使這個時刻你沒有誠心，關愛已不在，也請努力假裝。你想在配偶身上看見什麼樣子，就裝出什麼樣子。把配偶的位置與自己互換，想想對方要什麼？答案：再三保證你的尊重、接納和關愛。表現這三種態度，就好像你婚姻幸福又快樂一樣。

尊重：承認配偶的天賦和優良素質。即使配偶的個性並非都可敬，當下也要做正面解釋，或是可以暫時忽略缺點。自問，「現在我該如何以尊重回應呢？」

接納：正如英格麗・麥可森（Ingrid Michaelson）所唱：「你照我的樣子接受我。」但配偶不是你，也不會照你方式做任何事。我們每個人都需要「彌補不足」，由另一個人提供支持和鼓勵，有時則是糾正，因為人類永遠具有改善和成長的潛力，所以要接納和關愛配偶的獨特性。

關愛：沒有愛與欣賞的表達，關係就會變得平淡悲哀。一般來說，男人渴望尊重，女人渴望關愛，而美滿婚姻（請表現得像你有）兩者兼具。在這90天中，必要的話請回想從前的表達方式，但只說那些你知道配偶想聽的事。

南西‧德雷福斯著有《對我說話》（Nancy Dreyfus, *Talk to Me Like I I Like I'm Someone You Love: Relationship Repair in a Flash*, 2009）[5]，書中提供127條說話應該有的方式。讀這本書有助你說出想說的話，這裡舉一些例子：

4. 我唯一想要的就是你用開放的心聽我說話。
57. 你不必同意我的觀點，但當你不認真看待我，我就會很難過。
75. 我很抱歉，我不該一直表現得好像全是你的錯。
109.我知道你都喜歡先口頭處理我們關係所發生的事，但現在希望能多一些肢體觸摸，這樣我更能與你接近。

如果敵意、憤怒阻礙了溝通，此時說一些傻話笑一笑，便可解脫你們的負面模式。（有位女士說的是「便便蹲蹲椅」，一說完便笑起來。）

在這段測試期間，請下決心保持正面。這麼做除了需要**練習**，還需要態度養成，前三次會不太自然。假裝你是個觀察者，你在觀察自己，假設你愛配偶，請到超市買鮮花，回家用歡欣的聲音說，「親愛的！你今天過得如何？」衣服脫下來以後不再扔在地板上，放入洗衣籃。廁所衛生紙快用完了，再補一包。真正的愛人都會這麼做。

寫個便條，對共同生活的某一面表達感激，放在配偶看得到的地方。舉例，「感謝你洗衣服，很高興能有乾淨T恤可以穿。」「感謝你每天都努力工作。」「感謝你願意測試我們未來的可能性。」有些庸俗，有些深刻，婚姻生活中一定有某方面是可以寫便條感激對方的。寫便條為的是自己也是配偶；寫出正面想法特別需要組織能力，你可以透過寫便條來改善你的態度。

即使這樣的努力轉圜只做一週，你也會知道，重建婚姻是有可能的（當然時間愈長愈好）。如果你們有孩子，這樣做可以拯救孩子。除非你嘗試「禁止傾倒垃圾區」，否則你並沒有足夠尊重如此舉足輕重的婚

姻。看看你的結婚照，回想那時的希望和期待。不要低估你當初決定結婚的崇高理想，那是承諾一生要致力形成愛的合作關係。

至於性愛方面，在此特殊評估期錯綜複雜。這段時間表並非「正常」關係，在開始之前，雙方需要協商彼此喜歡的親密程度。如果有人覺得性接觸會以任何形式與其他動態來干擾關係，請克制。你可以決心抵制令你心煩意亂的擁抱、親吻和撫摸。我知道有些配偶會利用性誘惑來操縱對方更投入或屈服，或顛覆注意力和問題。請小心。

請保持「禁止傾倒垃圾區」的清潔，避免害蟲。理想情況下，這個時候會打斷負面模式，例如控制欲。你會給對方空間，接受對方做的事。你會把所有事放入關係裡，就像婚姻剛開始那樣。你會多費一些心力，表現良好舉止，看到對方驚奇開心的反應，會使你感覺更好。

將無聊、老舊、控制或傷害關係打破後，你可以重頭再來。從一小時開始建立一整天，再到一週。隨著時刻分秒，放手就是贏，表現得好像結婚很幸福快樂，你們應該互相祝賀。談談彼此及對方的努力。不要倒垃圾，而是提供個人感受與反應，目標在於重建信任和愛。

大衛・斯金納（David Skinner）為《旗幟周刊》（*Weekly Standard*）寫作，他描述為了滋養婚姻，使妻子開心，他「放棄」了許多東西。妻子進行「原始人飲食法」，並不容易接受。斯金納幻想過要破壞，為她提供一盤奶油醬義大利麵，還有她最喜歡的IPA啤酒。不過他並沒那麼做，反而加入一起控制飲食。

這符合我在困難處維繫婚姻的想法：願意順從、投降、放棄，放棄自己是正確的這件事。對配偶積極想要的，放棄相反的意見。拋開放棄的可能性，因為他們必須倚靠你生活，回家，陪伴身邊，成為你自己……。

婚姻有一個70乘以7的邏輯。我應該嘗試把妻子感受視為第一優先？答案並不是4百90次。對我來說，答案是能多久就多久。

斯金納是個聰明人：「當你覺得已經足夠謙卑，整天卑躬屈膝，覺得已經受夠了，是時候該要抬頭挺胸，這時你必須想起配偶就像這樣時時忍受你。至少你可以做的就是放下、放下、再放下。」[6]

　　你的婚姻很重要，你在決定結婚時已經知道。你在辦理結婚登記時，還有婚禮上圍繞著歡欣的人們，大家都愛你，所以你知道婚姻很重要。婚禮是對身邊所有人的祝福，離婚則剛好相反，是一種不幸，影響的人甚至比慶祝婚禮的人還要更多。

　　想像10、15年後，如果你還留在配偶身邊，回頭來看這段艱辛（甚至會有好幾段），如今卻已成為長期、穩定，令人滿意的婚姻。如果你離婚，你會經歷痛苦，生活的主要部分變成重新收拾，重新再來。

　　「放手就是贏」或許與你的慣常方式相左，或許你會認為這個策略不堪一擊，或許你會說，你對配偶具有嚴格標準和超高期望。這些在許多情況下可能適用，不過遇到某些特殊情況，期望可能會毀滅你們。

　　這裡介紹的策略，就是使你的配偶覺得你們的關係是受到歡迎和獎勵的，為了達成目的，你必須根據各種不同情況，評估困難程度，只要可能，盡量避免衝突。等到配偶了解並相信你願意真誠提供這份禮物，隨著時間過去，對方的反應通常會變得比較軟化和感激。這個策略具有成效累積性，因為「放手」會有連鎖效應。心胸變得寬大與和平，不再有衝突和傷害的日常，漸漸變成常態，你與配偶會想記起，彼此的關係具有價值，值得努力。

註釋

前言 為何你需要閱讀這本書

1. US Census Bureau, "Median Age At First Marriage, 1890 to Present," Figure MS 2, https://www.census.gov/hhes/families/files/graphics/MS-2.pdf.

2. Pew Research Center, Pew Research Center analysis of U.S. decennial census (1960–2000) and American Community Survey data (2008, 2010–2014),Data Trend, "Marriage," http://www.pewresearch.org/data-trend/societyand-demographics/marriage/.

3. Pew Research Center, "U.S. Public Becoming Less Religious," November 3, 2015, Report from the Religious Landscape Study, http://www.pewforum.org/2015/11/03/u-s-public-becoming-less-religious/CHAPTER ONE.

4. Diane Medved, *The Case Against Divorce*: *Discover the Lures, the Lies, and the Emotional Traps of DivorceDiscover the Lures, the Lies, and the Emotional Traps of Divorce—Plus the Seven Vital Reasons to Stay Together*(New York: Ivy Books, 1990).

第1章 暫緩離婚的態勢

1. Carol Tavris, *Anger: The Misunderstood Emotion* (New York: Simon & Schuster, 1989).

2. A central Jewish concept is the strong aversion to speaking about others (except under certain specified circumstances). "Motzi shem ra" is the name of such speech when it's malicious; "lushon ha ra" is its name when the contents of the communication are true. Both terms contain the Hebrew word for evil, "ra," because the outcome of this behavior can only be to everyone's detriment.

3. M.C. Black, et al., *The National Intimate Partner and Sexual Violence Survey* (*NISVS*): *2010 Summary Report* (Atlanta: National Center for Injury Prevention and Control, Centers for Disease Control and Prevention, 2011), http://www.cdc.gov/ViolencePrevention/pdf/NISVS_Report2010-a.pdf.

4. Hawkins, Alan J. et al., *What Are They Thinking? A National Survey of Married Individuals Who Are Thinking about Divorce* (Provo, UT: Family Studies Center, Brigham Young University, 2015), https://www.researchgate.net/publication/283329227_What_Are_They_Thinking_A_National_Survey_of_Married_Individuals_Who_Are_Thinking_About_Divorce.

5. D'Vera Cohn et al., "Barely Half of U.S. Adults Are Married—A Record Low," Pew Research

Center, December 14, 2011, http://www.pewsocialtrends.org/2011/12/14/barely-half-of-u-s-adults-are-married-a-record-low/ .

6. Obergefell v. Hodges, 576 U.S. ___ (2015), http://www.supremecourt.gov/opinions/14pdf/14-556_3204.pdf.

7. Jan Jarboe Russell,, *Lady Bird*: *A Biography of Mrs. Johnson* (New York:Simon & Shuster, 1999), 8–36; Betty Boyd Caroli, *Lady Bird and Lyndon*:*The Hidden Story of a Marriage that Made a President* (New York: Simon & Schuster, 2015).

8. Dana Mack and David Blankenhorn, eds., *The Book of Marriage: The Wisest Answers to the Toughest Questions* (Grand Rapids, MI: William B. Eerdmans Publishing Company, 2001), 21.

9. Graff, E. J., *What is Marriage For: The Strange Social History of our Most Intimate Institution,* 2004, Boston: Beacon Press, p.251.

10. Brooks, David, "Three Views of Marriage," *New York Times*, Tuesday,February 25, 2016, page A27

11. Andrew Cherlin, *The Marriage-Go-Round: The State of Marriage and the Family in America Today* (New York: Random House, 2009).

12. Analysis and Gary Langer, "Poll: Most Americans Say They're Christian," ABC News Poll, July 18, 2015, http://abcnews.go.com/US/story?id=90356.

13. "Barack Obama on Gay Marriage," YouTube video, posted by GLASSBOOTHdotORG, October 28, 2008, https://www.youtube.com/watch?v=N6K9dS9wl7U.

14. Ezriel Gelbfish, "Study on Arranged Marriages Reveals that Orthodox Jews May Have it Right," July 6, 2012, *The Algemeiner*, http://www.algemeiner.com/2012/07/06/study-on-arranged-marriages-reveals-that-orthodox-jewsmay-have-it-right/# .

15. Danielle Crittenden, *What Our Mothers Didn' t Tell Us: Why Happiness Eludes the Modern Woman* (New York: Simon & Schuster, 1999).

第2章 引發離婚的三股力量

1. Hannah Schacter, "Love Me Tinder: A Psychological Perspective on Swiping," Psychology in Action, April 16, 2015, http://www.psychologyinaction.org/2015/04/16/love-me-tinder-a-psychological-perspective-on-swiping/.

2. Craig Smith, "By the Numbers: 37 Impressive Tinder Statistics," DMR website (accessed May 16, 2016), http://expandedramblings.com/index.php/tinder-statistics/.

3. Justin R. Garcia et al., "Sexual Hookup Culture: A Review," Rev Gen Psychol. 16(2) (June 1, 2012): 161–176. Available through the US National Library of Medicine, National Institutes of Health: https://www.ncbi.nlm.nih.gov/pmc/articles/PMC3613286/.

4. Pornography Addiction Survey (conducted by Barna Group), 2014,ProvenMen.org., www.provenmen.org/2014pornsurvey/pornography-useand-addiction. Another study, for the Austin Institute, reports similar results:David Gordon et al., "How Much Pornography are Americans Consuming?" in *Relationships in America Survey*, The Austin Institute for the Study of Family and Culture, February 17, 2014, http://relationshipsinamerica.com/relationships-and-sex/how-much-pornography-are-americans-consuming.

5. Kirsten Weir, "Is Pornography Addictive?" *Monitor on Psychology* 45, no.4 (April 2014) American Psychological Association, http://www.apa.org/monitor/2014/04/pornography.aspx.

6. Peg Streep, "What Porn Does to Intimacy," *Psychology Today*, July 16, 2014,https://www. psychologytoday.com/blog/tech-support/201407/what-porndoes-intimacy.

7. Nathaniel M. Lambert, et al., "A Love That Doesn't Last: Pornography Consumption and Weakened Commitment to One's Romantic Partner," *Journal of Social and Clinical Psychology* 31, no.4 (2012): 410–438, http://www.docslides.com/pasty-toler/journal-of-social-and-clinical-psychologyvol-31-no-4-2 .

8. Andrea Marie Gwinn et al., "Pornography, Relationship Alternatives, and Intimate Extradyadic Behavior," *Social Psychological and Personality Science* 4, no. 6, (2013): 699–704.

9. Peg Streep, op. cit.

10. Amanda Maddox, Galena K. Rhoades, and Howard J. Markman, "Viewing Sexually-Explicit Materials Alone and Together: Associations with Relationship Quality," *Archives of Sexual Behavior* 40 no. 2 (April 2011):441–448, http://www.ncbi.nlm.nih.gov/pmc/articles/PMC2891580/.

11. Jill C. Manning, MS, Testimony, *Hearing on Pornography's Impact on Marriage and the Family, Subcommittee on the Constitution, Civil Rights and Property Rights, Committee on Judiciary, United States Senate*,November 10, 2005, http://s3.amazonaws.com/thf_media/2010/pdf/ManningTST.pdf. See also Manning, "The Impact of Internet Pornography on Marriage and the Family: A Review of the Research," *Sexual Addiction & Compulsivity* 13 no. 2–3 (2006).

12. Jacque Wilson, "Viagra: The Little Blue Pill that Could," CNN, March 27,2013, http://www.cnn. com/2013/03/27/health/viagra-anniversary-timeline/.

13. Meghan O'Dea, "Transcript: Sheryl Sandberg at the University of California at Berkeley 2016 Commencement," May 14, 2016, *Fortune*, http://fortune.com/2016/05/14/sandberg-uc-berkley-transcript/.

14. Robin J. Ely, Pamela Stone, and Colleen Ammerman, "Rethink What You "Know" About High-Achieving Women," *Harvard Business Review*,December,014,https://hbr.org/2014/12/rethink-what-you-know-abouthigh-achieving-women.

15. Anne-Marie Slaughter, "Why Women Still Can't Have it All," *The Atlantic*,July–August 2012, http://www.theatlantic.com/magazine/archive/2012/07/why-women-still-cant-have-it-all/309020/.

16. Anne-Marie Slaughter, *Unfinished Business* (New York: Random House,2015).

17. Rebecca J. Rosen, "The Evolution of Anne-Marie Slaughter," *The Atlantic*,October 16, 2015, http://www.theatlantic.com/business/archive/2015/10/anne-marie-slaughter-evolution/410812/.

18. PR Newswire, "Elle and MSNBC.com's 'Office Sex and Romance' Survey Asks 31,207 People What Really Goes on in Today's Workplace," May 13,2002, press release, http://www. prnewswire.com/news-releases/elle-andmsnbccoms-office-sex-and-romance-survey-asks-31207-people-what-reallygoes-on-in-todays-workplace-77385087.html.

19. Christina Pesoli, "Flirting With Disaster: How Your 'Harmless' Intrigue Is Undermining Your Marriage," November 3, 2014, Huffington Post, http://www.huffingtonpost.com/christina-pesoli / f lirting-with-disasterho_b_3853755.html.

第3章 婚姻與父母責任分離的危險

1. Centers for Disease Control and Prevention, National Center for Health Statistics, "National Survey of Family Growth, 2011–2013," http://www.cdc.gov/nchs/nsfg/key_statistics/ a.htm#marriage.

2. Sammy Cahn and Jimmy Van Heusen, "Love and Marriage," recorded in 1955 by Frank Sinatra.

3. The Bundy Cheer mirrors a technique I'd occasionally suggest as a therapist to couples with patterns of escalating irritation. Pre-select a tension-breaking phrase—like "Whoa Bundy!" —as a signal to reset the ambiance. The phrase is an instant reminder to step back, cut the tension, and remember the underlying connection in the marriage.

4. Galena K. Rhoades, Scott M. Stanley, and Howard J. Markman, "The preengagement cohabitation effect: A replication and extension of previous findings," *Journal of Family Psychology* 23 no. 1 (February 2009): 107–111,http://dx.doi.org/10.1037/a0014358. Quotation is from the abstract: http://psycnet.apa.org/journals/fam/23/1/107/.

5. Megan Cassidy, "Study Finds Living Together Before Marriage Leads to Greater Chance of Divorce," *Her*, October 2016, http://www.her.ie/life/studyfinds-living-together-before-marriage-leads-to-greater-chance-ofdivorce/286438.

6. Centers for Disease Control and Prevention, National Center for Health Statistics, "National Survey of Family Growth, 2006–2010," http://www.cdc.gov/nchs/nsfg/key_statistics/ c.htm#chabitation.

7. Centers for Disease Control and Prevention, 2011–2013. http://www.cdc.gov/nchs/nsfg/key_ statistics/a.htm#marriage.

8. Mike Stobbe, "Americans growing less comfortable with divorce, survey shows," Associated Press, March 16, 2016.

9. Quentin Fottrell, "America's falling fertility rate explained in four charts," Market Watch, August 18, 2015, http://www.marketwatch.com/story/americas-falling-fertility-rate-explained-in-four-charts-2015-08-18.

10. Catherine Rampell, "Americans are becoming more socially liberal—except when it comes to divorce," *Washington Post*, April 18, 2016, https://www.washingtonpost.com/opinions/socially-liberal-except-on-the-question-ofdivorce/2016/04/18/f431f716-05a2-11e6-b283-e79d81c63c1b_ story.html.

11. U.S. Census Bureau, U.S. Decennial Census (1890–2000); American Community Survey (2010). For more information on the ACS, see http://www.census.gov/acs. This info from a graph at https://www.census.gov/hhes/socdemo/marriage/data/acs/ElliottetalPAA2012figs.pdf.

12. Centers for Disease Control and Prevention, "Infertility FAQs," April 14,2016, http://www.cdc. gov/reproductivehealth/infertility/.

13. Lise Brix, "Childless couples have more divorces," ScienceNordic, February 14, 2014, http:// sciencenordic.com/childless-couples-have-more-divorces.

14. Brix, "Childless couples have more divorces."

15. Mark Banschick, "The High Failure Rate of Second and Third Marriages," *Psychology Today*, February 6, 2012, ttps://www.psychologytoday.com/blog/the-intelligent-divorce/201202/the-

high-failure-rate-second-and-thirdmarriages.

16. Alison Aughinbaugh, Omar Robles, and Sun Hugette, "Marriage and divorce:patterns by gender, race, and educational attainment," U.S. Bureau of Labor Statistics, *Monthly Labor Review* (October 2014), http://www.bls.gov/opub/mlr/2013/article/marriage-and-divorce-patterns-by-gender-race-andeducational-attainment.htm.

17. Maggie Scarf, *The Remarriage Blueprint: How Remarried Couples and Their Families Succeed or Fail* (New York: Scribner/Simon & Schuster, 2013).

第4章 離婚產業：那些你不想認識的朋友和助手

1. Vikki G. Brock, *Grounded Theory of the Roots and Emergence of Coaching*,Ph.D. dissertation, International University of Professional Studies, Maui,2008. Available online at https://www.nobco.nl/files/onderzoeken/Brock_Vikki_dissertatie__2_.pdf.

2. IBIS World, "Life Coaches in the U.S.: Market Research Report," February 2016, http://www.ibisworld.com/industry/life-coaches.html.

3. A site for "Expertlifecoach" offers many assurances and then a button to "buy expertlifecoach certification—$69.99." http://www.expertrating.com/certifications/Life-Coach-Certification/Life-Coach-Certification.asp.

4. Genevieve Smith, "50,000 Life Coaches Can't Be Wrong," *Harper's*, May 2014, https://harpers.org/archive/2014/05/50000-life-coaches-cant-bewrong/?single=1.

5. Sam Margulies, "Marriage Counseling and the Decision to Divorce: Can marriage counseling make things worse?" *Psychology Today*, April 12, 2009,https://www.psychologytoday.com/blog/divorce-grownups/200904/marriage-counseling-and-the-decision-divorce.

6. Jed Diamond, "Why Marriage Counseling Leads to Divorce," The Good Men Project, February 22, 2015, http://goodmenproject.com/featuredcontent/why-marriage-counseling-leads-to-divorce-wcz/.

7. Divorce Care website: http://www.divorcecare.org/ . Seventeen thousand churches are part of this network, and the site provides links to help divorcing individuals connect with a local group, as well as descriptions of their programs.

8. Penelope Green, "Divorced, but Not from Life," *New York Times*, July 19,2015, Sunday Styles, 1.

9. Martha C. White, "The Booming Business of 'Divorce Parties,'" *Time* Magazine, October 15, 2012, http://business.time.com/2012/10/15/thebooming-business-of-divorce-parties/.

10. Sin City Parties website, Las Vegas, Nevada (accessed May 25, 2016), http://www.mysincityparty.com/divorce-parties-las-vegas/ .

11. The Sapphire Strip Club, Las Vegas, Nevada, website accessed May 25, 2016,http://www.sapphirelasvegas.com/las_vegas_vip_services/sapphire_divorce_party/.

12. Bartz's, the party stores, website (accessed May 25, 2016), http://www.ebartz.com/divorce-party-supplies-s/3178.htm.

13. Cafe Press website (accessed May 26, 2016), http://www.cafepress.com/mf/50941840/not-with-stupid-anymore_invitations?productId=507121064.

14. Michelle Ruiz, "How Divorce Parties Became the New Bachelorettes," *New York*, October 12,

2012, http://nymag.com/thecut/2012/10/how-divorceparties-became-the-new-bachelorettes.html.

15. Tia Ghose, "Awkward! How Facebook Complicates Breakups," LiveScience, August 21, 2014, http://www.livescience.com/47471-facebook-causesbreakup-stress.html#sthash.JcZex8Be.dpuf.

16. Emanuel Maiberg, "I paid this company $30 to break up with my girlfriend," Motherboard, November 12, 2015, http://motherboard.vice.com/read/i-paidthis-company-30-to-break-up-with-my-girlfriend. This post even includes the audio for the breakup phone call, and an astute analysis of its content.

17. Aimee Lee Ball, "Breaking Up? Let an App Do It," *New York Times*,December 27, 2015, Sunday Styles, 1.

18. Maiberg, "I paid this company $30 to break up with my girlfriend."

19. Rx Breakup website (accessed May 26, 2016), https://itunes.apple.com/us/app/rx-breakup/id971720226?mt=8.

20. Mend website (accessed May 26, 2016), https://www.letsmend.com/.

21. Divorce360 website: http://www.divorce360.com/ ; So You've Been Dumped website: http://www.soyouvebeendumped.com/blog/; Splitsville website:http://www.splitsville.com/.

22. Maureen O'Connor, "Winning the Breakup in the Age of Instagram," *New York*, December 2, 2014, http://nymag.com/thecut/2014/12/winning-thebreakup-in-the-age-of-instagram.html.

23. Agent Broker Training Center offers at-home study with exams: http://www.abtrainingcenter.com/CFDP.asp.

24. Website for the Association of Divorce Financial Planners: https://divorceandfinance.site-ym.com/. In comparing these divorce financialplanning groups, I noticed a similarity in website wording. IDFA says it's "the premier national organization . . . " and ADFA says it's "the premier professional membership organization for divorce financial planners, allied divorce professionals, and students seeking advancement and development in a growing, dynamic profession." The site continues, "ADFP members are held to high educational, professional, licensing, ethical, and compliance standards, demonstrating a true commitment to professional client service." Their standards, as posted on their website, require that members must not have had licenses revoked or been convicted of a felony.

25. Jeff Landers, "The Four Divorce Alternatives," *Forbes*, April 24, 2012, http://www.forbes.com/sites/jeff landers/2012/04/24/the-four-divorcealternatives/#279f733c1df3.

26. Avvo is an online legal service that independently rates attorneys. Users can research and post legal questions for free, get a fifteen-minute consultation for thirty-nine dollars, and use Avvo's ratings and descriptions without charge to select an attorney. The site says it was founded "in 2006 in Seattle, WA by tech-savvy attorney Mark Britton," and that 97 percent of U.S. lawyers are rated by the firm's algorithm. Site address: https://www.avvo.com/.

27. www.Legalzoom.com and www.nolo.com are two sites offering forms and articles to assist do-it-yourself divorce.

28. Salary info from "How, and How Much, Do Lawyers Charge" ?, http://research.lawyers.com/how-and-how-much-do-lawyers-charge.html.

第 5 章　有礙健康

1. David A. Sbarra, Karen Hasselmo, and Widyasita Nojopranoto, "Divorce and Death: A Case Study for Health Psychology," *Social and Personal Psychology Compass*, 6(12) (December 1, 2012): 905–919. Available online at http://www.ncbi.nlm.nih.gov/pmc/articles/PMC3532853/.

2. Eran Shor et al., "Meta-analysis of Marital Dissolution and Mortality:Reevaluating the Intersection of Gender and Age," *Social Science and Medicine*, 75(1) (July, 2012): 10.1016/j, available online at http://www.ncbi.nlm.nih.gov/pmc/articles/PMC3881174/ .

3. Matthew E. Dupre et al., "Association Between Divorce and Risks for Acute Myocardial Infarction," *Circulation: Cariovascular Quality and Outcomes* 9 no. 6 (April 14, 2015), http://circoutcomes.ahajournals.org/content/early/2015/04/13/CIRCOUTCOMES.114.001291.abstract.

4. Ian Sample, "Marriage may improve chances of surviving a heart attack, say researchers," *The Guardian*, June 7, 2016, http://www.theguardian.com/ society/2016/jun/08/marriage-may-improve-chances-of-surviving-a-heartattack-say-researchers.

5. Tara Parker-Pope, "Divorce, It Seems, Can Make You Ill," *New York Times*, August 4, 2009, D5.

6. Johan L. Vinther et al., "Marital transitions and associated changes in fruit and vegetable intake: Findings from the population-based prospective EPICNorfolk cohort, UK," *Social Science & Medicine* 157 (May 2016): 120–126,http://www.sciencedirect.com/science/article/pii/S0277953616301642.

7. Alexis Blue, "Losing Sleep Over Your Divorce? Your Blood Pressure Could Suffer," UA News (press release), July 16, 2014, https://uanews.arizona.edu/story/losing-sleep-over-your-divorce-your-blood-pressure-could-suffer.

8. Edward Farber, *Raising the Kid You Love with the Ex You Hate* (Austin,TX: Greenleaf Press, 2013).

9. US National Library of Medicine, "Munchausen syndrome by proxy," July 10, 2015, Medline Plus, https://www.nlm.nih.gov/medlineplus/ency/article/001555.htm.

第 6 章　「結婚是詐騙」離婚的財務支出

1. Jeffrey Dew, Sonya Britt, and Sandra Huston, "Examining the Relationship Between Financial Issues and Divorce," *Family Relations* 61 no. 4 (October 2012): 615–628.

2. Andrew M. Francis, and Hugo M. Mialon, " 'A Diamond is Forever' and Other Fairy Tales: The Relationship between Wedding Expenses and Marriage Duration," *Economic Inquiry* 53 no. 4 (October 2015), http://onlinelibrary.wiley.com/doi/10.1111/ecin.12206/abstract.

3. Sun Trust Bank, "Love and Money: People Say They Save, Partner Spends,According to SunTrust Survey," publicity release from PR Newswire,February 4, 2015, ht tp://www.prnewswire.com/news-releases/love-and-money-people-say-they-save-partner-spends-according-to-suntrustsurvey-300030921.html.

4. TMZ staff, "Arnold Schwarzenegger Dragging Feet in Divorce with Maria," TMZ, October 10, 2015, http://www.tmz.com/2015/10/10/arnoldschwarzenegger-maria-shriver-divorce/.

5. Emily Jane Fox, "Rupert Murdoch, the Greatest Romantic of our Time," *Vanity Fair*, January 13, 2016, http://www.vanityfair.com/news/2016/01/rupert-murdoch-the-greatest-romantic-of-our-time.

6. Katie Kindelan, via Good Morning America, "Mel Gibson Loses Half of His $850 Million Fortune to Ex-Wife in Divorce," ABC News, December 26,2011, http://abcnews.go.com/blogs/entertainment/2011/12/mel-gibsonsloses-half-of-his-850-million-fortune-to-ex-wife-in-divorce/.

7. "Camille Grammer Divorce Settlement Details Emerge, 'Housewives' Star Gets $30 Million," HuffPost Celebrity, September 6, 2012, http://www.huffingtonpost.com/2012/09/06/camille-grammer-divorce-settlement-30-million_n_1860913.html.

8. Pete Norman, "Heather Mills 'So Happy' with $50M Divorce Settlement," *People*, March 17, 2008, http://www.people.com/people/article/0,,20184578,00.html.

9. Brandi Fowler, "Mel Gibson Isn't the Only One: Five Other Pricey Hollywood Divorces," E Online News, December 26, 2011, http://www.eonline.com/news/282875/mel-gibson-isn-t-the-only-one-five-other-pricey-hollywooddivorces.

10. Brian Orloff, "Rep: Madonna to Pay Guy Ritchie $76 Million in Divorce Settlement," *People*, December 15, 2008, http://www.people.com/people/article/0,,20246841,00.html.

11. Dotson Rader, "Robin Williams on Returning to TV, Getting Sober, and Downsizing in His 60s," *Parade*, September 12, 2013, http://parade.com/154817/dotsonrader/robin-williams-on-returning-to-tv-getting-soberand-downsizing-in-his-60s/.

12. Lenore Weitzman, *The Divorce Revolution: The Unexpected Social and Economic Consequences for Women and Children in America* (New York:Free Press, 1987).

13. Richard R. Peterson, "A Reevaluation of the Economic Consequences of Divorce," *American Sociological Review* 61 (June 1996): 528–536, http://boydetect ive.net /docs /Peterson-Weitzman-Peterson%20-%20 FullASRDebate.pdf.

14. P. J. Smock, W. D. Manning and S. Gupta, "The effect of marriage and divorce on women's economic well-being," *American Sociological Review* 64, no. 6 (December 1999): 794–812, ht tps: // www.jstor.org/stable/2657403?seq=1#page_scan_tab_contents.

15. Jay L. Zagorsky, "Marriage and Divorces Impact on Wealth," *Journal of Sociology* 41, no. 4 (November 2005): 406–424, https://www.researchgate.net/publication/249674022_Marriage_and_Divorces_Impact_on_Wealth.Quotations are from Ohio State's press release about the study: https://researchnews.osu.edu/archive/divwlth.htm.

16. Robert I. Lerman, "Married and Unmarried Parenthood and Economic Well-Being: A Dynamic Analysis of a Recent Cohort," Urban Institute and American University (July 2002), http://www.urban.org/research/publication/married-and-unmarried-parenthood-and-economic-well-being/view/full_report.

17. George Erb, "Mercer Island woman finds out she's financially lost after divorce," *Seattle Times*, June 28, 2015, D6.

第 7 章　有礙心靈健康

1. Wendy Paris, *Splitopia: Dispatches from Today's Good Divorce and How to Part Well* (New York: Atrium Books, 2016),154.

2. Nehami Baum, "The Male Way of Mourning Divorce: When, What, and How," *Clinical Social Work Journal* 31 no. 1(March 2003: 37–50.

3. David Sbarra et al., "Divorce Elevates Risk for Depression, But Only for Some People," *Clinical Psychological Science*, August, 2013, , http://www.psychologicalscience.org/index.php/news/releases/divorce-elevates-risk-fordepression-but-only-for-some-people.html?utm_source=pressrelease&utm_medium=vocus&utm_campaign=divorcedepression.

4. Briefly summarized from the *DSM-5, for Major Depressive Disorder*, fifth ed. (Arlington: American Psychiatric Publishing, 2013).

5. "Many View Depression as Weakness," *New York Times*, December 11,1991, http://www.nytimes.com/1991/12/11/health/many-view-depressionas-weakness.html; and Lauren Pelly, "Mental illness still viewed as a sign of weakness," *Toronto Star*, June 7, 2016, https://www.thestar.com/life/health_wellness/2016/06/07/mental-illness-still-viewed-as-a-sign-of-weakness.html.

6. An excellent discussion of efforts to question the usefulness of antidepressants appeared July 9, 2011 in the *New York Times* by Peter D. Kramer, author of *Listening to Prozac*: http://www.nytimes.com/2011/07/10/opinion/sunday/10antidepressants.html?_r=0.

7. Anonymous, "What it feels like to have an affair," *Thought Catalogue*, July3, 2014, http://thoughtcatalog.com/anonymous/2014/07/what-it-feels-liketo-have-an-affair/.

8. Jeff Landers, "How 'Conflicting Out' Top Divorce Attorneys Can Impact Your Divorce," *Forbes*, April 17, 20012, http://www.forbes.com/sites/jefflanders/2012/04/17/how-conflicting-out-top-divorce-attorneys-canimpact-your-divorce/#52fda9b5a850.

9. Dennis Prager, *Happiness is a Serious Problem: A Human Nature Repair Manual* (New York: William Morrow, 1998).

第8章 決定性的差異：有無孩子的離婚

1. Pamela Paul, *The Starter Marriage and the Future of Matrimony* (New York:Villard Books, 2002).

2. Mike McManus, *How to Cut America's Divorce Rate in Half: A Strategy Every State Should Adopt*, Foreword by Gov. Mike Huckabee (Potomac:Marriage Savers, Inc., 2008).

3. Paul Edwards et al., *Summary Report: Marriage and Family—Attitudes, Practices & Policy Opinions*, The American Family Survey, Deseret News and the Center for the Study of Elections and Democracy, Brigham Young University, November, 2015, Executive Summary, 46, http://national.deseretnews.com/files/american-family-survey.pdf.

第9章 如果你愛孩子

1. Penelope Leach, *When Parents Part: How Mothers and Fathers Can Help Their Children Deal with Separation and Divorce* (New York: Alfred A.Knopf, 2015).

2. Leach, 15.

3. Ibid., 35.

4. J. E. McIntosh, "Infants and Overnights: The Drama, the Players and Their Scripts," Plenary paper, Association of Family and Conciliation Courts Forty-Ninth Annual Conference, Chicago, 2012.

5. Leach, *When Parents Part*, 34.

6. Ibid., 43.

7. Ibid., 46.

8. Ibid., 49.

9. Ibid., 71.

10. Edward Farber, *Raising the Kid You Love with the Ex You Hate* (Austin:Greenleaf Book Group, 2013).

11. Andrew Cherlin, *The Marriage-Go-Round: The State of Marriage and the Family in America Today* (New York: Alfred Knopf/Random House, 2009),6.

12. Judith S. Wallerstein, Julia M. Lewis, and Sandra Blakeslee, *The Unexpected Legacy of Divorce: The 25-year Landmark Study* (New York: Hyperion Books, 2000), 6.

13. Sara McLanahan, and Gary Sandefur, *Growing Up with a Single Parent:What Hurts, What Helps* (Cambridge, MA: Harvard University Press, 1994),1.

14. Barbara Dafoe Whitehead, *The Divorce Culture* (New York: Alfred A. Knopf,1997).

15. David Blankenhorn, *The Future of Marriage* (New York: Encounter Books,2007), 155.

16. Paul R. Amato and Alan Booth, *A Generation at Risk: Growing Up in an Era of Family Upheaval* (Cambridge, MA: Harvard University Press, 1997);L. Strohschein, "Parental Divorce and Child Mental Health Trajectories," *Journal of Marriage and Family* 67 (2005):1286–1300.

17. Constance Ahrons, Ph.D., *We' re Still Family: What Grown children Have to Say About Their Parents' Divorce* (New York: HarperCollins, 2004,HarperCollins), 52-61. Only her "high conflict" marriages were so dysfunctional or harmful that the children were relieved upon their dissolution.

18. Divorcesource website (accessed April 20, 2016), http://www.divorcesource.com/ds/considering/most-marriages-and-divorces-are-low-conflict-483.shtml.

19. Elizabeth Marquardt, *Between Two Worlds: The Inner Lives of Children of Divorce* (New York: Three Rivers Press, 2005).

20. Elisabeth Joy LaMotte, MSW, LICSW, AAMFT, *Overcoming Your Parents' Divorce: 5 Steps to a Happy Relationship* (Far Hills, NJ: New Horizon Press,2008).

21. Lamotte' s steps are (1) Rewrite your history (look back with adult eyes), (2)face the mirror (note the effect of divorce on yourself), (3) confront your commitment phobia, (4) calculate your dividend (i.e., the good that came from the divorce), and (5) forge healthy relationships.

22. Paul R. Amado, Jennifer B. Kane, and Spencer James, "Reconsidering the 'Good Divorce,' " *Family Relations*, 60 no. 5 (December, 2011): 511–524,https://www.ncbi.nlm.nih.gov/pmc/articles/PMC3223936/.

23. Cherlin, *Marriage-Go-Round*.

24. L. Laumann-Billings and R. E. Emery, "Distress among young adults from divorced families," *Journal of Family Psychology* 14 no. 4 (December 2000):671–687.

25. Esme Fuller-Thomson, J. Fillippelli, and C. A. Lue-Crisostomo, "Genderspecific association between childhood adversities and smoking in adulthood:findings from a population-based study," *Journal of Public Health* 127 no.5 (May, 2013): 449–460, http://www.publichealthjrnl.com/article/S0033-3506(13)00007-3/abstract.

26. Jane Mauldon, "The Effect of Marital Disruption on Children' s Health," *Demography* 27 no. 3 (August 1990), http://link.springer.com/article/10.23 07%2F2061377#page-1.

27. Hyun Sik Kim, "Consequences of Parental Divorce for Child Development," *American Sociological Review* 76 no. 3 (June 2011): 487-511, http://asr.sagepub.com/content/76/3/487.short.

28. Lisa Strohschein, Noralou Roos, and Marni Brownell, "Family Structure Histories and High School Completion: Evidence from a Population-Based Registry," *Canadian Journal of Sociology* 34, no. 1 (2009), https://ejournals.library.ualberta.ca/index.php/CJS/article/view/1331/5152.

29. S. Alexandra Burt, Ph.D. et al., "Parental Divorce and Adolescent Delinquency: Ruling out the Impact of Common Genes," *Developmental Psychology* 44 no. 6 (November, 2008): 1668–1677, http://www.ncbi.nlm.nih.gov/pmc/articles/PMC2593091/.

30. Grechen Livingston, "Fewer than half of U.S. kids today live in a 'traditional' family," Pew Research Center, December 22, 2014, http://www.pewresearch.org/fact-tank/2014/12/22/less-than-half-of-u-s-kids-today-live-in-atraditional-family/.

31. McLanahan, and Sandefur, *Growing Up with a Single Parent*, 24.

32. Nicholas Wolfinger, *Understanding the Divorce Cycle: The Children of Divorce in Their Own Marriages* (New York: Cambridge University Press,2005).

33. Dana, G. Thompson Alonso, Ph.D., Malka Stohl, MS, and Deborah Hasin,Ph.D., "The Influence of Parental Divorce and Alcohol Abuse on Adult Offspring Risk of Lifetime Suicide Attempt in the United States," *American Journal of Orthopsychiatry* (May 2014).

34. Thomas DeLeire and Leonard M. Lopoo, "Family Structure and the Economic Mobility of Children," The Economic Mobility Project, an initiative of the Pew Charitable Trusts, 2010, http://www.pewtrusts.org/~/media/legacy/uploadedfiles/pcs_assets/2010/familystructurepdf.pdf.

35. Linda J. Waite, and Maggie Gallagher, *The Case For Marriage: Why Married People Are Happier, Healthier, and Better Off Financially* (New York:Doubleday, 2000), 118. Italics added.

36. Rachel Emma Silverman, and Michelle Higgins, "When the Kids Get the House in a Divorce," *Wall Street Journal*, September 17, 2003, D1.

37. Anna Davies, "Is Birdnesting the stupidest—or smartest—divorce trend yet?" *New York Post*, April 28, 2016, , http://nypost.com/2016/04/28/is-birdnesting-the-stupidest-or-smartest-divorce-trend-yet/.

38. Lara Adair, "When parents divorce and the house gets the children," *San Francisco Chronicle*, August 10, 2005, http://www.sfgate.com/homeandgarden/article/When-parents-divorce-and-the-house-getsthe-2648936.php.

39. Eleanor E. Maccoby, and Robert H. Mnookin, *Dividing the Child: Social and Legal Dilemmas of Custody* (Cambridge, MA; Harvard University Press,1998).

40. Ronnie Koeni, "Divorced Parents, Living Close for the Children's Sake," *New York Times*, January 15, 2016, http://www.nytimes.com/2016/01/17/realestate/divorced-parents-living-close-for-the-childrens-sake.html?_r=0.

41. Ibid.

42. E. Mavis Hetherington and John Kelly, *For Better or for Worse: Surprising Results from the Most Comprehensive Study of Divorce in America* (New York: Norton, 2002).

43. Martin Seligman, Ph.D., "Resilience Training for Educators," University of Pennsylvania Authentic Happiness, https://www.authentichappiness.sas.upenn.edu/learn/educatorresilience.

44. Anthony Scioli and Henry B. Biller, *Hope in the Age of Anxiety* (New York:Oxford University Press, 2009); Scioli and Biller, *The Power of Hope:Overcoming Your Most Daunting Life Difficulties—No Matter What*(Deerfield Beach, FL: Health Communications, Inc., 2010).

45. Therese J. Borchard, "5 Ways to Build and Sustain Hope: An Interview with Anthony Scioli," Psychcentral.com, January 17, 2010, http://psychcentral.com/blog/archives/2010/01/17/5-ways-to-build-and-sustain-hope-aninterview-with-anthony-scioli/.

46. Scioli and Biller, *The Power of Hope*, 57.

47. Ahrons, *We're Still Family*, 199.

48. An excellent collection of essays about childhood temperament is available online: Mary K. Rothbart, "Temperament," Encyclopedia on Early Childhood Development, June 2012, http://www.child-encyclopedia.com/sites/default/files/dossiers-complets/en/temperament.pdf.

49. Rosalind Sedacca, "Depression and Divorce: Helping Your Children Cope With Both," The Huffington Post, August 11, 2012, http://www.huffingtonpost.com/rosalind-sedacca/depression-and-divorcehe_b_1582445.html.

50. "An Overview of the Psychological Literature of the Effects of Divorce on Children," American Psychological Association, May 2004, http://www.apa.org/about/gr/issues/cyf/divorce.aspx.

51. Diane N. Lye, Ph.D., "What Parents Say: Washington State Parents Talk About the Parenting Act," Report to the Washington State Gender and Justice Commission and Domestic Relations Commission, June 1999, https://www.courts.wa.gov/committee/pdf/parentingplanstudy.pdf.

52. Dennis Prager, "The Fallacy of 'White Privilege,'" *National Review Online*,February 16, 2016, http://www.nationalreview.com/node/431393/print.

53. Robert E. Emery, "How Divorced Parents Lost their Rights," *New York Times Sunday Review*, September 7, 2014, SR5.

54. Ruth Teichroeb, "One Size Doesn't fit all Families in Divorce, Study Says," *The Seattle Post-Intelligencer*, October 4, 1999, B1.

55. Kim Parker, "Five Facts About Today's Fathers," Pew Research Center Facttank June 18, 2015, http://www.pewresearch.org/fact-tank/2015/06/18/5-facts-about-todays-fathers/.

56. Many studies document the decline in marital satisfaction occasioned by the birth of the first child, and continuing its descent through the following fifteen years. For example, see Gilad Hirschberger et al., "Attachment, Marital Satisfaction, and Divorce During the First Fifteen Years of Parenthood," *Personal Relationships* 16 no. 3 (September, 2009): 401–420, http://www.ncbi.nlm.nih.gov/pmc/articles/PMC3061469/.

57. Ana Swanson, "144 Years of Marriage and Divorce in the United States in One Chart," *Washington Post*, June 23, 2015, https://www.washingtonpost.com/news/wonk/wp/2015/06/23/144-years-of-marriage-and-divorce-in-theunited-states-in-one-chart/.

58. David Blankenhorn, *Fatherless America: Confronting Our Most Urgent Social Problem* (New York: Basic Books, 1997), 117.

59. Woody Allen on Wikiquotes: https://en.wikiquote.org/wiki/Woody_Allen.

60. Paul Raeburn, *Do Fathers Matter? What Science Is Telling Us About the Parent We've Overlooked* (New York: Scientific American/Farrar, Straus and Giroux, 2014), 227. Italics added.

61. Anthony DeBenedet, M.D., and Lawrence J. Cohen, Ph.D., *The Art of Roughhousing* (Philadelphia: Quirk Books, 2011), 13.

62. Bruce Sallan, *A Dad's Point of View: We ARE Half the Equation*, with a foreword by Diane and Michael Medved (Los Angeles: Bruce Sallan publisher,2011). Bruce's website is http://www.brucesallan.com/.

63. Branislaw Malinowski, *Argonauts of the Western Pacific: An Account of Native Enterprise and Adventure in the Archipelagoes of Melanesian New Guinea* (London: Routledge and Kegan Paul, 1922). Enhanced Edition reissued by Waveland Press, 2013.

64. David Blankenhorn, *The Future of Marriage* (New York: Encounter Books,2007), 70–71.

65. Gretchen Livingston, and Kim Parker, "A Tale of Two Fathers: More Are Active but More Are Absent," Pew Research Center, June 15, 2011 , http://www.pewsocialtrends.org/2011/06/15/a-tale-of-two-fathers/. Data for 2011 are from Kim Parker, "6 Facts about American Fathers," FactTank, Pew Research Center, June 18, 2015, http://www.pewresearch.org/facttank/2015/06/18/5-facts-about-todays-fathers/.

66. Parker, "6 Facts about American Fathers."

67. Ibid.

68. Dr. Lawrence Birnbach, and Dr. Beverly Hyman, *How to Know If It's Time to Go: A 10-Step Reality Test for Your Marriage* (New York: Sterling Ethos,2010).

69. Max Sindell, *The Bright Side: Surviving Your Parents' Divorce* (Deerfield,FL: Health Communications, Inc., 2007).

70. Michael Medved, and Diane Medved, Ph.D., *Saving Childhood: Protecting Our Children from the National Assault on Innocence* (New York:HarperCollins, 1998).

71. Dr. John Gottman is famous for recording and decoding couples' interactions,and he might have given this family little hope. Nevertheless, his typology of couples includes "volatile" couples who chew on problems and accept head-on confrontation. "They seem to love to debate and argue," Dr. Gottman notes in *Principia Amoris* (New York: Routledge, 2015), 118, but do so without disrespect. They, like two other types of couples he describes, are "Happy-Stable" and do "just fine." However, hostile-detached couples have a poorer prognosis.

72. Ann Lukits, "Children Have the Power to Change Parents' Habits," *Wall Street Journal*, April 19, 2016, D4.

第 10 章　離婚傷害的擴大

1. Carol Tavris, *Anger: The Misunderstood Emotion* (New York: Touchstone/Simon and Schuster, 1989).

2. Brad J. Bushman, "Does Venting Anger Feed or Extinguish the Flame?Catharsis, Rumination, Distraction, Anger, and Aggressive Responding," *Personality and Social Psychology Bulletin* 28 no. 6, (June 2002): 724–731.

3. Elizabeth Bernstein, "Venting Isn't Good for Us," *Wall Street Journal*,November 11, 2015, D1.

4. Slater and Gordon, "Social Media is the New Marriage Minefield," press release, April 30, 2015, http://www.slatergordon.co.uk/media-centre/pressreleases/2015/04/social-media-is-the-new-

marriage-minefield/.

5. American Academy of Matrimonial Lawyers, "Big Surge in Social Networking Evidence Says Survey of Nation's Top Divorce Lawyers," press release, February 10, 2010, http://www.aaml. org/about-the-academy/press/press-releases/e-discovery/big-surge-social-networking-evidence-says-survey-.

6. Sebastian Valenzuela, Daniel Halpern, and James E. Katz, "Social network sites, marriage well-being and divorce: Survey and state-level evidence from the United States," *Computers in Human Behavior* 36 (July 2014): 94–101,http://www.sciencedirect.com/science/article/pii/S0747563214001563.

7. D. J. Kuss and M. D. Griffiths, "Online social networking and addiction: A review of the psychological literature," *International Journal of Environmental Research and Public Health* 8 (2011): 3528–3552.

8. Keith Hampton et al., "Social networking sites and our lives," Pew Research Center, June 16, 2011, pewinternet.org/Reports/2011/Technology-and-socialnetworks.aspx.

9. Nicoletta Balboa and Nicola Barban, "Does Fertility Behavior Spread among Friends?" *American Sociological Review* 79, no. 3 (2014): 412–431, http://www.asanet.org/sites/default/files/savvy/journals/ASR/Jun14ASRFeature.pdf. Using data from the National Longitudinal Study of Adolescent Health,researchers followed an American female cohort of 1,726 girls from middle and high school into their late twenties and early thirties (1995–2009),identifying pairs of long-term friends and controlling for factors like race,location, and marital status.

10. Balboa and Barban, "Friend and Peer Effects on Entry into Marriage and Parenthood: A Multiprocess Approach," Dondena Working Papers No. 056.,2013, https://ideas.repec.org/p/don/donwpa/056.html.

11. Rose McDermott, Ph.D., James Fowler, Ph.D., and Nicholas Christakis,M.D., Ph.D., M.P.H., "Breaking Up Is Hard to Do, Unless Everyone Else is Doing it Too: Social Network Effects on Divorce in a Longitudinal Sample," *Social Forces* 92, no. 2 (December 2013): 491–519, http://www.ncbi.nlm.nih.gov/pmc/articles/PMC3990282/. These researchers studied parents and their children participating in the longitudinal Framingham Heart Study—a total of ten thousand subjects—involving several check-back re-examinations over thirty-two years.

12. McDermott, Fowler and Christakis, "Breaking Up is Hard to Do."

13. Ibid.

14. Alan Booth, John N. Edwards, and David R. Johnson, "Social Integration and Divorce," *Social Forces* 70, no. 1 (1991): 207–224.

15. "Grandparents' Rights in Custody and Visitation," Divorce Source, Inc.,http://www.divorcesource.com/ds/grandparentsrights/grandparent-s-rightsin-custody-and-visitation-566.shtml.

16. "Parent and Grandparent Animosity in Custody Issues," Divorce Source, Inc.,http://www.divorcesource.com/ds/grandparentsrights/parent-andgrandparent-animosity-in-custody-issues-567.shtml.

17. Steve Salerno, "Not All in the Family," *New York Times* magazine, November 17, 2003, 60.

18. McDermott, Fowler, and Christakis, "Breaking Up Is Hard to Do."

19. Donna Bobbitt-Zeher, Douglas Downy, and Joseph Merry, "Are There Long-Term Consequences to Growing Up Without Siblings? Likelihood of Divorce Among Only Children," presented on Tuesday, August 13, 2013, at the American Sociological Association's 108th Annual Meeting, New York.

20. Ann Patchett, "My Despised Family Party," *New York Times* March 15,2016, D6.

21. M. Christian Green, " 'There but for the Grace': The Ethics of Bystanders to Divorce," *Propositions*, July 2012, Institute for American Values, http://americanvalues.org/catalog/pdfs/2012-07.pdf.

22. Sue Shellenbarger, "Co-Workers Can Wreck a Marriage: At the Office,Divorce Is Contagious," *Wall Street Journal*, November 13, 2003, D1, http://www.wsj.com/articles/SB10686862404494500.

第11章 離婚是必要的時候：怎樣知道離開的時刻到了

1. Austin Institute, "Divorce in America: Who Wants Out and Why," February 17, 2014, http://www.austin-institute.org/research/divorce-in-america/.

2. National Institute on Drug Abuse, "How Many People Abuse Prescription Drugs?" November, 2014, https://www.drugabuse.gov/publications/researchreports/prescription-drugs/trends-in-prescription-drug-abuse/how-manypeople-abuse-prescription-drugs.

3. National Institute on Drug Abuse, "Popping Pills: Prescription Drug Abuse in America," January, 2014, https://www.drugabuse.gov/related-topics/trends-statistics/infographics/popping-pills-prescription-drug-abuse-inamerica.

4. Al-Anon Family Group Message Board, "The topic: Divorce," November 29,2010, http://alanon.activeboard.com/t39610454/divorce/.

5. Susan Pease Gadoua, "So You're Married to An Addict: Is Divorce Inevitable?" *Psychology Today*, September 11, 2011, https://www.psychologytoday.com/blog/contemplating-divorce/201109/so-youre-marriedaddict-is-divorce-inevitable.

6. Gregory Jantz, Ph.D., with Ann McMurray, *Healing the Scars of Emotional Abuse*, 3rd ed. (Grand Rapids, MI: Revell, 2009), 12.

7. Patricia Evans, *The Verbally Abusive Relationship* (Avon, MA: Adams Media, 1992, 2010), 228.

8. Louise Rafkin, "Booming: Lessons Learned When It's All Over," *New York Times*, August 9, 2013, Style Section.

9. Rafkin, "A Doctor Who Played Gigs, Until the Music Stopped," *New York Times*, January 10, 2016, ST 13.

10. Bruce Derman and Wendy Gregson, "Are You Really Ready for Divorce? The 8 Questions You Need to Ask," Mediate.com, http://www.mediate.com/articles/dermanGregson1.cfm. Mediate.com, a commercial website, "serves as a bridge between professionals offering mediation services and people needing mediation services."

第12章 因為你

1. Eileen Patten and Kim Parker, "A Gender Reversal On Career Aspirations," Pew Research

Center, April 19, 2012, http://www.pewsocialtrends.org/2012/04/19/a-gender-reversal-on-career-aspirations/.

2. Mark Banschick, M.D., "The High Failure Rate of Second and Third Marriages," *Psychology Today*, February 6, 2012, https://www.psychologytoday.com/blog/the-intelligent-divorce/201202/the-high-failurerate-second-and-third-marriages.

3. Kalman Heller, "Improving the Odds for Successful Second Marriage," *Psych Central*, October 30, 2015, reprinted from ParentTalk online column, http://psychcentral.com/ lib/improving-the-odds-for-successful-secondmarriages/?all=1.

4. Fiona Macrae, "Couples in second marriages are 'less likely to get divorced' because they benefit from experience of the first," *The Daily Mail*, April 29,2013, http://www.dailymail.co.uk/news/article-2316323/Couples-secondmarriages-likely-divorced-benefit-experience-first.html.

5. Cclowe12345, "Children Divide and Conquer Parents," MD Junction, June 30, 2010, http://www.mdjunction.com/forums/blended-familiesstepparenting-discussions/general-support/1640904-children-divide-andconquer-parents.

6. Elizabeth Bernstein, "Secrets of a Second Marriage: Beat the 8-Year Itch," *Wall Street Journal*, September 20, 2011, D1.

7. Austin Institute, "Divorce in America: Who Wants Out and Why," February 17, 2014, http://www.austin-institute.org/research/divorce-in-america/.

8. 8 Francesca Di Meglio, "Top 10 Signs of a Meddling Mother-in-law," About.com, Relationships, http://newlyweds.about.com/od/familyfriends/tp/Top-10-Signs-Of-A-Meddling-Mother-In-Law.htm.

9. Carolyn Hax, "A mother-in-law won't take 'no' for an answer" *Washington Post*, May 4, 2015, https://www.washingtonpost.com/lifestyle/style/carolynhax-a-mother-in-law-wont-take-no-for-an-answer/2015/05/03/b5d476bce918-11e4-9a6a-c1ab95a0600b_story.html#comments.

10. Melissa R. Fales et al., "Mating markets and bargaining hands: Mate preferences for attractiveness and resources in two national U.S. studies," *Personality and Individual Differences* 88, no. 78 (January, 2016), 10.1016/j.paid.2015.08.041.

第13章「都是因為我」

1. Austin Institute, "Divorce in America: Who Wants Out and Why."

2. Mark D. White, "Serial Adultery: Is It Chance or Character?" *Psychology Today*, April 19, 2010, https://www.psychologytoday.com/blog/maybe-itsjust-me/201004/serial-adultery-is-it-chance-or-character.

3. Tara Parker-Pope, "Divorcing a Narcissist," *New York Times*, August 24,2015, http://well.blogs.nytimes.com/2015/08/24/divorcing-a-narcissist/?_r=0.

4. Susan Krauss Whitbourne, "Two Warning Signs that Your Relationship May Not Last," *Psychology Today*, June 11, 2013, https://www.psychologytoday.com/blog/fulfillment-any-age/201306/two-warning-signs-your-relationshipmay-not-last.

5. National Alliance for Borderline Personality Disorder, http://www.borderlinepersonalitydisorder.com/what-is-bpd/bpd-overview/.

6. For the research Dr. Whitbourne discusses, see K. L. Disney, Y. Weinstein,and T. F. Oltmanns, "Personality disorder symptoms are differentially related to divorce frequency," *Journal of Family Psychology* 26 no. 6 (2012): 959–965.

7. Austin Institute, "Divorce in America: Who Wants Out and Why."

8. Lara Bazelon, "From Divorce, a Fractured Beauty," *New York Times*,September 27, 2015, ST6.

第14章「我們兩個都沒有錯」

1. Esriel Gelbfish, "Study on Arranged Marriages Reveals Orthodox Jews May Have it Right," *The Algemeiner*, July 6, 2012, http://www.algemeiner.com/2012/07/06/study-on-arranged-marriages-reveals-that-orthodox-jewsmay-have-it-right/#.

2. Utpal M. Dholakia, "Why Are So Many Indian Arranged Marriages Successful?" *Psychology Today*, November 24, 2015, https://www.psychologytoday.com/blog/the-science-behind-behavior/201511/why-are-somany-indian-arranged-marriages-successful.

3. "Indians Swear by Arranged Marriages," *India Today*, March 4, 2013, http://indiatoday.intoday.in/story/indians-swear-by-arranged-marriages/1/252496.html.

4. Dholakia, "Why Are So Many Indian Arranged Marriages Successful?"

5. Gelbfish, "Study on Arranged Marriages Reveals Orthodox Jews May Have it Right."

6. Aron Moss, "Why Get Married?" *Chabad.org*, http://www.chabad.org/library/article_cdo/aid/482475/jewish/Why-Get-Married.htm.

7. Stanley Fish, "Marital Disputes: A Survival Guide," *Wall Street Journal*, July 2–3, 2016, C3.8. Ibid.

9. Michael Fulwiler, "The 5 Types of Couples," The Gottman Institute,November 22, 2014, https://www.gottman.com/blog/the-5-couple-types/.

10. Rabbi Joseph Telushkin, *A Code of Jewish Ethics, Volume I, You Shall Be Holy* (New York: Bell Tower/Crown/Random House 2006),339.

11. Kristin Wong, "The 8 Most Common Reasons for Divorce," MSN Survey,July 24, 2014, http://www.msn.com/en-us/lifestyle/marriage/the-8-mostcommon-reasons-for-divorce/ss-AA3gtcM.

第15章 離婚哪有好聚好散

1. Constance Ahrons, Ph.D., *The Good Divorce: Keeping Your Family Together When Your Marriage Comes Apart* (New York: Quill/HarperCollins, 1994)

2. Ahrons, *The Good Divorce*, 3.

3. Ibid., 51.

4. Constance Ahrons, Ph.D., *We're Still Family: What Grown Children Have to Say About Their Parents' Divorce* (New York: HarperCollins, 2004).

5. Ahrons, *We're Still Family*, 44.

6. Ibid., 235.

7. Ahrons, *The Good Divorce*, 250.

8. Norval Glenn, "How good for children is the 'good divorce'?" *Propositions 7*, The Institute for American Values, April 2012.

9. Paul Amato and Alan Booth, "Parental Pre-Divorce Relations and Offspring Post-Divorce Well-Being," *Journal of Marriage and Family* 63, no. 1(February,2001): 197–212.

10. Belinda Luscombe, "Why 25% of Millenials Will Not Get Married," Time,September 24, 2014, http://time.com/3422624/report-millennials-marriage/.

11. Wendy Paris, *Splitopia*: *Dispatches from Today' s Good Divorce and How to Part Well* (New York: Atria/ Simon and Schuster, 2016).

第16章「盡你的責任」還是「依隨你心」

1. Esther Perel, "Why Happy Couples Cheat," TED Talks, May 21, 2015,YouTube access at https://www.youtube.com/watch?v=P2AUat93a8Q.

2. Karl Pillemer, "Seven Things Elders Want to Tell You About Marriage," The Legacy Project, Lessons for Living from the Wisest Americans, July 6, 2015,http://legacyproject.human.cornell.edu/category/love-and-marriage/.

3. Zach Brittle, "Turn Towards Instead of Away," The Gottman Institute blog,April 1, 2015, https://www.gottman.com/blog/turn-toward-instead-of-away/.

第17章 離婚不會比較快樂

1. Linda J. Waite et al., *Does Divorce Make People Happy? Findings from a Study of Unhappy Marriages* (New York: Institute for American Values,2002), 4–5, http://americanvalues.org/catalog/pdfs/does_divorce_make_people_happy.pdf.

2. Jason Taylor, "Baby, come back! Most people regret getting divorced," *Express* (London), August 17, 2014, http://www.express.co.uk/news/uk/500492/Most-divorcees-regret-marriage-break-up.

3. Gemma Gillard, "Do you regret getting divorced? Astonishing 50 per cent of people wish they had never ended their marriage," The Daily Mail.com,August 18, 2014, http://www.dailymail.co.uk/femail/article-2727716/Is-going-separate-ways-really-good-idea-Astonishing-50-divorcees-regretbreaking-partner.html.

4. Pamela Paul, *The Starter Marriage and the Future of Matrimony* (New York:Villard Books, 2002), 251.

5. Paul, *The Starter Marriage and the Future of Matrimony*, 252.

6. "The Invention of the Teenager," UShistory.org, Independence Hall Association, copyright 2016, http://www.ushistory.org/us/46c.asp.

7. Karen Jerabeck et al., *The Mini Marriage*: *5 Bite-Sized Memoirs of Young Divorce* (CreateSpace Independent Publishing Platform, 2010), 8.

8. Sascha Rothchild, *How to Get Divorced by 30*: *My Misguided Attempt at a Starter Marriage* (New York: Plume, 2010).

9. Sascha Rothchild, "In Defense of Starter Marriage," *Your Tango*, June 9, 2010, http://www.yourtango.com/201072875/in-defense-of-starter-marriage.

10. Barbara Bradley Hagerty "8 Ways You Can Survive—And Thrive In—Midlife," NPR, March 26, 2016, http://www.npr.org/2016/03/17/469822644/8-ways-youcan-survive-and-thrive-in-midlife.

11. Carol D. Ryff and Corey Lee M. Keyes, "The Structure of Psychological Well-Being Revisited," *Journal of Personality and Social Psychology* 69 no.4 (1995): 719–727.

12. Susan L. Brown, and I-Fen Lin, "The Gray Divorce Revolution: Rising Divorce Among Middle-Aged and Older Adults, 1990–2010," *Journal of Gerontology, Psychological Science and Social Sciences* 67 no. 6 (November 2012); 731–741. Published online October 18, 2012. DOI: 10.1093/geronb/gbs089.

13. Susan L. Brown, and I-Fen Lin, *Divorce in Middle and Later Life: New Estimates from the 2009 American Community Survey*, Center for Family and Demographic Research, Bowling Green State University, 2010, http://paa2011.princeton.edu/abstracts/110947.

14. Brown and Lin, "The Gray Divorce Revolution," 731–741.

15. Xenia P. Montenegro, Ph.D., "The Divorce Experience: A Study of Divorce at Midlife and Beyond," Knowledge Networks, Inc., Commissioned by *AARP* the magazine, May 2004, http://assets.aarp.org/rgcenter/general/divorce.pdf .

第18章 單身不如想像中美好

1. Linda Waite and Maggie Gallagher, *The Case for Marriage: Why Married People are Happier, Healthier and Better Off Financially* (New York:Doubleday, 2000).

2. Bella De Paulo, "Everything You Think You Know About Single People is Wrong," *Washington Post*, February 8, 2016, , https://www.washingtonpost.com/news/in-theory/wp/2016/02/08/everything-you-think-you-know-aboutsingle-people-is-wrong/. See also DePaulo, *Marriage vs. Singles' Life: How Science and the Media Got it so Wrong*, CreateSpace Independent Publishing Platform February 24, 2015.

3. Wendy Wang and Kim Parker, "Record Share of Americans Have Never Married," The Pew Research Center, September 24, 2014, http://www.pewsocialtrends.org/2014/09/24/record-share-of-americans-have-nevermarried/.

4. Kelly Musick and Larry Bumpass, "Reexamining the Case for Marriage:Union Formation and Changes in Well-being," *Journal of Marriage and Family* 74 no. 1 (2012), http://www.ncbi.nlm.nih.gov/pmc/articles/PMC3352182/.

5. Wang and Parker, "Record Share of Americans Have Never Married."

6. Frank Newport and Joy Wilke, "Most in U.S. Want Marriage, but Its Importance Has Dropped," Gallup, August 2, 2013, http://www.gallup.com/poll/163802/marriage-importance-dropped.aspx.

7. Emily Miller, "Top 10: Reasons Why Women Won't Date Single Dads," AskMen, April 19, 2010, http://www.askmen.com/top_10/dating/top-10-reasons-why-women-wont-date-single-dads.html.

8. Miller, "Top 10: Reasons Why Women Won't Date Single Dads."

9. Centers for Disease Control and Prevention, Center for National Health Statistics, "Number of Sexual Partners in Lifetime, 2011-2013," National Survey of Family Growth, http://www.cdc.gov/nchs/nsfg/key_statistics/n.htm#numberlifetime.

10. Natalie Kitroeff, "In Hookups, Inequality Still Reigns," *New York Times*,November 11, 2013, D1, http://well.blogs.nytimes.com/2013/11/11/womenfind-orgasms-elusive-in-hookups/?_

php=true&_type=blogs&_php=true&_type=blogs&_r=2.

11. Kitroeff, "In Hookups, Inequality Still Reigns."

12. Amy Sohn, "Back in the Saddle Again," *New York*, May 16, 2005, http://nymag.com/nymetro/nightlife/sex/columns/mating/11927/.

13. Aaron Smith and Monica Anderson, "5 facts about online dating," Pew Research Center, February 29, 2016, http://www.pewresearch.org/facttank/2016/02/29/5-facts-about-online-dating/.

14. Quentin Fottrell, "10 things dating sites won't tell you," Market Watch,August 19, 2015, http://www.marketwatch.com/story/10-things-dating-siteswont-tell-you-2013-02-08?page=1.

15. AARP, "Top 20 Senior Dating Sites," http://www.top20seniordatingsites.com/product/aarp-dating/.

16. Fottrell, "10 things dating sites won't tell you."

17. Jessica Shambora, "eHarmony's algorithm of love," *Fortune*, September 23,2010, http://fortune.com/2010/09/23/eharmonys-algorithm-of-love/.

18. Amy Webb, "How I Hacked Online Dating," TED Talks, October 2, 2013,https://www.youtube.com/watch?v=d6wG_sAdP0U; see also Webb, *Data,A Love Story: How I Cracked the Online Dating Code to Meet My Match* (New York: Plume, 2014).

19. Greg Hodge, "The Ugly Truth of Online Dating: Top 10 Lies Told by Internet Daters," Huffington Post, October 10, 2012, http://www.huffingtonpost.com/greg-hodge/online-dating-lies_b_1930053.html. Direct link to survey:https://beautifulpeoplecdn.s3.amazonaws.com/studies/usa_studies.pdf#page=2.

20. Smith and Anderson, "5 facts about online dating."

21. "One-Third of Married Couples Meet Online: Study," *Daily News*, June 4,2013, http://www.nydailynews.com/life-style/one-third-u-s-marriages-startonline-dating-study-article-1.1362743.

22. Kelly Musick, and Larry Bumpass, "Re-Examining the Case for Marriage:Union Formation and Changes in Well-Being," *Journal of Marriage and the Family* 74 no. 1 (February 1, 2012):.1–18, http://www.ncbi.nlm.nih.gov/pmc/articles/PMC3352182/.

23. Reed Tucker, "Sorry, ladies, there really is a man shortage," *New York Post*,August 25, 2015, http://nypost.com/2015/08/25/hey-ladies-here-are-8-reasons-youre-single/; Jon Birger, *Date-Onomics: How Dating Became a Lopsided Numbers Game* (New York: Workman, 2015).

24. John M. Grohol, Psy.D., "What is Commitment Phobia & Relationship Anxiety?" *Psych Central*, January 8, 2015, http://psychcentral.com/blog/archives/2015/01/08/what-is-commitment-phobia-relationship-anxiety/.

第19章 遭受背叛之後重建信心

1. Austin Institute for the Study of Family and Culture, "Relationships in America" 2014, http://relationshipsinamerica.com/.

2. Richard Wike, "5 ways Americans and Europeans are different," Pew Research Center Fact Tank, April 19, 2016, http://www.pewresearch.org/fact-tank/2016/04/19/5-ways-americans-and-europeans-are-different/.

3. Esther Perel, "Why Happy Couples Cheat," TED talks, YouTube, May 21,2015, https://www. youtube.com/watch?v=P2AUat93a8Q.

4. Anne Bercht, *My Husband's Affair Became the Best Thing That Ever Happened to Me* (Victoria, Canada: Trafford Publishing, 2004).

5. Anne Bercht, "How Could I Choose Such an Outrageous Title for My Book?" Beyond Affairs Network October 22, 2013, http://beyondaffairs.com/20-top-articles/how-could-i-choose-such-an-outrageous-title/.

6. Donna Anderson, "Sociopaths and Double Lives," LoveFraud.com, March 26, 2012, http://www. lovefraud.com/2012/03/26/sociopaths-and-doublelives/.

7. Eugene Volokh, "The First Amendment protects a right to engage in adultery?" *Washington Post*, June 16, 2014, https://www.washingtonpost.com/news/volokh-conspiracy/wp/2014/06/16/the-first-amendment-protectsa-right-to-engage-in-adultery/.

8. Deuteronmy 22:22 and Leviticus 20:10

9. "Porn in the Pulpit and the Pews," study conducted by the Barna Group,commissioned by Josh McDowell's ministry, April, 2016, published in *Christianity Today*, 24–25.

10. John Gottman, Ph.D. and Nan Silver, *What Makes Love Last? How to Build Trust and Avoid Betrayal* (New York: Simon & Schuster, 2012), 80.

11. Irene Tsapelas, Helen E. Fisher, and Arthur Aron, "Infidelity: When, Where,Why," in William R. Cupach and Brian H. Spitzberg, *The Dark Side of Close Relationships II* (New York: Routledge, 2010), 175–196. Available online at http://www.helenfisher.com/downloads/articles/ INFIDELITY.pdf.

12. Elizabeth Bernstein, "How Often Should Married Couples have Sex?" *Wall Street Journal*, April 22, 2013, http://www.wsj.com/articles/SB10001424127887324874204578438713861797052.

13. A. Muise, U. Schimmack, and E. A. Impett, "Sexual frequency predicts greater well-being, but more is not always better," *Social Psychological and Personality Science* (2015). Advanced online publication.

14. Gottman and Silver, *What Makes Love Last?*

15. Peggy Vaughan, *The Monogamy Myth: A Personal Handbook for Recovering from Affairs* (New York: HarperCollins, 2003).

16. Adrian J. Blow, and Kelley Hartnett, "Infidelity in Committed Relationships II, A Substantive Review," *Journal of Marital Family Therapy* 31 no. 2 (May 2005); 217–33.

17. Kristin Mark, Erick Janssen, and Robin Milhausen, "Infidelity in Heterosexual Couples: Demographic, Interpersonal and Personality-Related Predictors of Extradyadic Sex," *Archives of Sexual Behavior* (June 2011) ,http://citeseerx.ist.psu.edu/viewdoc/download?doi=10.1.1.437.1327 &rep=rep1&type=pdf. Press release by Indiana University, June 24, 2011, http://newsinfo.iu.edu/ news-archive/18977.html.

18. Peggy Drexler, *Wall Street Journal*, "The New Face of Infidelity," *Science* (October 20–21, 2012) 1.

19. Rona B. Subotnik, and Gloria Harris, *Surviving Infidelity: Making Decisions, Recovering from the Pain* (Avon, MA: Adams Media, 2005).

20. Willard F. Harley, *His Needs, Her Needs: Building an Affair-Proof Marriage* (Grand Rapids, MI: ,

Revell, 2011).

21. Wendy Plump, "A Roomful of Yearning and Regret," *New York Times*,December 12, 2010, ht tp: /
    /www.nyt imes.com/2010/12/12/fashion/12Modern.html?_r=0.

22. Leslie Stahl, "Arnold Schwarznegger, Success and Secrets," *60 Minutes* transcript, September 30,
    2012, http://www.cbsnews.com/news/arnoldschwarzenegger-success-and-secrets/.

第20章 沒有完美的婚姻：無論如何都要幸福快樂

1. A transcript of Dr. Kagan's contribution to a panel on "The Affect of Emotions: Laying the
    Groundwork in Childhood," entitled "Understanding the Effects of Temperament, Anxiety, and
    Guilt" describes his basic concept at this website: http://loc.gov/loc/brain/emotion/Kagan.html.

2. John J. Medina, "The Genetics of Temperament—An Update," *Psychiatric Times*, March 10, 2010,
    http://www.psychiatrictimes.com/articles/geneticstemperament% E2%80%94-update.

3. Dartmouth College offers a useful description of Albert Ellis's ABC concepts:http://www.
    dartmouth.edu/~eap/abcstress2.pdf.

4. While I was unable to find Dr. Beckman's study dissecting life satisfaction by outlook, I'm sure
    it was derived from the data reported here: Betsy Bosak Houser, Sherry L. Berkman, and Linda
    J. Beckman, "The Relative Reward and Costs of Childlessness for Older Women," *Psychology of
    Women Quarterly* 8 no. 4 (Summer 1984), https://www.researchgate.net/publication/247643272_
    The_Relative_Rewards_and_Costs_of_Childlessness_for_Older_Women.

5. Ellie Lisitsa, "The Four Horsemen: Recognizing Criticism, Contempt,Defensiveness, and
    Stonewalling," The Gottman Institute relationship blog,April 24, 2013, https://www.gottman.
    com/blog/the-four-horsemenrecognizing-criticism-contempt-defensiveness-and-stonewalling/.

6. Karl Pillemer, *30 Lessons for Loving* (New York: Avery, 2015), http://legacyproject.human.cornell.
    edu/.

7. Linda J. Waite et al., *Does Divorce Make People Happy? Findings from a Study of Unhappy Marriages*,
    Institute for American Values, 2002, http://americanvalues.org/catalog/pdfs/does_divorce_make_
    people_happy.pdf.

8. Joshua Coleman, *The Marriage Makeover: Finding Happiness in Imperfect Harmony* (New York: St.
    Martin's Griffin, 2003).

9. Coleman, *The Marriage Makeover*, 12.

10. Ibid., 13.

11. Ibid., 14.

12. Ibid., 16.

13. Diane Cole, "The Healing Power of Forgiveness," *Wall Street Journal*, March 21, 2016, R8.

第21章 生命最好的成就

1. Linda J. Waite et al., *Does Divorce Make People Happy? Findings from a Study of Unhappy Marriages*,
    2002, Institute for American Values, http://www.americanvalues.org/search/item.php?id=13.

2. E. Mavis Hetherington and John Kelly, *For Better or for Worse* (New York:Norton, 2002). In their
    long-term follow up of children of divorce, they found "three quarters developing within the

normal range" (p. 149) and have stated that up to 25% experience divorce-related problems throughout life.

3. Tara Parker-Pope, *For Better: The Science of a Good Marriage* (New York:Dutton, 2010), 21.

4. Arthur C. Brooks, *Gross National Happiness: Why Happiness Matters for America—and How We Can Get More of It* (New York: Basic Books, 2008),60.

5. Brooks, *Gross National Happiness*, 62.

6. Claire Cain Miller, "Study Finds More Reasons to Get and Stay Married," *New York Times*, January 8, 2015, A3, http://www.nytimes.com/2015/01/08/upshot/study-finds-more-reasons-to-get-and-stay-married.html?_r=0.

7. Norval Glenn et al., *Why Marriage Matters: Twenty-One Conclusions from the Social Sciences* (New York: Institute for American Values, 2002), http://www.americanvalues.org/search/item.php?id=728.

8. Helen Fisher, "Love in the Time of Neuroscience," *New York Times Book Review*, February 9, 2014, 20.

9. "Findings from new nationwide survey of family-related attitudes, values and experiences," *Deseret News National*, November 16, 2015, http://national.deseretnews.com/files/american-family-survey.pdf.

10. Justin McCarthy, "Americans' Personal and U.S. Satisfaction on the Upswing," Gallup, January 15, 2015, http://www.gallup.com/poll/181160/americans-personal-satisfaction-upswing.aspx.

11. Eli J. Finkel, "The All-or-Nothing Marriage," *New York Times*, February 16, 2014, SR1.

12. Finkel, "The All-or-Nothing Marriage."

13. Kayla M. Sanders, *Marital Satisfaction Across the Transition to Parenthood*,Masters Thesis, University of Nebraska, 2010, http://digitalcommons.unl.edu/cgi/viewcontent.cgi?article=1001&context=sociologydiss.

14. Daniel Akst, "Dear Sir, Cheer Up Your Wife," *Wall Street Journal*, September 20–21, 2014, C4.

15. Judith S. Wallerstein and Sandra Blakeslee, *The Good Marriage: How and Why Love Lasts* (Boston: Houghton Mifflin, 1995).

16. Charles Murray, "Advice for a Happy Life," *Wall Street Journal*, March 29–30, 2014, C1, adapted from *The Curmudgeon's Guide to Getting Ahead: Dos and Don'ts of Right Behavior, Tough Thinking, Clear Writing, and Living a Good Life* (New York: Crown Business, 2014).

17. John Tierney, "Love at Gradually Evolving Sight," *New York Times*, June 29, 2015, http://www.nytimes.com/2015/06/30/science/for-couples-time-canupend-the-laws-of-attraction.html.

18. Alain de Botton, "Why You Will Marry the Wrong Person," *New York Times* May 29, 2016, 1.

19. Elaine Aron, Ph.D., "36 Questions for Intimacy, Back Story," Huffington Post, March 18, 2015, http://www.huffingtonpost.com/elaine-aron-phd/36-questions-for-intimacy_b_6472282.html.

20. Mandy Len Catron, "To Fall in Love With Anyone, Do This," *New York Times*, January 9, 2015, http://www.nytimes.com/2015/01/11/fashion/modern-love-to-fall-in-love-with-anyone-do-this.html.

後記 休戰協定：如何遏止離婚衝動

1.　Credit for the formulation of this most valuable concept goes to my longtime friend Elizabeth Brenner Danziger, whose book *Winning by Letting Go:Control without Compulsion, Surrender Without Defeat* (San Diego:Harcourt Brace Jovanovich, 1985) has helped innumerable couples throughout the years of my psychology practice and lecturing.

2.　John Gottman, Ph.D., and Nan Silver, *What Makes Love Last: How to Build Trust and Avoid Betrayal* (New York: Simon and Schuster, 2012), 31.

3.　Ibid.

4.　Ezriel Gelbfish, "Study on Arranged Marriages Reveals Orthodox Jews May Have it Right," *The Algemeiner*, July 6, 2012, http://www.algemeiner.com/2012/07/06/study-on-arranged-marriages-reveals-that-orthodox-jewsmay-have-it-right/#.

5.　Nancy Dreyfus, Psy.D., *Talk to Me Like I'm Someone You Love: Relationship Repair in a Flash* (New York: Jeremy Tarcher/Penguin, 1993, 2013).

6.　David Skinner, "Got To Give It Up," *Weekly Standard*, March 28/April 4,2016, 5.

不放手的婚姻：清除衝突所累積的惡情緒，讓你的婚姻更牢固 ／ 黛安 . 梅德韋 (Diane Medved) 著；鹿憶之譯 -- 初版 . -- 台北市：時報文化，2018.08；

面；　公分 . -- (人生顧問叢書；317)

譯自：Don't divorce : Powerful Arguments for Saving and Revitalizing Your Marriage
ISBN 978-957-13-7465-9(平裝)

1. 婚姻 2. 兩性關係

544.3　　　　　　　　　　　　　　　　　　　　　　　　　　　　　　107010113

人生顧問叢書 317

不放手的婚姻：清除衝突所累積的惡情緒，讓你的婚姻更牢固

Don't divorce : Powerful Arguments for Saving and Revitalizing Your Marriage

作者　黛安·梅德韋（Diane Medved）｜譯者　鹿憶之｜責任編輯　謝翠鈺｜校對　張嘉云、李雅蓁｜行銷企劃　曾睦涵｜美術編輯　吳詩婷｜封面設計　林芷伊｜製作總監　蘇清霖｜發行人　趙政岷｜出版者　時報文化出版企業股份有限公司　10803 台北市和平西路三段 240 號 7 樓　發行專線—(02)2306-6842 讀者服務專線—0800-231-705・(02)2304-7103 讀者服務傳真—(02)2304-6858　郵撥—19344724 時報文化出版公司　信箱—台北郵政 79-99 信箱　時報悅讀網—http://www.readingtimes.com.tw｜法律顧問　理律法律事務所　陳長文律師、李念祖律師｜印刷　勁達印刷有限公司｜初版一刷　2018 年 8 月 17 日｜定價　新台幣 380 元｜版權所有　翻印必究（缺頁或破損的書，請寄回更換）